Lea Ypi

Vrij

Opgroeien aan het einde van de geschiedenis

Vertaald door
Luud Dorresteijn

2021
DE BEZIGE BIJ
AMSTERDAM

Oorspronkelijke titel *Free: Coming of Age at the End of History*
Oorspronkelijke uitgever Penguin Random House
Omslagontwerp bij Barbara
Omslagillustratie Olga Kominek
Vormgeving binnenwerk Perfect Service, Reeuwijk
Druk- en bindwerk Wilco, Amersfoort
ISBN 978 94 031 5001 7
NUR 506

debezigebij.nl

MIX
Papier van verantwoorde herkomst
FSC® C004472
FSC www.fsc.org

Bij de productie van dit boek is gebruikgemaakt van papier dat het keurmerk van de Forest Stewardship Council (FSC®) mag dragen.
Bij dit papier is het zeker dat de productie niet tot bosvernietiging heeft geleid.

Ter nagedachtenis aan mijn grootmoeder
Leman Ypi (Nini), 1918-2006

‘Mensen maken geen geschiedenis omdat ze dat willen. Maar ze maken wel geschiedenis.’

– Rosa Luxemburg

Inhoud

DEEL I

1

Stalin

Ik heb me nooit afgevraagd wat vrijheid eigenlijk inhield, tot de dag dat ik Stalin omhelsde. Van dichtbij was hij veel langer dan ik verwachtte. Onze juf Nora had ons verteld dat imperialisten en revisionisten er graag de nadruk op legden dat Stalin klein van stuk was. In werkelijkheid was hij minder klein dan Lodewijk XIV, wiens lengte vreemd genoeg, zei ze, nooit ter sprake werd gebracht. Afgezien daarvan, voegde ze er ernstig aan toe, was het een typisch imperialistische fout om je aandacht te richten op uiterlijkheden in plaats van op wat werkelijk van belang was. Stalin was een reus, en zijn daden waren veel belangrijker dan zijn lichaamsbouw.

Wat Stalin echt bijzonder maakte, legde Nora verder uit, was dat hij glimlachte met zijn ogen. Niet te geloven, toch? Glimlachen met je ogen? Dat kwam omdat de vriendelijke snor die zijn gezicht sierde zijn lippen bedekte, dus als je alleen naar zijn lippen keek, zou je nooit weten of Stalin echt glimlachte of iets anders deed. Maar je hoefde alleen maar even naar zijn ogen te kijken, doordringend, intelligent en bruin, en dan wist je het. Stalin glimlachte. Sommige mensen konden je niet in de ogen kijken. Die hadden duidelijk iets te verbergen. Stalin keek je recht aan en als hij er zin in had of als jij je goed gedroeg, glimlachten zijn ogen. Hij had altijd een onopvallende jas en doodgewone bruine schoenen aan, zijn rechterhand stak hij graag onder het linkervoorpand van zijn jas, alsof hij zijn hart vasthield. Zijn linkerhand stopte hij vaak in zijn jaszak.

'In zijn jaszak?' vroegen we. 'Is het niet onbeleefd om je handen in je zakken te hebben? Volwassenen zeggen altijd dat we onze handen uit onze zakken moeten halen.'

'Tja,' zei Nora. 'Maar het is koud in de Sovjet-Unie. En trouwens,' voegde ze eraan toe, 'Napoleon had ook altijd zijn hand in zijn zak. Niemand heeft ooit gezegd dat dat onbeleefd was.'

'Niet in zijn zak,' zei ik beschroomd. 'Tussen zijn jas. In zijn tijd was dat een teken van welgemanierdheid.'

Juf Nora nam geen notitie van me en stond op het punt om een andere vraag te beantwoorden.

'En hij was klein,' onderbrak ik haar.

'Hoe weet je dat?'

'Dat heeft mijn oma verteld.'

'Wat heeft ze gezegd?'

'Ze zei dat Napoleon klein was, maar toen de leermeester van Marx, Hangel of Hegel, dat weet ik niet meer, hem zag, zei hij dat je de ziel van de wereld op een paard zag staan.'

'Hangel,' verbeterde ze me. 'Hangel had gelijk. Napoleon veranderde Europa. Hij voerde de politieke instituties van de verlichting in. Hij was een van de groten. Maar niet zo groot als Stalin. Als Marx' leermeester Hangel Stalin zou hebben zien staan, natuurlijk niet op een paard, maar misschien op een tank, zou hij ook hebben gezegd dat hij de ziel van de wereld had gezien. Stalin was een belangrijke inspiratiebron voor veel meer mensen, voor miljoenen broeders en zusters in Afrika en Azië, niet alleen in Europa.'

'Hield Stalin van kinderen?' vroegen we.

'Natuurlijk.'

'Nog meer dan Lenin?'

'Ongeveer evenveel, maar zijn vijanden probeerden dat altijd te verbloemen. Ze deden net of Stalin slechter was dan Lenin, omdat Stalin sterker was en veel, véél gevaarlijker voor hen. Lenin veranderde Rusland, maar Stalin veranderde de wereld. Daarom is het nooit echt bekend geworden dat Stalin evenveel van kinderen hield als Lenin.'

'Hield Stalin evenveel van kinderen als oom Enver?'

Juf Nora aarzelde.

'Hield hij meer van ze?'

'Jullie weten zelf het antwoord,' zei ze met een warme glimlach.

Het is mogelijk dat Stalin van kinderen hield. Het is aannemelijk dat kinderen van Stalin hielden. Wat zeker is, honderd procent zeker, is dat ik nooit méér van hem heb gehouden dan op die natte decembermiddag, toen ik zwetend en bibberend van de haven naar het tuintje vlak bij het Cultuurpaleis holde, met een hart dat zo tekeerging dat ik bang was dat ik het zou uitspuwen. Ik had al bijna twee kilometer zo hard gerend als ik kon, voor ik eindelijk het tuintje in het oog kreeg. Toen Stalin aan de horizon opdoemde, wist ik dat ik veilig zou zijn. Daar stond hij, ernstig als altijd, met zijn onopvallende jas, zijn doodgewone bronzen schoenen en zijn rechterhand tussen zijn jas gestoken, alsof hij zijn hart ondersteunde. Ik bleef staan, keek om me heen om te zien of ik niet werd gevolgd, en liep er dichter naartoe. Met mijn rechterwang tegen Stalins dijbeen gedrukt en mijn armen zo ver mogelijk om zijn knieholtes geslagen, was ik niet zichtbaar. Ik hield mijn adem in, deed mijn ogen dicht en begon te tellen. Een. Twee. Drie. Toen ik bij zevenendertig kwam, hoorde ik de honden niet meer blaffen. Het machtige geluid van stampende schoenen op beton was een echo in de verte geworden.

Alleen de slogans van de demonstranten drongen nu en dan nog door: *Vrijheid, democratie, vrijheid, democratie.*

Toen ik zeker wist dat ik veilig was, liet ik Stalin los. Ik ging op de grond zitten en bekeek hem eens wat beter. De laatste regendruppels op zijn schoenen waren aan het opdrogen en de verf op zijn jas begon te verbleken. Stalin was precies zoals juf Nora hem had beschreven, een bronzen reus met handen en voeten die veel groter waren dan ik had verwacht. Ik legde mijn hoofd in mijn nek om te kijken of zijn snor inderdaad zijn bovenlip bedekte en of hij echt met zijn ogen glimlachte. Maar er was geen glimlach. Er waren geen ogen of lippen, zelfs geen snor. De hooligans hadden Stalins hoofd gestolen.

Ik sloeg mijn hand voor mijn mond om een gil te smoren. Was Stalin, de bronzen reus met de vriendelijke snor die al sinds lang voor mijn geboorte in de tuin van het Cultuurpaleis stond, onthoofd? Stalin, over wie Hangel zou hebben gezegd dat hij de ziel van de wereld op een tank had zien staan? Waarom? Wat wilden ze? Waarom riepen ze 'Vrijheid, democratie, vrijheid, democratie'? Wat betekende dat?

Ik had nooit zo nagedacht over vrijheid. Dat was niet nodig. We hadden een heleboel vrijheid. Ik voelde me zo vrij dat ik mijn vrijheid vaak als een last ervoer en af en toe, zoals op die dag, als een bedreiging.

Ik had helemaal niet in een protestdemonstratie verzeild willen raken. Ik wist nauwelijks wat een demonstratie was. Nog maar een paar uur eerder had ik in de regen voor het hek van de school staan dubben over de route die ik naar huis zou nemen, of ik links, rechts of rechtdoor zou lopen. Dat mocht ik zelf kiezen. Elke route wierp weer andere dilemma's op en ik moest oorzaken en gevolgen tegen elkaar afwegen, nadenken over hun implicaties en een besluit nemen waar ik misschien, zo wist ik, spijt van zou krijgen.

Die dag had ik zeker spijt. Ik koos in vrijheid de weg die ik naar huis wilde lopen en ik nam het verkeerde besluit. Ik had net mijn schoonmaakcorvee op school, na de lessen, achter de rug. Om beurten maakten we in groepjes van vier ons lokaal schoon, maar de jongens hadden vaak een smoesje, zodat alleen de meisjes overbleven. Ik had samen met mijn vriendinnetje Elona corvee. Op een normale dag zouden Elona en ik na het schoonmaken de school uit zijn gelopen en onderweg hebben stilgehouden bij de oude vrouw die op de hoek van de straat, zittend op de stoep, zonnebloempitten verkocht en haar hebben gevraagd: 'Mogen we ze proeven? Zijn ze gezouten of ongezouten? Geroosterd of ongeroosterd?' De vrouw zou de drie zakken die ze bij zich had – met de geroosterde gezouten, de geroosterde ongezouten en de ongeroosterde ongezouten – hebben opengemaakt en wij zouden er uit elk een paar hebben geproefd. Als we muntgeld hadden was er keus genoeg.

Daarna zouden we links af zijn geslagen naar Elona's huis en knabbelend op de zonnebloempitten een beetje met de roestige sleutels, die aan haar moeders halsketting onder haar schooluniform hingen, hebben staan hannesen om de deur open te krijgen. Daar hadden we moeten kiezen welk spelletje we gingen doen. In december was dat gemakkelijk. In die tijd van het jaar gingen de voorbereidingen voor het nationale songfestival van start en verzonnen wij onze eigen liedjes en speelden dat we op de staatstelevisie zouden komen. Ik schreef de teksten, Elona zong ze en soms begeleidde ik haar op de drums door met een grote houten lepel op de pannen in de keuken te trommelen. Maar sinds kort had Elona geen belangstelling meer voor het songfestival. Ze speelde liever 'bruidjes en baby's'. In plaats van in de keuken op pannen te trommelen, wilde ze dat we in de slaapkamer van haar ouders bleven om haar moeders haarspelden in te doen, haar oude bruidsjurk aan te trekken en haar make-up te gebruiken, en dan net te doen of ze poppen bemoederde, totdat het tijd was voor het middageten. Op dat moment moest ik besluiten of we bleven spelen, zoals Elona wilde, of dat ik haar zou overhalen om eieren te bakken of, als er geen eieren waren, brood met olie te eten of misschien wel alleen brood. Maar dat waren onbelangrijke keuzes.

Het echte dilemma deed zich voor na een meningsverschil dat Elona en ik die dag hadden over het schoonmaken van het leslokaal. Zij vond dat we zowel moesten vegen als dweilen, omdat we anders nooit de vlag voor de beste schoonmakers van de maand zouden krijgen, waar haar moeder altijd veel waarde aan had gehecht. Ik bracht ertegen in dat we altijd op de oneven dagen van de week veegden, en veegden en dweilden op de even dagen, en aangezien het een oneven dag was, konden we vroeg naar huis en toch de schoonmaakvlag krijgen. Zij zei dat dit niet was wat de juf verwachtte en herinnerde me aan die keer dat mijn ouders op school hadden moeten komen omdat ik niet goed had schoongemaakt. Ik zei dat ze het mis had, de echte reden was dat het controleteam die maandagochtend was langs geweest en had ontdekt dat mijn nagels te lang waren. Ze hield vol dat het er niet toe deed, dat hoe dan ook de enig juiste manier om het lokaal schoon te maken bestond uit vegen en dweilen, en mochten we aan het eind van de maand de vlag ontvangen, dan zou het net zijn of we vals hadden gespeeld. Bovendien, voegde ze eraan toe alsof het een doorslaggevend argument was, zo maakte ze thuis ook schoon, omdat haar moeder het ook zo deed. Ik zei tegen Elona dat ze haar moeder niet steeds overal bij moest halen om haar zin door te drijven. Ik liep boos de deur uit en toen ik in de regen voor het hek van de school stond, vroeg ik me af of Elona wel het recht had om te verwachten dat iedereen aardig tegen haar deed, zelfs als ze het mis had. Ik vroeg me af of ik had moeten doen alsof ik van vegen en dweilen hield, net zoals ik veinsde dat ik van bruidjes en baby's hield.

Ik had het haar nooit verteld, maar ik haatte dat spel. Ik had er een hekel aan om in haar moeders kamer te zijn en haar bruidsjurk aan te trekken. Ik vond het zenuwslopend om de kleren van een dode te dragen of de make-up aan te raken die ze nog maar enkele maanden eerder zelf had gebruikt, alsof wij haar waren. Maar het was allemaal nog vers, en Elona had ernaar uitgekeken een zusje te krijgen dat met mijn kleine broertje zou spelen. Maar het liep anders, haar moeder overleed, het zusje ging naar een weeshuis en alleen de bruidsjurk was nog over. Ik wilde haar niet kwetsen door te weigeren die te dragen of tegen haar te zeggen dat ik de haarspelden weerzinwekkend vond. Het stond me natuurlijk vrij om te zeggen hoe ik over bruidjes en baby's dacht, precies zoals ik de vrijheid had om haar het leslokaal in haar eentje te laten dweilen; niemand hield me tegen. Het leek me beter om Elona de waarheid te vertellen, zelfs als die haar pijn zou doen, dan eindeloos tegen haar te blijven liegen om haar te sparen.

Als ik niet links afsloeg om naar het huis van Elona te gaan, kon ik rechts afslaan. Dat zou de kortste weg naar huis zijn geweest, via twee smalle steegjes die op de hoofdweg uitkwamen voor een koekjesfabriek. Hier doemde weer een ander dilemma op. Een vrij grote groep kinderen verzamelde zich daar na schooltijd rond het tijdstip waarop de vrachtwagen voor de bevoorrading werd verwacht. Als ik die route zou kiezen, zou ik moeten meedoen met wat we de 'Actie Koek' noemden. Ik zou samen met de andere kinderen langs de buitenmuren van de koekjesfabriek een rij vormen, terwijl we zenuwachtig wachtten op de komst van de vrachtauto, de deuren in het oog hielden, de oren gespitst op mogelijk misleidende verkeersgeluiden, zoals fietsers en de incidentele paard-en-wagens. Op een bepaald moment zou de deur van de fabriek opengaan, waaruit twee magazijnmedewerkers tevoorschijn zouden komen met ieder een kist met koekjes op hun nek, als tweeling-Atlassen die de wereld torsten. Er zou een beetje commotie ontstaan en we zouden allemaal naar voren oprukken onder het uitroepen van 'O gierigaard, o gierigaard, koekjes, koekjes, gij gierig mens!'. De ordelijke rij zou zich daarop spontaan splitsen in een voorhoede van kinderen in zwarte uniformen die met graaiende armen de knieën van de sjouwers probeerden vast te pakken en een achterhoede die naar de deur van de fabriek zwermde om de uitgang te versperren. De mannen zouden de onderste helft van hun lichaam verdraaien om te ontsnappen aan de grijpgrage handen en hun bovenlichaam stram houden om hun greep op de koekjeskist te verstevigen. Er zou een pakje afglijden, er zou een gevecht uitbreken, dan zou er een bedrijfsleider uit de fabriek tevoorschijn komen met zoveel koekjes als er nodig waren om iedereen tevreden te stellen en de kinderen zouden zich verspreiden.

Het stond me vrij om rechts af te slaan of rechtdoor te lopen, en als ik rechts afsloeg, kon ik dit verwachten. Het stelde allemaal niets voor en het was onredelijk, misschien zelfs oneerlijk, te verlangen van een elfjarige die alleen maar naar huis liep zonder dat ze op een traktatie uit was geweest, om rechtdoor te lopen en de heerlijke koekjesgeur die uit de fabriek door de open ramen naar buiten zweefde, te negeren. Het zou al even onredelijk zijn van haar te verwachten dat ze de bevreemde, nieuwsgierige blikken van de andere kinderen negeerde en hun zomaar voorbijliep, omdat de komst van de vrachtwagen haar zogenaamd koud liet. Toch was dat precies wat mijn ouders van me hadden verlangd op de avond vóór die ellendige dag in december 1990, wat gedeeltelijk verklaarde waarom de beslissing over welke route ik naar huis zou lopen van directe betekenis was voor het thema vrijheid.

Tot op zekere hoogte was het mijn eigen fout geweest. Ik had nooit naar huis moeten gaan met de koekjes in mijn tas als een soort trofee. Maar het was ook de fout van de nieuwe bedrijfsleider van de fabriek. Ze was net in dienst en nog niet vertrouwd met de gewoonten van haar nieuwe werkplek. Ze had de komst van de kinderen die dag aangezien voor een eenmalig voorval. In plaats van een koekje per kind uit te delen, zoals alle bedrijfsleiders voor haar hadden gedaan, gaf ze hele pakjes weg. Geschrokken van deze verandering en de gevolgen die dit zou hebben voor de 'Actie Koek' in de dagen erna, hadden we in plaats van het koekje ter plekke op te eten allemaal de pakjes in onze schooltassen gestopt en waren haastig weggerend.

Ik moet toegeven dat ik niet had verwacht dat mijn ouders er zo'n drama van zouden maken toen ik hun de koekjes liet zien en uitlegde hoe ik eraan kwam. Ik had zeker niet verwacht dat de eerste vraag zou luiden: 'Heeft iemand je gezien?' Natuurlijk had iemand me gezien, en zeker degene die de koek had uitgedeeld. Nee, haar gezicht kon ik me niet precies meer voor de geest halen. Ja, ze was van middelbare leeftijd. Niet lang, niet kort, gemiddeld misschien. Golvend haar, donker. Een brede, hartelijke glimlach. Op dat moment trok mijn vader wit weg. Hij kwam uit zijn leunstoel overeind en greep met beide handen naar zijn hoofd. Mijn moeder verliet de woonkamer en gebaarde dat hij haar naar de keuken moest volgen. Mijn oma begon in stilte mijn haar te borstelen en mijn kleine broertje, aan wie ik een overgeschoten koekje had gegeven, hield op met kauwen, ging in een hoekje zitten en barstte door de spanning in huilen uit.

Ik moest beloven dat ik nooit meer op het fabrieksterrein zou komen of in de rij langs de muur zou gaan staan, en ik moest verklaren dat ik begreep dat het heel belangrijk was dat de arbeiders ongehinderd hun taken konden uitvoeren, en dat als iedereen zich zo gedroeg als ik, er binnenkort helemaal geen koekjes meer in de winkel zouden liggen. WE-DER-KE-RIG-HEID, benadrukte mijn vader. Het socialisme is gebaseerd op wederkerigheid.

Al op het moment zelf wist ik dat het moeilijk zou zijn om me aan de belofte te houden. Of misschien ook niet, wie zou het zeggen? Maar ik moest op zijn minst mijn goede wil tonen en het proberen. Ik kon er niemand de schuld van geven dat ik rechtdoor liep in plaats van rechts af te slaan, of dat ik niet terugging om Elona op te halen na het schoonmaakcorvee om bruidjes en baby's te spelen, of er niet voor koos om de koekjes die dag voorbij te lopen. Het waren allemaal mijn eigen beslissingen geweest. Ik had mijn best gedaan en was toch op het verkeerde moment op de verkeerde plek uitgekomen, en nu was het resultaat van al die vrijheid dat ik doodsbang was dat de honden zouden terugkomen om me op te vreten of dat ik onder de voet werd gelopen door een ontketende mensenmassa.

Niet dat ik had kunnen voorspellen dat ik in een protestdemonstratie verzeild zou raken of dat Stalin me een schuilplaats zou bieden. Als ik niet kortgeleden opstandige taferelen van elders op televisie had gezien, had ik niet eens geweten dat dit vreemde spektakel van mensen die strijdkreten riepen, opgejaagd door de politie en hun honden, een 'protest' werd genoemd. Een paar maanden eerder, in juli 1990, waren tientallen Albanezen over de muren van buitenlandse ambassades geklommen en naar binnen gedrongen. Ik begreep absoluut niet waarom iemand zichzelf wilde opsluiten in een buitenlandse ambassade. We praatten erover op school en Elona zei dat er eens een familie was geweest, een compleet gezin met zes kinderen, twee broers en vier zussen, dat zichzelf de Italiaanse ambassade in Tirana had binnengesmokkeld, gekleed als buitenlandse toeristen. Ze woonden er vijf jaar lang – vijf volle jaren – in maar twee kamers. Daarna bracht een andere toerist, deze keer een echte, ene Javier Pérez de Cuéllar, een bezoek aan ons land, en hij praatte met de ambassadeklimmers en daarna met de Partij om over te brengen dat ze graag in Italië wilden wonen.

Elona's verhaal hield me bezig en ik vroeg aan mijn vader wat het precies betekende. 'Het zijn *uligans*,' antwoordde hij, 'precies zoals ze zeiden op tv.' Hij legde uit dat een *hooligan* een buitenlands woord was waarvoor wij geen Albanese vertaling hadden. Die hadden we niet nodig. Hooligans waren meestal boze jonge mannen die naar voetbalwedstrijden gingen, te veel dronken en zich in de nesten werkten, ze vochten met de supporters van het andere elftal en verbrandden vlaggen voor de lol. De meesten woonden in het Westen, hoewel er ook in het Oosten wel een aantal waren, maar omdat wij noch in het Oosten, noch in het Westen woonden, bestonden ze in Albanië tot op heden niet.

Ik dacht na over hooligans, terwijl ik probeerde te begrijpen waar ik daarnet in verzeild was geraakt. Als je een hooligan was, ging je blijkbaar niet over de schreef als je over de muren van ambassades klom, tegen de politie schreeuwde, de openbare orde verstoorde of standbeelden onthoofdde. De hooligans in het Westen deden blijkbaar hetzelfde; misschien hadden zij zichzelf wel ons land binnengesmokkeld om herrie te schoppen. Maar de mensen die een paar maanden eerder over de muren van de ambassade waren geklommen, waren beslist geen buitenlanders. Wat hadden deze verschillende hooligans gemeen?

Ik herinnerde me vaag iets wat het protest tegen de Berlijnse Muur werd genoemd, een jaar eerder. We hadden er op school over gepraat en juf Nora had uitgelegd dat het te maken had met de strijd tussen het imperialisme en het revisionisme, en dat ze elkaar een spiegel voorhielden, maar dat beide spiegels waren gebarsten. Het had allemaal geen betrekking op ons. Onze vijanden probeerden regelmatig onze regering omver te werpen, maar dat mislukte even vaak. Eind jaren veertig braken we met Joegoslavië, toen dat land de banden met Stalin verbrak. In de jaren zestig, toen Chroesjtsjov Stalins nalatenschap bezoedelde en ons betichtte van 'links-nationalistisch deviationisme', verbraken we de diplomatieke banden met de Sovjet-Unie. Aan het eind van de jaren zeventig stapten we uit onze alliantie met China toen dat besloot om rijk te worden en verraad pleegde aan de Culturele Revolutie. Dat was niet erg. We werden omringd door machtige tegenstanders, maar we wisten dat wij ons aan de goede kant van de geschiedenis bevonden. Als onze vijanden ons bedreigden kwam de Partij er, gesteund door het volk, elke keer sterker uit tevoorschijn. In de loop van de eeuwen hadden we machtige imperiums bevochten en aan de rest van de wereld laten zien dat zelfs een klein land aan de rand van de Balkan de kracht bezat om zich te verweren. Nu gingen we voor in de strijd om de moeilijkste overgang te verwezenlijken: die van socialistische naar communistische vrijheid; van een revolutionaire staat die slechts door wetten werd geregeerd naar de klasseloze maatschappij, waarin de staat zelf zou verschrompelen.

Vrijheid had natuurlijk een prijs, zei juf Nora. We hadden

de vrijheid altijd alleen verdedigd. Nu betaalden zíj allemaal de prijs. Bij hén heerste wanorde. Wij stonden sterk. Wij zouden doorgaan met onze voorbeeldfunctie. We hadden geen geld of wapens, maar we bleven ons verzetten tegen de lokroep van het revisionistische Oosten en het imperialistische Westen, en ons bestaan bood hoop aan al die andere kleine landen waarvan de waardigheid doorlopend met voeten werd getreden. De eer om deel uit te maken van een rechtvaardige samenleving kon alleen worden geëvenaard door de dankbaarheid die men voelde zich beschermd te weten tegen de verschrikkingen elders in de wereld – plaatsen waar kinderen de hongerdood stierven, doodvroren of tot arbeid werden gedwongen.

'Zie je deze hand?' had juf Nora aan het einde van haar toespraak gezegd, terwijl ze met een strijdlustige uitdrukking op haar gezicht haar rechterhand ophief. 'Deze hand zal altijd sterk zijn. Deze hand zal altijd vechten. En weet je waarom? Hij heeft de hand geschud van kameraad Enver. Na het Congres heb ik hem dagenlang niet gewassen. Maar zelfs daarna was de kracht nog voelbaar. Die zal me nooit verlaten, nooit, tot aan mijn dood.'

Ik dacht na over de hand van juf Nora en over wat ze tegen ons had gezegd, nog maar enkele maanden geleden. Ik zat nog steeds op de grond voor het bronzen beeld van Stalin en probeerde mijn gedachten op een rijtje te krijgen en moed te verzamelen om op te staan en mijn weg naar huis te vervolgen. Ik wilde elk woord van haar onthouden, haar trots en kracht oproepen toen ze tegen ons had gezegd dat ze de vrijheid zou verdedigen omdat ze de hand van Oom Enver had geschud. Ik wilde zijn zoals zij. Ik moest ook mijn vrijheid verdedigen, dacht ik. Het moest mogelijk zijn om mijn angst de baas te worden. Ik had nog nooit de hand van Oom Enver geschud. Ik had hem nog nooit ontmoet. Maar misschien zouden Stalins benen voldoende zijn om me kracht te geven.

Ik kwam overeind. Ik probeerde te denken zoals mijn lerares. Wij hadden het socialisme. Het socialisme gaf ons vrijheid. De demonstranten hadden het mis. Niemand was op zoek naar vrijheid. Iedereen was al vrij, net als ik, en bracht die vrijheid gewoon in de praktijk of verdedigde die, of nam op eigen houtje beslissingen over linksaf, rechtsaf of rechtdoor lopen. Misschien maakten ze net als ik wel eens een fout en waren ze op de verkeerde plek op de verkeerde tijd beland. Misschien waren ze gewoon heel bang als ze de politie en de honden zagen, en hetzelfde kon je zeggen over de politie en de honden – dat zij op hun beurt misschien heel bang waren, vooral als ze de mensen zagen rennen. Misschien joegen de beide kanten wel op elkaar zonder te weten wie er wie achtervolgde en waren de mensen daarom 'vrijheid, democratie' gaan schreeuwen uit angst en onzekerheid, om duidelijk te maken dat ze die dingen niet kwijt wilden in plaats van ze te eisen.

En misschien had Stalins hoofd er wel helemaal niets mee te maken. Misschien was het 's nachts door de storm en regen beschadigd en had iemand het gauw meegenomen om het te laten repareren en zou het binnenkort als nieuw worden teruggebracht om zijn oude plaats weer in te nemen met de scherpe, glimlachende ogen en de dikke, vriendelijke snor die zijn bovenlip bedekte, precies zoals mij was verteld dat die eruitzag, precies zoals hij altijd was geweest.

Ik omhelsde Stalin nog een laatste keer, draaide me om, keek naar de horizon om de afstand tot mijn huis in te schatten, haalde een keer diep adem en begon te hollen.

2

De andere Ypi

*'Mais te voilà enfin! On t'attend depuis deux heures! Nous nous sommes inquiétés! Ta mère est déjà de retour! Papa est allé te chercher à l'école! Ton frère pleure!'** tierde een lange, slanke, geheel in het zwart geklede gestalte. Nini had meer dan een uur staan wachten boven op de heuvel, ze had aan voorbijgangers gevraagd of ze me hadden gezien, zenuwachtig haar handen aan haar schort afgeveegd en steeds ingespannener in de verte getuurd op zoek naar mijn rode leren rugzak.

Ik kon wel zien dat mijn oma boos was. Ze had een bizarre manier om je de les te lezen, ze zorgde ervoor dat je je verantwoordelijk voelde, ze herinnerde je aan de gevolgen die jouw doen en laten had voor anderen, somde alle manieren op waarop andere mensen hun plannen doorkruist zagen door jouw egoïstische gedrag. Terwijl haar Franse monoloog aan één stuk doorging, verscheen ook mijn vader onder aan de helling. Hij rende hijgend de heuvel op met zijn astmapompje in zijn hand als een miniatuurmolotovcocktail. Hij keek almaar achterom, alsof hij het vermoeden had dat hij werd gevolgd. Ik verstopte me achter mijn grootmoeder.

* 'Daar ben je eindelijk! We wachten al twee uur op je! We maken ons ongerust! Je moeder is alweer terug! Papa is naar school om je te zoeken! Je broertje huilt!'

‘Ze is na het schoonmaken van school vertrokken,’ zei mijn vader, zich naar Nini haastend. ‘Ik heb haar route naar huis proberen te volgen. Ik heb haar nergens gezien.’ Zichtbaar ongerust pauzeerde hij even om te inhaleren uit zijn puffer. ‘Ik denk dat er een protestdemonstratie was,’ fluisterde hij, met een gebaar om aan te geven dat hij binnen verder verslag uit zou brengen.

‘Ze is hier,’ zei mijn oma.

Mijn vader liet een zucht van opluchting ontsnappen, toen kreeg hij mij in het oog en sloeg een barse toon aan.

‘Ga naar je kamer,’ beval hij.

‘Het was geen protestdemonstratie. Het waren uligans,’ mompelde ik het erf overstekend, terwijl ik me afvroeg waarom mijn vader dat andere woord had gebruikt, protestdemonstratie.

Binnen trof ik mijn moeder aan, bezig met een grote schoonmaak. Ze haalde spullen van zolder naar beneden waar in geen jaren naar omgekeken was: een zak met wol, een roestige ladder en mijn opa’s boeken van toen hij aan de universiteit studeerde. Ik kon wel zien dat ze geagiteerd was. Ze had de neiging haar frustraties om te zetten in het aanpakken van nieuwe huishoudelijke klussen: hoe groter haar frustratie, hoe ambitieuzer de omvang van haar projecten. Als ze boos was op anderen zei ze niets maar gooide ze met potten en pannen, vervloekte het bestek dat op de grond kletterde, smeet borden in kasten. Als ze boos was op zichzelf, verplaatste ze de meubels, sleurde tafels door de kamer, stapelde stoelen op elkaar en rolde het zware vloerkleed in onze woonkamer op om de vloer te kunnen schrobben.

‘Ik heb uligans gezien,’ zei ik tegen haar, omdat ik mijn avontuur graag aan haar kwijt wilde.

‘De vloer is nat,’ reageerde ze dreigend, ze tikte twee keer met de natte mop tegen mijn enkel om aan te geven dat ik mijn schoenen buiten had moeten laten staan.

'Of misschien waren het geen hooligans,' praatte ik verder, mijn schoenveters lostrekkend. 'Misschien waren het demonstranten.'

Ze bleef staan en keek me met een uitdrukkingsloze blik aan.

'De enige hooligan hier ben jij,' zei ze, en ze hief de dweilstok op en zwaaide er twee keer mee in de richting van mijn kamer. 'We hebben in dit land geen demonstranten.'

Mijn moeder had altijd onverschillig gestaan tegenover politieke kwesties. In het verleden hadden alleen mijn vader en zijn moeder, mijn oma, het op de voet gevolgd. Ze spraken vaak over de revolutie in Nicaragua en de Falklandoorlog; ze waren enthousiast over de start van de onderhandelingen om een eind te maken aan de apartheid in Zuid-Afrika. Mijn vader zei dat als hij Amerikaan was geweest en was opgeroepen voor de oorlog in Vietnam, hij de dienstplicht geweigerd zou hebben. We hadden geluk dat ons land de Vietcong steunde, zei hij meer dan eens. Hij stak vaak de draak met de meest tragische dingen en zijn grappen over anti-imperialistische politiek waren legendarisch bij mijn vriendinnen. Als ik er een uitnodigde om te blijven slapen en we onze matrassen op de vloer van de slaapkamer neerlegden, stak hij aan het einde van de avond altijd zijn hoofd om de hoek van de deur en zei: 'Slaap lekker, Palestijns vluchtelingenkamp!'

De recente ontwikkelingen in het Oosten, dat wij het 'revisionistische blok' noemden, voelden anders dan anders. Ik kon er de vinger niet op leggen. Ik herinnerde me vaag op de Italiaanse televisie eens iets gehoord te hebben over Solidarność. Omdat het leek te gaan over arbeidersprotesten en wij in een arbeidersstaat woonden, leek het me interessant erover te schrijven in de nieuwsbrief met 'politieke informatie' die we voor school moesten maken. 'Ik geloof niet dat het erg interessant is,' zei mijn vader toen ik hem ernaar vroeg. 'Ik heb wel iets anders voor je nieuwsbrief. De coöperatie in het dorp waar ik werk heeft de doelstelling voor de tarweproductie van het huidige vijfjarenplan overschreden. Ze hebben niet genoeg mais geproduceerd, maar dat hebben ze goedgemaakt met tarwe. Ze waren gisteravond in het nieuws.'

Als de protesten ter sprake kwamen, reageerde mijn familie altijd terughoudend. Ze keken vermoeid of geïrriteerd en zetten de televisie uit of draaiden het volume zo laag dat het nieuws niet meer te verstaan was. Niemand scheen mijn nieuwsgierigheid te delen. Het was duidelijk dat ik er niet op hoefde te rekenen dat ze mij iets zouden uitleggen. Het was verstandiger te wachten tot we weer morele vorming op school kregen en het dan te vragen aan mijn juf Nora. Zij gaf altijd heldere, duidelijke antwoorden. Zij legde de politiek uit met de geestdrift die mijn ouders alleen lieten blijken bij reclamespotjes voor zeep en crèmes op de Joegoslavische televisie. Altijd als mijn vader een reclamespotje zag op TV Skopje, vooral als het reclame voor persoonlijke hygiëne betrof, riep hij: *'Reklama! Reklama!'* Mijn moeder en oma lieten dan in de keuken alles uit hun handen vallen en sprintten naar de woonkamer om een laatste flard op te vangen van een mooie vrouw met een prachtige glimlach op haar gezicht, die liet zien hoe je je handen moest wassen. Als ze te lang werden opgehouden en pas arriveerden als de reclame voorbij was, zei mijn vader verontschuldigend: 'Ik kan er niets aan doen, ik heb jullie geroepen, maar jullie waren te laat!' en dat luidde meestal het begin in van het verwijt dat zíj te laat waren omdat híj nooit een hand uitstak in huis. De verwijten zouden algauw omslaan in het uitwisselen van beschuldigingen over en weer, en de beschuldigingen konden ontaarden in een ruzie, vaak met op de achtergrond scorende Joegoslavische basketbalspelers, totdat het volgende reclameblok kwam en de rust werd hersteld. Mijn familie bekvechtte altijd over alles. Alles, behalve politiek.

In de slaapkamer trof ik mijn broertje Lani huilend aan. Toen hij me zag, droogde hij zijn tranen en vroeg of ik koekjes bij me had.

'Vandaag niet,' zei ik. 'Ik heb vandaag een andere weg genomen.' Hij keek alsof hij weer in huilen kon uitbarsten.

'Ik moet hier blijven,' zei ik. 'Om na te denken. Wil je een verhaaltje horen? Het gaat over een man op een paard die eruitzag als de ziel van de wereld, maar toen werd zijn hoofd er afgehakt.'

'Dat wil ik niet horen,' antwoordde hij, terwijl er nieuwe tranen over zijn wangen stroomden. 'Ik ben bang. Ik ben bang voor mensen zonder hoofd. Ik wil een koekje.'

'Wil je schooltje spelen?' bood ik aan met een vaag schuldgevoel.

Lani knikte. Hij en ik waren dol op schooltje spelen. Hij ging dan aan mijn bureautje zitten en deed of hij schoolmeester was, hij krabbelde dingen neer terwijl ik mijn huiswerk maakte. Hij hield vooral van geschiedenisles. Als ik eenmaal de gebeurtenissen uit mijn hoofd had geleerd, herhaalde ik de tekst hardop, aangevuld met gedramatiseerde dialogen tussen de historische hoofdpersonen, vaak vertolkt door mijn poppen.

Die dag waren zowel de personages als de gebeurtenissen bekend. We bestudeerden de bezetting van Albanië door de Italiaanse fascisten gedurende de Tweede Wereldoorlog, en dan vooral de medeplichtigheid van de tiende premier van het land. Die man, een Albanese quisling, noemde juf Nora hem, was verantwoordelijk voor de overdracht van de soevereiniteit aan Italië na de vlucht van koning Zog. Zogs heerschappij, en alles wat eruit voortkwam, markeerde het einde van de Albanese aspiraties om een echt vrije samenleving te worden. Na eeuwen van onderworpenheid aan het Ottomaanse Rijk en tientallen jaren van strijd tegen de grootmachten die het land wilden opdelen, kwamen er in 1912 patriotten uit alle regio's bijeen die alle etnische en religieuze verschillen tartten om samen voor onafhankelijkheid te strijden. Daarna ruimde Zog zijn tegenstanders uit de weg, legde juf Nora uit, centraliseerde de macht en riep zichzelf uit tot koning van de Albanezen, totdat het land werd bezet door de fascisten, met behulp van Albanese collaborateurs. Op 7 april 1939, de officiële datum waarop Italië Albanië binnenviel, verzetten veel soldaten en burgers zich moedig tegen de Italiaanse oorlogsschepen, ze stonden met hun eigen beperkte wapens tegenover artilleriegranaten en vochten tot hun laatste snik in de verdedigingslinies. Andere Albanezen – de beis, de landeigenaren en grote ondernemers, degenen die voorheen de uitbuitende en bloeddorstige koning hadden gediend – wisten niet hoe gauw ze de bezetters moesten onthalen en stonden te popelen om een positie te verwerven in het nieuwe koloniale bestuur. Sommigen, onder wie de voormalige premier van het land, bedankten de Italiaanse autoriteiten zelfs dat ze het land hadden bevrijd van het juk van koning Zogs heerschappij. Een paar maanden later werd deze voormalige premier gedood door een vliegtuigbom. Zijn leven als verrader die met de koning had geheuld en zijn dood als fascistische schurk vormden die dag het onderwerp van mijn geschiedenisopdracht.

Als we op school over het fascisme spraken, was er altijd enorme opwinding. Er waren levendige discussies en de kinderen glommen van trots. Ons werd gevraagd of we voorbeelden konden geven van familieleden die in de oorlog hadden gevochten of het verzet hadden gesteund. Zo had Elona's opa zich bijvoorbeeld al op zijn vijftiende aangesloten bij de partizanen in de bergen om tegen de Italiaanse indringers te vechten. Nadat Albanië in 1944 was bevrijd, was hij naar Joegoslavië vertrokken om het verzet daar te helpen. Hij vertelde ons vaak over zijn partizanentijd en zei dat Albanië en Joegoslavië de enige landen waren die de oorlog hadden gewonnen zonder hulp van de geallieerden. Andere kinderen noemden grootouders, oudooms en oudtantes die de antifascisten hadden gesteund met eten en onderdak. Sommigen namen kleren mee naar de klas of andere persoonlijke spulletjes die ooit hadden toebehoord aan jonge familieleden die hun leven voor de beweging hadden opgeofferd: een overhemd, een met de hand geborduurde zakdoek, een brief die slechts enkele uren voor hun executie naar de familie was verzonden.

'Hebben wij familieleden die hebben meegevochten in de oorlog tegen de fascisten?' vroeg ik aan mijn familie. Ze dachten diep na, bekeken familiefoto's, overlegden met verwanten en kwamen toen uit bij Baba Mustafa: een oudoom van de achterneef van de vrouw van mijn oom. Baba Mustafa had de sleutel van een plaatselijke moskee, waar hij op een middag een groep partizanen onderdak verleende na hun aanval op een nazigarnizoen, nadat de Italianen het land hadden verlaten en waren vervangen door Duitsers. Ik vertelde dit voorval enthousiast in de klas. 'Op welke manier is hij ook alweer familie van je?' vroeg Elona. 'Wat deed hij in de moskee? Waarom had hij de sleutels?' schamperde Marsida, een andere vriendin. 'Wat gebeurde er daarna met de partizanen?' wilde een derde, Besa, weten. Ik probeerde zo goed mogelijk antwoord te geven op de vragen, maar helaas beschikte ik over onvoldoende bijzonderheden om de nieuwsgierigheid van mijn vriendinnen te bevredigen. Het gesprek werd verwarrend en daarna ongemakkelijk. Na een paar opmerkingen leek zowel mijn verwantschap met Baba Mustafa als zijn bijdrage aan het antifascistische verzet eerst marginaal en daarna overdreven. Uiteindelijk kon de indruk moeilijk worden weggenomen dat zelfs juf Nora heimelijk tot de conclusie was gekomen dat de oudoom voortsproot uit mijn fantasie.

Elk jaar op 5 mei, de dag waarop we de oorlogshelden herdachten, bezochten delegaties partijfunctionarissen onze wijk om opnieuw hun medeleven te betuigen aan de families van de martelaren en hen eraan te herinneren dat het bloed van hun geliefden niet voor niets was vergoten. Ik zat voor het keukenraam en keek groen van jaloezie naar mijn vriendinnen die in hun mooiste kleren, met grote bossen verse rode rozen, zwaaiend met vlaggen en onder het zingen van verzetsliederen, aan de kop van de stoet naar huis marcheerden. Hun ouders stelden zich op om de partijfunctionarissen de hand te schudden, er werden officiële foto's genomen, en de albums die een paar dagen later arriveerden, werden mee naar school genomen om te laten zien. Ik had niets om te laten zien.

Het bleef er niet bij dat mijn familie geen socialistische martelaren had om te gedenken. De Albaanse quisling, de collaborerende tiende premier van Albanië, de landverrader, de klassenvijand, het welverdiende doelwit van haat en minachting in klassikale discussies, droeg toevallig dezelfde achternaam als ik en bovendien dezelfde voornaam als mijn vader: Xhaferr Ypi. Elk jaar weer, als hij opdook in de schoolboeken, moest ik geduldig uitleggen dat mijn vader was vernoemd naar zijn grootvader, die toevallig dezelfde voor- en achternaam had als onze voormalige premier. En elk jaar haatte ik dat gesprek.

Ik hield mijn adem in toen ik onze geschiedenisopgave doorlas. Na even te hebben nagedacht sprong ik boos op, met het boek in mijn hand. 'Kom mee,' beval ik Lani. 'Het gaat weer over die andere Ypi.' Hij volgde me gedwee, nog met de pen waarmee hij had zitten tekenen in zijn mond. Ik sloeg de deur achter me dicht en liep met grote stappen naar de keuken.

'Ik ga morgen niet naar school,' kondigde ik aan.

In eerste instantie had niemand me in de gaten. Mijn moeder, vader en oma zaten naast elkaar aan één kant van een smalle eikenhouten tafel op wankele klapstoelen die strak tegen elkaar aan waren gezet, met hun rug naar de deuropening. Hun ellebogen rustten op de tafel, hun handpalmen waren tegen hun slapen gedrukt en hun hoofden waren zo ver naar voren gestoken dat ze er elk moment af leken te kunnen vallen. Ze leken alle drie op te gaan in een mysterieus collectief ritueel dat te maken had met een raadselachtig object dat ze met hun lichaam afschermden van mijn blikveld.

Ik wachtte even op een reactie op mijn besluit. Het enige wat er volgde was gesis om me tot stilte te manen. Ik ging op mijn tenen staan en boog mijn hoofd naar voren. Midden op de tafel zag ik onze radio staan.

'Ik ga morgen niet naar school!'

Ik verhief mijn stem en liep verder de keuken in, het geschiedenisboek opengeslagen bij de foto van de premier. Lani stampte een keer met zijn voet op de vloer en keek me samenzweerderig aan. Mijn vader draaide zich abrupt om met de schuldige uitdrukking van iemand die is betrapt op een subversieve daad. Mijn moeder zette de radio uit. Ik ving de laatste twee woorden op voordat het geluid wegstierf: 'politiek pluralisme'.

‘Wie heeft er gezegd dat je je slaapkamer uit mocht komen?’ Mijn vaders vraag klonk als een dreigement.

‘Het gaat weer over hem,’ zei ik, zonder acht te slaan op zijn verwijt, nog steeds op luide toon, maar mijn stem begon te trillen. ‘Het gaat over Ypi de collaborateur. Ik ga morgen niet naar school. Ik ga niet wéér uitleggen dat we niets te maken hebben met die man. Ik heb het al aan iedereen verteld, heel vaak. Maar ze zullen het wéér vragen, dat weet ik zeker, alsof ze het nog nooit hebben gehoord, alsof ze het niet wisten. Ze zullen het weer vragen, dat doen ze altijd, en ik weet niet meer hoe ik het moet uitleggen.’

Ik had die monoloog al eerder gehouden, telkens als er fascisme opdook bij geschiedenis, literatuur of morele vorming. Mijn familie weigerde altijd om me school te laten verzuimen. Ik wist dat ze het ook deze keer zouden weigeren. Ik slaagde er niet in hun uit te leggen hoe het was om die druk van mijn vriendinnen te voelen. Ik slaagde er niet in aan mijn vriendinnen uit te leggen hoe het was om in een gezin te leven waar het verleden irrelevant scheen en het enige wat ertoe deed, discussiëren was over het heden en toekomstplannen maken. Ik slaagde er niet in het mezelf uit te leggen, het knagende gevoel dat ik toen had en dat ik nu pas kan benoemen, namelijk dat het leven dat ik leidde binnen de muren van het huis en daarbuiten feitelijk niet één maar twee levens waren die elkaar soms aanvulden en ondersteunden maar meestal botsten op een realiteit die ik niet helemaal vatte.

Mijn ouders keken elkaar aan. Nini keek naar hen, en wendde zich toen tot mij en zei op een toon die zowel beslist als geruststellend moest klinken: ‘Natuurlijk ga je wel. Je hebt niets verkeerd gedaan.’

‘Wij hebben niets verkeerd gedaan,’ verbeterde mijn moeder. Ze stak haar hand uit naar de radio om aan te geven dat ze verder wilde luisteren en dat mijn aanwezigheid in de keuken straks niet meer gewenst was.

'Het gaat niet om mij,' hield ik vol. 'Het gaat om ons. Het gaat om die collaborateur. Als wij iemand hadden die we als held konden vereren, kon ik hem in de klas noemen en zouden ze niet steeds naar mijn verwantschap met die andere Ypi vragen. Maar wij hebben niemand, niemand in ons gezin, niet eens in de hele familie, geen enkele bloedverwant die ooit onze vrijheid heeft proberen te verdedigen. Niemand in dit huis heeft ooit iets om de vrijheid gegeven.'

'Dat is niet waar,' zei mijn vader. 'We hebben wel iemand. We hebben jou. Jij geeft om vrijheid. Jij bent een vrijheidsstrijder.'

De dialoog verliep precies hetzelfde als talloze keren hiervoor: mijn grootmoeder voerde aan dat het onzinnig was om school te verzuimen alleen vanwege een achternaam, mijn vader leidde de aandacht af met een grapje en mijn moeder wilde dolgraag verder met waar ze mee bezig was geweest toen ik hen op een ongelegen moment had onderbroken.

Maar deze keer volgde er iets onverwachts. Mijn moeder liet de radio opeens voor wat die was, stond op en keek me aan. 'Zeg maar tegen ze dat Ypi niets verkeerd heeft gedaan,' zei ze.

Nini fronste haar wenkbrauwen en keek toen verbijsterd naar mijn vader. Hij pakte zijn inhalator en probeerde haar blik te ontwijken en wendde zich tot mijn moeder met een bezorgde uitdrukking op zijn gezicht. Mijn moeder keek vinnig terug, haar ogen vlamden van woede. Ze had de uitstraling van iemand die wist dat haar daden ontwrichtend zouden zijn. Zonder zich iets aan te trekken van het zwijgende verwijt van mijn vader, pakte ze de draad weer op.

'Hij heeft niets verkeerd gedaan. Was hij een fascist? Ik

weet het niet. Misschien. Heeft hij de vrijheid verdedigd? Dat hangt ervan af. Om vrij te kunnen zijn moet je wel leven. Misschien probeerde hij wel levens te redden. Welke kans maakte Albanië tegen Italië? Het land was er in alle opzichten van afhankelijk. Waarom zou je bloed vergieten? De fascisten hadden het land al overgenomen. De fascisten waren al de baas over de economie. Het was Zog die hun aandelen gaf in alle belangrijke staatsbedrijven. Lang voor de Italiaanse wapens kwamen er al Italiaanse producten het land binnen. Onze eigen wegen zijn door de fascisten aangelegd. De architecten van Mussolini ontwierpen onze regeringsgebouwen al lang voordat zijn ambtenaren ze bezetten. Wat ze de invasie van de fascisten noemen...'

Ze zweeg even, ze vertrok haar mond tot een sarcastische glimlach toen ze het woord 'invasie' uitsprak.

'Dit is niet het juiste moment,' onderbrak Nini haar. Ze keek me aan. 'Waar het om gaat is dat jij niets verkeerd hebt gedaan. Jij hebt niets te vrezen.'

'Wie zijn "ze"?' vroeg ik, in de war gebracht maar nieuwsgierig naar wat moeder had gezegd. Ik begreep niet alles wat ze zei, maar haar lange uitweiding intrigeerde me. Het was helemaal niets voor haar om met zo'n uitgebreide uitleg te komen. Het was voor het eerst dat ik mijn moeder haar mening hoorde geven over politiek en geschiedenis. Ik wist niet eens dat ze er een had.

'Ze zeggen dat Zog een tiran en een fascist was,' vervolgde mijn moeder, zonder acht te slaan op mijn vraag en Nini's waarschuwing. 'Als je heult met de ene tiran, wat heeft het dan voor zin om de andere te bestrijden? Wat heeft het voor zin om te sterven voor de onafhankelijkheid van een land dat al in alle opzichten, behalve in naam, is bezet? De echte vijanden van het volk... Trek niet zo aan mijn mouw,' onderbrak ze zichzelf en ze keerde zich agressief naar mijn vader, die nu heel dicht bij haar stond en hoorbaar was gaan ademen. 'Ze zeggen dat hij een verrader was, nou...'

'Wie zijn "ze"?' vroeg ik weer, ik begreep er steeds minder van.

'Ze, ze zijn... ze bedoelt de revisionisten,' verklaarde mijn vader haastig in haar plaats. Daarna aarzelde hij en omdat hij niet wist hoe hij verder moest gaan stapte hij over op een ander onderwerp: 'Ik heb je gevraagd om in je slaapkamer te gaan nadenken. Waarom ben je eruit gekomen?'

'Ik heb nagedacht. Ik wil niet naar school.'

Mijn moeder haalde spottend haar neus op. Ze liep van de tafel weg en begon met potten en pannen te smijten, gooide het bestek in de spoelbak.

De volgende morgen wekte Nini me niet voor school, zoals anders. Ze zei niet waarom. Ik wist dat er iets was veranderd, dat er de vorige dag iets was gebeurd waardoor ik mijn familie met andere ogen zag en anders over mijn ouders was gaan denken. Het is moeilijk te zeggen of dat te maken had met mijn ontmoeting met Stalin, het radioprogramma of met de premier wiens daden, dood en aanwezigheid in mijn leven ik vruchteloos probeerde te vergeten. Ik vroeg me af waarom mijn vader fluisterde als hij de demonstraties met mijn oma besprak. Waarom noemde hij ze geen hooligans? Ik vroeg me ook af waarom mijn moeder de daden van een fascistische politicus probeerde goed te praten. Hoe kon ze sympathie voelen voor een onderdrukker van het volk? In de dagen erop namen de protesten toe. Nu noemde de staatstelevisie ze ook al zo. Geïnitieerd door studenten van de universiteit in de hoofdstad, spreidden ze zich uit over de rest van het land. Er gingen geruchten dat arbeiders zich voorbereidden om de fabrieken uit te lopen en zich bij de jongeren op straat te voegen. Wat begon als een golf van onrust vanwege de economische omstandigheden met studenten die klaagden over het gebrek aan voedsel, de ontoereikende verwarming van de slaapzalen en de frequente stroomstoringen in collegezalen, sloeg algauw om in iets anders, een eis voor verandering waarvan de precieze aard onduidelijk was, zelfs voor degenen die erom riepen. Vooraanstaande academici, onder wie voormalige partijleden, gaven interviews aan de *Voice of America* die niet eerder waren vertoond en verklaarden dat het onjuist zou zijn om de grieven van de studenten weg te zetten als economische kwesties. Waar de beweging voor streed, verklaarden ze, was het einde van het eenpartijstelsel en de erkenning van politiek pluralisme. Ze wilden echte democratie en echte vrijheid.

Ik was opgegroeid in de overtuiging dat mijn familie mijn enthousiasme voor de Partij deelde, het verlangen om haar te dienen, de minachting voor onze vijanden en de zorg dat we geen oorlogshelden hadden om te gedenken. Maar nu voelde het niet zo. Op mijn vragen over politiek, het land, de demonstraties en hoe de gebeurtenissen te verklaren waren, kwamen slechts korte, ontwijkende antwoorden. Ik wilde weten waarom iedereen vrijheid eiste terwijl we al een van de vrijste landen ter wereld waren, zoals juf Nora altijd zei. Als ik thuis haar naam liet vallen, sloegen mijn ouders hun ogen ten hemel. Ik begon te vermoeden dat zij niet in de beste positie verkeerden om mij antwoord te geven en dat ik ze niet meer kon vertrouwen. Niet alleen mijn vragen over het land bleven onbeantwoord, ik begon me inmiddels ook af te vragen in wat voor een familie ik eigenlijk geboren was. Ik twijfelde aan hen en daardoor begon ik ook mijn greep op wie ik zelf was kwijt te raken.

Ik besef nu iets wat ik destijds niet goed begreep: de patronen die mijn kindertijd hadden gevormd, de onzichtbare wetten die structuur aan mijn leven hadden gegeven, mijn perceptie van de mensen die mij met hun oordelen hielpen de wereld te begrijpen – al die dingen veranderden voorgoed in december 1990. Het zou overdreven zijn te stellen dat ik op de dag waarop ik Stalin omhelsde volwassen was geworden, de dag waarop ik besefte dat ik zelf de leiding had bij het begrijpen van mijn eigen leven. Maar het zou niet vergezocht zijn te zeggen dat ik op die dag mijn kinderlijke onschuld verloor. Voor het eerst vroeg ik me af of vrijheid en democratie misschien niet de realiteit vormden waarin we leefden, maar een mysterieuze toekomstige toestand waarover ik heel weinig wist.

Mijn oma zei altijd dat we niet weten hoe we over de toekomst moeten nadenken; we moeten naar het verleden kijken. Ik begon na te denken over mijn levensverhaal, over mijn geboorte, over hoe de wereld eruitzag voor ik er was. Ik probeerde details te checken die ik misschien door elkaar had gehaald omdat ik te jong was geweest om ze correct te onthouden. Het was een verhaal dat ik talloze malen had gehoord, het verhaal over een vaststaande werkelijkheid waarin ik geleidelijk mijn rol had gevonden, hoe ingewikkeld ook. Deze keer was het anders. Deze keer waren er geen ijkpunten, alles moest van het begin af aan opnieuw worden opgebouwd. Het verhaal van mijn leven was niet het verhaal van de gebeurtenissen die hadden plaatsgevonden in een gegeven periode, maar het verhaal van zoeken naar de juiste vragen, de vragen die nooit in me waren opgekomen.

3

471: Een korte biografie

Ik stam uit een familie van wat mijn juf Nora 'intellectuelen' noemde. 'Er zitten te veel kinderen van intellectuelen in deze klas,' zei ze vaak op school, met een ietwat afkeurende uitdrukking op haar gezicht. 'Een intellectueel,' stelde mijn vader me gerust, 'is gewoon iemand met een universitaire opleiding. Zit er dus maar niet over in. Als puntje bij paaltje komt, is iedereen een arbeider. We wonen allemaal in een arbeidersstaat.'

Hoewel mijn ouders allebei officieel 'intellectuelen' waren omdat ze naar de universiteit waren geweest, hadden ze geen van beiden gestudeerd wat ze wilden studeren. Mijn vaders verhaal was het wonderlijkst. Hij was heel goed in bètavakken en al op de middelbare school had hij olympiades in wiskunde, natuurkunde, scheikunde en biologie gewonnen. Hij wilde wiskunde gaan studeren, maar kreeg van de Partij te horen dat hij zich moest aansluiten bij de echte arbeidersklasse vanwege zijn 'biografie'. Mijn familie gebruikte dat woord vaak, maar ik begreep het nooit. Het werd zo breed toegepast, dat je de betekenis niet kon opmaken uit een bepaalde context. Als je aan mijn ouders vroeg hoe ze elkaar hadden leren kennen en waarom ze waren getrouwd, antwoordden ze: 'Biografie.' Als mijn moeder een dossier voor haar werk voorbereidde, kreeg ze te horen: 'Vergeet niet een paar regels toe te voegen over je biografie.' Als ik een nieuw vriendinnetje kreeg op school, vroegen mijn ouders aan elkaar: 'Weten we iets over hun biografie?'

Biografieën werden zorgvuldig opgesplitst in goed en kwaad, beter of slechter, schoon of bevlekt, relevant of irrelevant, transparant of ondoorzichtig, verdacht of betrouwbaar, die welke moesten worden onthouden en die welke moesten worden vergeten. Biografie was het universele antwoord op allerlei vragen, het fundament zonder welke alle kennis werd gereduceerd tot een mening. Er zijn woorden waarvan het absurd zou zijn naar de betekenis te informeren, ofwel omdat ze zo basaal zijn dat ze zichzelf en alles wat ermee samenhangt verklaren, ofwel omdat je je opgelaten voelt te laten blijken dat je na al die jaren nog steeds niet weet wat ze inhouden. Biografie was zo'n woord. Als het woord eenmaal was gevallen, moest je het gewoon nemen zoals het was.

Mijn vader was enig kind. Zijn officiële naam luidde Xhaferr, net als die van de Albanese landverrader, maar iedereen noemde hem Zafo, zodat het hem bespaard bleef zich elke keer te moeten verontschuldigen als hij zich voorstelde. Zafo was alleen met zijn moeder opgegroeid. In 1946, hij was toen drie jaar oud, verliet mijn grootvader, Asllan, hen om ergens naar de universiteit te gaan; dat maakte deel uit van zijn biografie. Toen Asllan na vijftien jaar terugkwam, richtte de familie een feest aan en had Nini haar lippen gestift. Mijn vader had zijn moeder nog nooit met lippenstift gezien en hij verklaarde dat hij haar niet herkende, dat ze eruitzag als een clown en dat zij niet meer onder één dak zouden wonen. Daarna kreeg hij enorme ruzie met zijn vader; Nini veegde de lippenstift af en droeg nooit meer make-up. In de loop van de jaren bleven de twee mannen het met elkaar aan de stok hebben. Mijn vader weigerde het gezag van Asllan te erkennen, terwijl mijn opa zei dat mijn vaders wilskracht 'boterzacht' was, en dat hij het leven leidde van een 'tevreden varken'. Nini vermeldde graag de volledige zin van haar echtgenoot: 'Je kunt beter een ontevreden mens zijn dan een tevreden varken.' Maar mijn vader zag er nooit erg tevreden uit. Integendeel, hij had regelmatig paniekaanvallen, die meestal optraden als zijn astma verergerde, iets wat hij uit alle macht probeerde te verbergen.

Zafo had als kind astma ontwikkeld in de periode dat hij en Nini door de Partij werden verzocht hun huis te verlaten en hun intrek te nemen in een schimmelige schuur. Dit maakte ook deel uit van hun biografie. Mijn grootvader was niet aanwezig toen dit gebeurde, maar naar het schijnt zei hij naderhand dat een heleboel mensen astma hadden en dat mijn vader niet zo moest klagen. Hij zei ook dat mijn vader elke dag de regering moest bedanken dat we onder het socialisme leefden. Als we in het Westen hadden gewoond, was mijn vader verworden tot een zwerver die voor geld *bobdylan*-songs onder een brug zong. Dat deel vond ik ook geheimzinnig, niet alleen omdat niemand ooit uitlegde wat 'bobdylan' was, maar ook omdat mijn vader volkomen amuzikaal was en nog nooit een instrument had bespeeld. In plaats daarvan was hij bezeten van twee dingen, die hij me allebei probeerde te leren: dansen 'als kleine Ali' en wat hij noemde de 'magie van de formules van Viète', om wiskundige problemen op te lossen. De eerste was een stel boksbewegingen, maar de oefening eindigde meestal op het moment dat ik ze onder de knie dacht te hebben, omdat mijn vader buiten adem was. De tweede kon dagenlang doorgaan, soms zelfs weken, en zijn enthousiasme voor de formules van Vièta hield gelijke tred met mijn groeiende frustratie.

Het verwarrende gedeelte van mijn vaders biografie was

niet dat hem was verteld dat hij niet naar de universiteit mocht, maar dat hij ondanks het verbod toch was gegaan. Een paar dagen voor het begin van het academische jaar verscheen hij voor een commissie van artsen, en mijn grootmoeder zei tegen de commissie dat mijn vader zich van het leven zou beroven als hij niet aan de universiteit mocht studeren. Daarop stelde de commissie hem een paar vragen en stuurde hem naar huis met een brief waarin de desbetreffende ambtenaren de opdracht kregen hem toe te laten tot een vervolgopleiding. Hij kon geen wiskunde studeren omdat hij dan wellicht voor de klas moest staan, en dat mocht hij niet vanwege zijn biografie. Hij moest bosbouw gaan doen, maar dat volstond kennelijk voor hem, want hij heeft nooit geprobeerd zichzelf van kant te maken. In plaats daarvan forensde hij op en neer van Tirana naar Kavajë, het stadje waar zijn familie woonde, tussen veel andere families met eenzelfde soort biografie als zij.

Terwijl wiskunde een van de grootste passies van mijn vader was, was er niets ter wereld waar mijn moeder een grotere hekel aan had. Dat kwam niet alleen ongelukkig uit omdat ze werd verplicht wiskunde te studeren aan de universiteit, maar dit vak ook nog eens moest geven aan middelbare scholieren. Het feit dat mijn moeder wel de rol van docent kon worden toevertrouwd en mijn vader niet, deed vermoeden dat haar biografie beter was dan de zijne, zij het slechts marginaal, want als die veel beter zou zijn geweest, zouden ze nooit met elkaar zijn getrouwd. Mijn moeder hield van Schiller en Goethe, ze ging naar concerten van Mozart en Beethoven en had gitaar leren spelen van de Russen die het Huis van de Pioniers hadden bezocht, voordat we de betrekkingen met hen verbraken vlak na hun 20e Partijcongres. Ze had toestemming om literatuurwetenschappen te studeren, maar haar ouders moedigden haar aan om van studierichting te veranderen omdat ze bijna niet rond konden komen en zij voor een bètastudie een beurs kon krijgen.

Mijn moeder was het derde van zeven kinderen: vijf meisjes en twee jongens. Haar moeder, Nona Fozi, werkte in een chemische fabriek en haar vader, die we Baçi noemden, maakte riolen schoon. Op de weinige foto's die we van mijn moeder hebben als kind, oogt ze extreem mager, fragiel en heeft ze donkere kringen onder haar ogen alsof ze aan bloedarmoede lijdt. Ze sprak nooit over haar jeugd, maar die moet ellendig zijn geweest, want toen mijn vader eens opperde naar een historische documentaire over de grote Bengaalse hongersnood te kijken, zei ze: 'Zafo, ik weet wat honger is, dat hoef ik niet op televisie te zien.' Ze keek niet graag televisie. Het enige programma waarvoor ze een uitzondering maakte was *Dynasty* op de Joegoslavische zender, niet zozeer omdat ze het verhaal volgde maar meer omdat ze naar de interieurs wilde kijken. 'Heel mooi,' zei ze dan, met een verlangende uitdrukking op haar gezicht. 'Heel erg mooi.'

Mijn moeders familieleden woonden onder één dak en deelden hun inkomen met twee grootmoeders en een neef van haar vader die Hysen heette en die al bij hen inwoonde sinds hij op dertienjarige leeftijd wees was geworden. Mijn moeder was dol op Hysen. Toen zij op een dag in de oorlog uit de kraamkliniek mee naar huis werd genomen, weigerde Hysen haar bij haar voornaam, Vjollca, te noemen en verklaarde dat ze even mooi was als een pop. Daardoor kreeg ze de bijnaam Doli, en zo noemde iedereen haar. Hysen had op een internaat in Wenen gezeten, hij had haar leren walsen en *Erlkönig* van Goethe in het Duits leren opzeggen. Soms liep mijn moeder declamerend door het huis: '*Wer reitet so spät* *durch Nacht und Wind? Es ist der Vater mit seinem Kind,*'* overschakelend van een heel luide stem voor de vraag naar een gedempte toon voor het antwoord. Ik nam altijd aan dat het gedicht het verhaal vertelde van een kind dat niet kon slapen, totdat ze het helemaal voor me declameerde op een winteravond, terwijl het buiten noodweer was en wij kastanjes op het vuur poften. Daarna vertaalde ze het, en ik voel nog de rillingen langs mijn ruggengraat lopen als ik aan de laatste twee zinnen denk: 'Hij bereikt de boerderij vermoeid en in nood / In zijn armen het kind was dood.'

Mijn moeder en Hysen deelden ook een voorliefde voor het vouwen van auto's, boten, treinen en vliegtuigen van papier, die allemaal op een denkbeeldige reis werden gestuurd. Hysen leed aan een of andere hersenziekte en had regelmatig epileptische aanvallen, waarna hij altijd in een diepe slaap viel, bijna comateus. Als hij ontwaakte sprak hij alleen maar Duits, daarna een mengsel van Duits en Albanees, en als hij voldoende was opgeknapt om uit bed te mogen, tekenden hij en mijn moeder plattegronden van onze stad, Durrës, omcirkelden bepaalde gebieden daarbuiten, markeerden gebouwen en wegen, en vouwden daarna papieren scheepjes, die volgens hem het goud van de familie vervoerden. Alle scheepjes waren vernoemd naar Teuta, de koningin van de Illyriërs uit de oudheid, die piraten op de Romeinen had afgestuurd om hen te bestrijden, maar ze hadden wel allemaal een ander nummer: *Teuta I, Teuta II, Teuta III*. Mijn moeder zei dat Hysen zich voorbereidde op wat hij 'de tijd van peacey' noemde.** In de periode van peacey, beloofde hij, zouden mijn moeder en haar kinderen naar een kasteel verhuizen, wandelen over de landerijen die ze bezaten, op renpaarden rijden en zich

* 'Wie rijdt er zo laat door nacht en wind? Het is de vader met zijn kind.'

** Verwijzing naar Pax Romana, de Romeinse Vrede. [vert.]

kleden als prinsen en prinsessen. Als Hysen haar het verhaal vertelde over wat ze konden verwachten als 'peacey' kwam, vergat mijn moeder dat ze hele dag nog niets had gegeten.

Hysen had mijn moeder ook schaken geleerd en haar familie moedigde haar aan om bij de schaakclub in de stad te gaan, omdat ze dan gratis trainingspakken kon krijgen en meedoen aan toernooien. Op haar tweeëntwintigste werd ze nationaal schaakkampioen en verdedigde die titel enkele jaren. Ik herinner me het ritmische geklik van haar hakken als ze door de grote zaal in het Sportpaleis liep, waar ze jongerenteams trainde, lopend van de ene rij tafels naar de andere, slechts vergezeld door het getik van de grote houten schaakklokken die tussen de spelers waren geplaatst. Ze observeerde elk spel enkele minuten zonder een woord te zeggen, en als een kind op het punt stond een verkeerde zet te doen, tilde ze haar wijsvinger op, tikte een of twee keer op het paard of de loper die een bedreiging vormde en liep dan door naar de volgende tafel. 'Het is een denksport,' zei ze altijd als ze mij aanmoedigde om te spelen, en ze vatte het op als een persoonlijke belediging als ik wachtte tot ze werd afgeleid door andere kinderen en gauw wegholde om naar een potje pingpongen te kijken in een andere zaal. 'De schoonheid van schaken,' benadrukte ze, 'is dat het niets te maken heeft met biografie. Je hebt het helemaal zelf in de hand.'

Toen mijn moeder ziek was, had ze de neiging om de veranderingen in haar lichaam te beschrijven met dezelfde eentonige en emotieloze precisie als waarmee ze de basisregels uitlegde voor het verplaatsen van de schaakstukken op het bord. Ze beschreef altijd alleen wat er gebeurde, nooit wat ze ervan vond. Ze klaagde nauwelijks; ik zag haar nooit huilen. Ze straalde ultiem zelfvertrouwen en onbetwistbaar gezag uit; het soort gezag dat mensen genieten die anderen ervan weten te overtuigen dat het tegen hun belangen in zou druisen om hun ondergeschiktheid aan hen in twijfel te trekken. Ze was altijd beheerst. Altijd, op één keer na – toen ik werd geboren. Op de ochtend van de dag dat ze in de kliniek zou worden opgenomen, sloot ze zichzelf op in de badkamer en probeerde haar haren in model te brengen zoals ze pas op tv had gezien bij een vrouw die onlangs de eerste vrouwelijke premier van het Verenigd Koninkrijk was geworden. Aangezien mijn moeder haar haar bijna nooit borstelde, laat staan in model bracht, was dit een duidelijk teken van paniek, of op zijn minst niet eerder vertoonde angst.

Op 8 september 1979 deed *Zëri i Popullit*, het officiële orgaan van de Partij, verslag van een aanval van de racistische Rhodesische regering van Abel Muzorewa op Mozambique, bekritiseerde nieuwe kernexplosies op testlocaties in de VS, bracht een recente corruptiezaak bij de politie van Houston onder de aandacht als voorbeeld van de degeneratie van het kapitalisme en verwierp kinderarbeid in de textielfabrieken van Madrid. Een lang redactioneel stuk veroordeelde de *Voice of America* en *Novosti* als wapens van ideologische agressie door de twee grootste supermachten van de wereld. Op de buitenlandpagina stonden onder andere solidariteitsverklaringen met de voortdurende stakingen over de hele wereld: de havenarbeiders in Rotterdam, de fabrieksarbeiders van British Leyland, het onderwijzend personeel in Peru, Costa Rica en Colombia. Ik werd geboren om tien uur 's ochtends.

Het had mijn ouders een paar jaar gekost om mij te verwekken; min of meer sinds de Helsinki-akkoorden waren getekend in augustus 1975, zoals mijn vader graag preciseerde. Toen ik werd geboren werden mijn overlevingskansen op dertig procent gesteld. Mijn ouders durfden me geen naam te geven, maar waren dolblij met het ziekenhuisnummer dat me was toegewezen: 471. Alleen dode baby's kregen geen nummer en omdat ik nog niet dood was, was er leven om te vieren.

'We hadden tientallen jaren lang gerouwd,' zei mijn oma naderhand. 'Toen jij werd geboren was er hoop. Hoop is iets waar je voor moet vechten. Er komt echter een punt waarop het omslaat in een illusie; het is heel gevaarlijk. Het heeft allemaal te maken met de manier waarop je de feiten interpreteert.' 471 volstond om mijn familie hoop te geven, al was het maar een sprankje.

Mijn moeder en ik werden van elkaar gescheiden zodra ik was geboren: zij bleef op de kraamafdeling totdat ze van haar operatie was hersteld en ik werd naar een ander ziekenhuis overgebracht, waar ik met verschillende apparaten werd verbonden, zonder enig teken van verbetering te vertonen, totdat mijn grootmoeder toestemming besloot te vragen om mij mee naar huis te nemen. Toen ik uit de couveuse kwam, vijf maanden oud en net onder de drie kilo, de grootte van een pasgeboren zuigeling, was de kans dat ik het zou overleven toegenomen tot vijftig procent. 'Ongeveer gelijk aan dat van Amerikaanse diplomaten in Teheran,' grapte mijn vader later, 'maar als Nini niet had aangedrongen, was je misschien nog veel langer in gijzeling gehouden.' Het feit dat mijn oma's verzoek was ingewilligd, was een goed teken voor onze biografie.

In deze eerste maanden van mijn leven werd de enige slaapkamer die mijn familie huurde van een voormalige arbeider van de coöperatie omgetoverd in een intensivecare-unit. Mijn vader haalde hout uit de tuin om het vuur aan de gang te houden, mijn moeder bleef tot 's avonds laat op om kleertjes voor me te naaien en mijn oma steriliseerde alles waar haar blik op viel: bestek, scharen, potten en pannen, maar ook zaken die er niets mee te maken hadden zoals hamers en tangen. Bezoek was verboden, behalve als de bezoekers een gezichtsmasker op hadden, maar omdat maskers schaars waren, bleven ze algauw helemaal weg.

'In elke andere familie zou ze het niet gehaald hebben,' verklaarde dokter Elvira, die me regelmatig kwam onderzoeken, op mijn eerste verjaardag. 'Gefeliciteerd! Je hoeft haar geen 471 meer te noemen. Kijk eens naar die bolle wangen. Je kunt haar beter "gevulde paprika" noemen.'

Ik moet wel buitengewone oppeppers voor mijn immuunsysteem hebben gekregen toen ik klein was, want met uitzondering van die eerste paar maanden ben ik amper nog ziek geweest. Als kind was ik zo zelden ziek dat ik ziek-zijn ging idealiseren en de herstelperiode ging beschouwen als een prijs die alleen uitverkorenen ten deel viel en ik vroeg me af welke hordes je moest nemen om in aanmerking te komen voor koorts, een zware hoest of zelfs een doodgewone zere keel. Telkens als er een infecte rondwaarde in mijn klas vroeg ik aan de kinderen die een poosje niet op school waren geweest of ik ze wat extra knuffels mocht geven in de hoop dat hun ziekte op me oversloeg. De zeldzame keren dat ik erin slaagde iets op te lopen, bleef ik thuis, dronk thee van laurierblad en vroeg aan mijn oma me het verhaal te vertellen over hoe 471 overleefde en veranderde in een gevulde paprika. 'Hoe ziet mijn biografie eruit?' vroeg ik. 'Je werd te vroeg geboren,' luidde steevast haar eerste zin. 'Je kwam al voordat wij klaar waren voor je ontvangst. Afgezien daarvan kan je biografie tot nu toe niet beter.'

Pas toen Elona haar moeder verloor onder omstandigheden die heel erg leken op die welke mijn moeder en ik hadden overleefd, besefte ik dat alles heel anders had kunnen uitpakken voor ons. Ik begon mijn leven te zien als een wonderbaarlijk avonturenverhaal. Maar Nini gaf nooit toe dat het een wonder was, de mogelijkheid dat het anders had kunnen aflopen verwierp ze altijd. Ze beschreef alle oorzaken en gevolgen in die eerste paar maanden van mijn leven zo exact, dat het verhaal eerder klonk als de analyse van een wetenschappelijke theorie, een reconstructie van de natuurwetten, dan als een beschrijving van gebeurtenissen die evengoed een andere loop hadden kunnen nemen. Succes was altijd te danken aan de juiste mensen die de juiste keuzes maakten, die hoop koesterden wanneer die gerechtvaardigd leek en feiten interpreteerden op een manier die hoop scheidde van illusie.

Uiteindelijk zijn we allemaal de baas over ons eigen lot, zei mijn oma. Je 'biografie' was van cruciaal belang om de grenzen van je wereld te kennen, maar wist je die grenzen eenmaal, dan stond het je vrij om te kiezen en werd je verantwoordelijk voor je beslissingen. Je zou nu eens wat winnen, dan eens wat verliezen. Je moest vermijden dat je je liet meeslepen door overwinningen en leren hoe je je verlies moest nemen. Het was net als met de schaakzetten die mijn moeder beschreef: je kon het spel spelen als je de regels onder de knie had.

4

Oom Enver heeft ons voorgoed verlaten

'Er is iets vreselijks gebeurd,' zei onze kleuterjuf Flora, en ze spoorde alle vijf- en zesjarigen aan om op de kleurige houten stoeltjes te gaan zitten die in een halve cirkel waren klaargezet. Het was 11 april 1985. 'Oom Enver heeft... heeft... ons... voorgoed verlaten.' Ze stamelde de woorden alsof ze zelf haar laatste adem uitblies, alsof dit de laatste zin was die ze kon uitbrengen. Daarna liet ze zich ook op een van de stoeltjes neervallen, ze legde haar hand op haar hart alsof het pijn deed, schudde met haar hoofd en ademde zwaar: in-uit, in-uit. Er volgde een lange stilte.

Toen stond Flora met grote vastberadenheid op en wreef haar ogen uit. In die paar minuten stilte was ze een ander mens geworden. 'Kinderen,' zei ze plechtig. 'Luister goed. Het is heel belangrijk dat jullie dit begrijpen. Oom Enver is gestorven. Maar zijn werk leeft voort. De Partij leeft voort. We zullen allemaal zijn werk voortzetten en zijn voorbeeld volgen.'

Die dag praatten we uitgebreid over de dood. Mijn vriendinnetje Marsida, haar vader was schoenmaker maar haar grootvader was het hoofd van de plaatselijke moskee geweest voordat religies werden afgeschaft, zei dat de mensen vroeger geloofden dat we niet echt doodgaan als we doodgaan. Natuurlijk gaan we niet dood, reageerden wij. Al ons werk, net als dat van Oom Enver, leeft voort.

Maar Marsida wierp tegen dat ze dat niet bedoelde. Ze bedoelde niet dat ons werk voortleeft als we dood zijn. Ze bedoelde dat als mensen sterven, er een deel van hen voortleeft, en dat gaat dan naar een andere plek, afhankelijk van hoe je je hebt gedragen tijdens je leven. Ze wist niet meer hoe dat deel genoemd werd. Haar opa had het haar uitgelegd.

We geloofden er niets van. Een andere plek? 'Hoe kan iemand ergens naartoe gaan als hij dood is?' zei ik. 'Als je dood bent kun je je niet bewegen. Ze leggen je meteen in een kist.'

'Heb je ooit een dode in het echt gezien?' vroeg Marsida.

Ik zei van niet. Maar ik had wel lijkkisten gezien. En ik had ook gezien waar ze naartoe gaan, heel diep onder de grond, met behulp van touwen. Ik had ze gezien toen we het graf van mijn opa op de begraafplaats bezochten op zondag. Ik had zelfs kindergraven gezien. Ik had een keertje op het marmer gekrast met een glasscherf die ik van de grond had opgeraapt en mijn oma had me een standje gegeven. Er stond een zwart-witfoto op de grafsteen met daarop een klein meisje dat glimlachte, met een grote strik om die wel wat leek op die van mij. Ze was gestorven omdat ze uit een boom was gevallen. Nini zei dat we daarom begraafplaatsen hebben, zodat we weten waar de doden zijn en we hun graven kunnen bezoeken en aan ze kunnen vertellen hoe we hun werk voortzetten.

Marsida zei dat ze ook doodskisten had gezien, heel vaak. Ze had niet alleen de kisten gezien die voor volwassenen waren gemaakt, die waren zwart, maar ze had ook een keer een klein kistje gezien, dat was rood en minder zwaar dan de andere, want er was maar één man voor nodig om het te dragen.

Toen mengde zich een andere vriendin, Besa, die iets ouder was, in het gesprek. Zij had in het echt een dode gezien. Ze had haar oom gezien. Ze had stiekem door het sleutelgat gekeken van de kamer waar hij lag om te worden gewassen en en zijn beste pak aan te trekken, voordat hij in de kist werd gelegd. Die stond er al, geopend en wel, pal naast hem. Hij lag roerloos op de bank. Hij zag krijtwit en had bloed op zijn hoofd omdat hij zojuist tijdens zijn werk uit een elektriciteitsmast was gevallen. 'Mijn tante klaagde dat niemand zijn ogen had gesloten toen het was gebeurd,' zei ze. 'Het kan niet dat er een deel van hem ergens anders naartoe is gegaan.'

'Ja.' Ik knikte. 'Mijn oma heeft me verteld dat als mensen doodgaan en we ze begraven, insecten hun lichaam opvreten, daarna versmelten ze met de aarde en worden ze compost, dat weer nodig is om andere dingen te laten groeien, zoals bloemen en planten of wat dan ook. Ze kunnen nergens anders heen,' hield ik vol.

'En dooie mensen stinken ook nog,' voegde Besa eraan toe. 'Toen mijn oom stierf hoorde ik mijn tante zeggen dat de begrafenis gauw geregeld moest worden, want als we hem niet meteen begroeven zou hij gaan stinken.'

'Hè bah,' zei ik. 'Wij hadden een keer salami in de koelkast die begon te stinken toen we zonder stroom zaten. Hij stonk zo erg dat mijn vader door het huis rende met een wasknijper op zijn neus en zijn mond wijd open, hij hapte naar lucht en riep: "Help! Help!"'

Iedereen giechelde, juf Flora hoorde ons en stuurde ons in de hoek, om na te denken, zei ze, over hoe het mogelijk was dat wij lachten op zo'n trieste dag voor ons land. Toen ik thuiskwam en aan mijn oma vertelde dat Oom Enver dood was en dat ik in de hoek had moeten staan vanwege de bedorven salami in onze koelkast, kon ik me niet inhouden en rolden de tranen over mijn wangen. Ik weet niet of het kwam omdat ik me opgelaten voelde vanwege de straf die ik had gekregen op de verkeerde dag, het verdriet om het verlies van

Oom Enver, een combinatie van die twee, of misschien iets anders, wat er helemaal niets mee te maken had.

Dat eerste gesprek over de dood en wat er daarna gebeurt, werd enkele jaren later op school herhaald. Juf Nora vertelde ons dat de mensen vroeger bijeenkwamen in grote gebouwen die kerken en moskeeën heetten om liederen te zingen en versjes op te zeggen die waren opgedragen aan iets of iemand die ze God noemden, die wij vooral zorgvuldig moesten onderscheiden van de goden uit de Griekse mythologie, zoals Zeus, Hera of Poseidon. Niemand wist hoe die ene God eruitzag, maar iedereen had er een ander beeld bij. Sommigen, zoals de katholieken en orthodoxe christenen, geloofden dat God een kind had dat ook half mens was. Anderen, de moslims, dachten dat God overal was, van de kleinste stofdeeltjes tot aan het hele universum. En weer anderen, de joden, dachten dat God een koning zou maken die hen zou redden als het einde der tijden was gekomen. De profeten die ze erkenden verschilden ook. In het verleden hadden religieuze groeperingen elkaar bitter bestreden, ze verminkten en vermoordden onschuldige mensen om wiens profeet de echte was. Maar niet in ons land. In ons land hadden de katholieken, orthodoxe christenen, moslims en joden elkaar altijd gerespecteerd, want zij vonden hun land belangrijker dan hun meningsverschillen over het uiterlijk van God. Toen was de Partij gekomen, meer mensen leerden lezen en schrijven, en hoe meer ze te weten kwamen over hoe de wereld werkte, hoe meer ze ontdekten dat religie een illusie was, iets wat de rijken en machtigen gebruikten om de armen valse hoop te geven, door hun rechtvaardigheid en geluk te beloven in een volgend leven.

We vroegen of er nog een leven is na onze dood.

‘Dat is er niet,’ zei juf Nora met de haar kenmerkende overtuigingskracht. Ze legde uit dat het allemaal een manier was om de mensen te laten ophouden met vechten voor hun rechten in het enige leven dat ze hadden, zodat de rijken konden profiteren.

Kapitalisten, die zelf misschien niet in God geloofden, wilden hem wel houden omdat hij het gemakkelijker maakte om arbeiders uit te buiten en het handig was om een fantasiewezen de schuld te geven, in plaats van zichzelf, van de ellende die zíj veroorzaakten. Maar toen de mensen eenmaal hadden leren lezen en schrijven, en de Partij er was om hen te leiden, hielden ze op met op God te vertrouwen. En ze hielden ook op met allerlei ander bijgeloof, zoals het boze oog of knoflook in je zak stoppen om pech te bezweren, wat evenzoveel manieren waren om net te doen of het de mensen niet vrijstond om het juiste te doen omdat ze werden geleid door bovennatuurlijke machten. Gelukkig slaagden we er ten slotte met hulp van de Partij in te begrijpen dat God slechts een verzinsel was om ons bang en afhankelijk te maken van degenen die pretendeerden dat ze het vermogen hadden om het woord van God te vertalen en zijn regels uit te leggen.

Maar het was moeilijk om God helemaal uit te bannen, zei juf Nora. Sommige mensen, sommige reactionairen, bleven in hem geloven. Toen de Partij sterk genoeg was om ze te bestrijden, werd er door vrijwilligers actie ondernomen om alle gebedshuizen te veranderen in ruimtes voor het opleiden en ontplooien van de jeugd. Kerken werden sportcentra; moskeeën werden conferentiezalen. 'En daarom is er niet alleen geen God meer,' besloot juf Nora, 'maar hebben we ook geen kerken en moskeeën meer. We hebben ze allemaal vernietigd.' Met lichte stemverheffing zei ze: 'We mogen nooit meer teruggaan naar die achterlijke gewoonten. Er is geen God, nergens. Geen God, geen leven na de dood, geen onsterfelijke ziel. Als we doodgaan, gaan we dood. Het enige wat een eeuwig leven heeft, is het werk dat we hebben gedaan, de projecten die we hebben uitgevoerd, de idealen die we nalaten aan anderen om namens ons op voort te bouwen.'

Soms dacht ik aan de woorden van juf Nora als ik uit school kwam en langs het gebouw liep waarin het hoofdkantoor van de Partij was gehuisvest en naar een van de ramen bovenin keek. Ik keek instinctief naar boven, want dat had ik mijn moeder altijd zien doen, telkens als we het gebouw passeerden. Ik herhaalde haar gebaar. Om de een of andere reden bracht ik het hoofdkantoor van de Partij in verband met God en met gedachten aan een leven na de dood. Het begon allemaal op een keer toen we terugkeerden naar huis na ons gebruikelijke zondagsuitje en ik achter mijn ouders aan fietste, en mijn moeder tegen mijn vader hoorde fluisteren: 'Nee, niet de weduwnaar met de bloempot, die andere. Hij riep: "Allahoe akbar!".'

'Allahoe akbar,' herhaalde ze.

'Wie bedoel je?' vroeg ik, onder het fietsen. 'En wat betekent "allahoe aka"?'

Mijn vader draaide zich met een ruk om. 'Niets,' antwoordde hij. 'Het betekent niets.'

'Je zei net "allahoe aka",' drong ik aan en ik ging met mijn fiets voor ze staan.

'Het is een heel slechte gewoonte om gesprekken tussen volwassenen af te luisteren,' zei mijn vader, zichtbaar geïrriteerd. '"Allahoe akbar" is iets wat mensen die in God geloven zeggen, om zijn grootheid te erkennen en te eren.'

'Bedoel je zoiets als "Lang leve de Partij"?' vroeg ik.

'God is niet hetzelfde als de Partij,' legde mijn vader uit. 'Allahoe akbar is iets wat mensen met het moslimgeloof zouden hebben gezegd in gebeden. Je weet dat er verschillende religies zijn, want dat heeft juf Lea je uitgelegd bij morele vorming,' zei hij. '"Allah" betekent God in het Arabisch.'

'Kennen we mensen die vroeger moslim waren?'

'Wij zijn moslim,' antwoordde mijn moeder, terwijl ze een zakdoekje uit haar handtas haalde om de modder af te vegen die ze zojuist op mijn schoenen had ontdekt. 'Wij wáren moslim,' corrigeerde mijn vader. 'De meeste mensen in Albanië waren moslim.'

Ik vroeg of moslims geloofden in een leven na de dood. Mijn moeder knikte, nog steeds voorovergebogen bezig met het afvegen van mijn schoenzolen.

'Dan waren ze net zo dom als al die andere mensen die in een ándere God geloofden,' zei ik, me loswringend uit mijn moeders greep, om daarna zo hard als ik kon weg te fietsen.

Telkens als ik uit school het hoofdbureau van de Partij passeerde, dacht ik aan de man die 'Allahoe akbar!' had geroepen uit het raam op de vijfde verdieping. Wat bizar dat al die religieuze fanatiekelingen het niet met elkaar eens waren over hoe God er precies uitzag en wel allemaal geloofden dat delen van ons voortleven na onze dood. Als er één ding was dat ons, kinderen, kon overtuigen van de ongerijmdheid van religie, van de belachelijkheid van het bestaan van God, dan was het wel de gedachte dat er een leven kon zijn na het leven dat we hadden gehad. Op school leerden we in evolutionaire termen aan ontwikkeling en degeneratie denken. We bestudeerden de natuur door de ogen van Darwin en de geschiedenis door de ogen van Marx. We maakten onderscheid tussen mythe en wetenschap, rede en vooroordeel, gezonde twijfel en dogmatisch bijgeloof. Ons werd geleerd dat de juiste ideeen en ambities voortleven als gevolg van onze collectieve inspanningen, maar dat de levens van individuen altijd moeten eindigen, net als het leven van insecten, vogels en andere dieren. Als je de gedachte koesterde dat mensen een ander lot verdienden dan de rest van de natuur, dan liet je je leiden door mythes en dogma's ten koste van de wetenschap en de rede. Wetenschap en rede waren het enige wat ertoe deed. Slechts met behulp van deze twee konden we de natuur en de wereld onderzoeken. En hoe meer we wisten, hoe meer we dat wat eerst mysterieus scheen, konden verklaren en controleren.

'Snap je wel?' Ik herinner me nog dat ik dit in tranen tegen Nini zei op de dag dat Enver Hoxha stierf. 'Oom Enver leeft niet meer. Zijn werk leeft eeuwig voort. Maar mijn wens om hem te ontmoeten zal nooit in vervulling gaan.'

Mijn oma drong erop aan dat ik mijn middageten opat. Ze prees de *byrek* aan die ze had bereid. 'Ik heb hem geproefd,' zei ze. 'Hij is heerlijk.'

Ik vroeg me af hoe ze een hap naar binnen kon krijgen op zo'n dag. Hoe kon iemand zelfs maar aan eten denken? Ik had geen trek. Ik was te verdrietig. Oom Enver was voorgoed heengegaan. Al zijn boeken, waar ik zo dol op was, zouden voorgoed ongesigneerd blijven. We hadden niet eens een foto van hem in onze woonkamer staan. Ik zou hem vreselijk missen. 'Ik ga een foto uit het boek knippen dat hij heeft geschreven voor zijn Pioniersvrienden en inlijsten,' kondigde ik aan. 'Die zet ik op mijn nachtkastje.'

Nini drong er niet meer op aan dat ik moest eten. 'Je hebt gelijk,' zei ze. 'Ik heb ook geen honger, ik heb maar één hapje geproefd.' Ze wilde echter met alle geweld voorkomen dat ik de foto uitknipte. 'We maken in dit huis geen boeken stuk.'

De begrafenis vond een paar dagen later plaats. Er viel een druilerige regen na een lange periode van zonneschijn. We keken naar het televisiescherm waarop duizenden mensen te zien waren die aan weerskanten van de grote boulevard van Tirana stonden opgesteld om de begrafenisstoet te zien: soldaten in tranen, wanhopige oude vrouwen die jammerend hun gezicht openkrabden, studenten die met lege blik voor zich uit staarden. De beelden gingen gepaard met symfonische marsmuziek. De verslaggever sprak spaarzaam en traag, als een ongelukkige Sisyfus die de taak heeft commentaar te leveren terwijl hij zijn rotsblok de berg op moet rollen. 'Zelfs de natuur rouwt om het verdriet van een van de grootste revolutionairen van onze tijd,' zei hij. Er volgde een lange stilte. Slechts de tonen van de dodenmars waren te horen. 'Altijd als kameraad Enver op 1 mei op de tribune plaatsnam, veranderde het weer, de zon kwam tevoorschijn van achter de wolken. Vandaag huilt zelfs de hemel. De regen vermengt zich met de tranen van de mensen.'

Mijn familie keek stilzwijgend toe.

'Het land rouwt om het verlies van zijn meest eminente zoon, de grondlegger van de moderne Albanese natie, de slimme strateeg die het verzet organiseerde tegen de Italiaanse fascisten, de briljante generaal die de nazi's versloeg, de revolutionaire denker die zowel opportunisme als sektarisme vermeed, de trotse staatsman die de Joegoslavische revisionistische pogingen om ons geliefde land te annexeren trotseerde, de politicus die nooit boog voor Engels-Amerikaanse kuiperijen en die nooit capituleerde voor revisionistische druk van de Sovjet-Unie en China.' De camera zoomde in op de kist, die werd bedekt door een grote Albanese vlag, daarna op de bedroefde gezichten van de leden van het Politbureau, daarna op de nieuwe secretaris-generaal van de Partij, die op het punt stond een redevoering te houden. De muziek speelde door. Na een volgende stilte hernam de commentator zich en sprak: 'Kameraad Enver zette zich zowel in voor de natie als voor internationale solidariteit met het proletariaat. Hij wist dat de enige weg voorwaarts die van nationaal zelfbeschikkingsrecht is, gekoppeld aan een niet-aflatende strijd tegen de interne en externe vijanden van het socialisme. Kameraad Enver laat het nu aan ons over om de strijd voort te zetten zonder hem. We zullen zijn briljante leiding missen, zijn wijze woorden, zijn revolutionaire hartstocht, zijn warme glimlach. We zullen hem missen. De pijn is groot. We moeten leren de pijn om te zetten in kracht. Dat zullen we morgen doen. Vandaag is de pijn eenvoudig nog te groot.'

'Ik weet het!' Mijn moeder verbrak opeens de stilte. 'Ik vroeg het me de hele tijd af. Het is uit de Derde Symfonie van Beethoven. De dodenmars. Het is Beethoven.'

'Nee hoor,' zei mijn vader meteen, alsof hij had zitten wachten op haar opmerking. 'Het is van die Albanese componist. Ik kan me niet meer herinneren welke. Maar ik heb het eerder gehoord, het is niet nieuw,' voegde hij eraan toe met het enthousiasme dat hij alleen toonde als hij de kans had om mijn moeder tegen te spreken.

'Zafo, je weet er niets van,' zei mijn moeder. 'Je bent volkomen amuzikaal. Wanneer ben je voor het laatst naar een klassiek concert geweest? De enige muziek waar jij naar luistert zijn de geluiden van het sportprogramma op de radio. De achtergrondmuziek is uit het tweede deel van Beethovens Derde Symfonie, de *Eroica*. Het heet de "Dodenmars".'

Hij wilde haar net weer tegenspreken toen Nini zich ermee bemoeide en bevestigde dat mijn moeder gelijk had. 'Het komt uit de symfonie die Beethoven begon te componeren ter ere van Napoleon. Ik herken hem ook, Asllan was er dol op.' Familieruzies werden altijd beslecht door mijn opa erbij te halen.

'Nemen jullie me echt mee naar het graf om hem de laatste

eer te bewijzen?' vroeg ik met tranen in mijn ogen, ik zat als verlamd voor de bewegende beelden op het scherm en vroeg me af waarom mijn familie niet huilde maar over muziek praatte.

'Aanstaande zondag,' antwoordde mijn oma, lichtelijk afgeleid.

'Zouden er aanstaande zondag al bezoekers worden toegelaten?'

'Niet voor het graf van Oom Enver, nee,' corrigeerde Nini zichzelf. 'Ik dacht dat je het graf van je opa bedoelde.'

'Alle arbeiderscollectieven zullen in de komende weken de laatste eer bewijzen aan het graf van kameraad Enver,' zei mijn vader. 'Als ik aan de beurt ben, zal ik je meenemen.'

Enkele weken lang keek ik uit naar dat bezoek. Op een middag keerde mijn vader terug van zijn werk en vertelde dat hij naar Tirana was geweest om Oom Envers graf te bezoeken. 'Ben je al geweest?' vroeg ik met een mengeling van boosheid en teleurstelling. 'Je zei dat je me zou meenemen. Je hebt je niet aan je belofte gehouden.'

'Ik heb het geprobeerd,' antwoordde mijn vader verontschuldigend. 'We vertrokken al vroeg in de ochtend met de eerste trein en toen ik je wakker wilde maken, sliep je nog en hoorde je me niet. Nini heeft ook nog geprobeerd je te roepen, maar je ging alleen maar op je andere zij liggen. Het was al laat en ik moest weg. Maak je niet ongerust, gevuld paprikaatje van me. Er komt vast en zeker nog wel een andere gelegenheid.'

Ik was ontroostbaar. Ik snikte het uit en zei dat mijn ouders duidelijk niet zoveel van Oom Enver hielden als ik, dat ze waarschijnlijk zelfs helemaal niet van hem hielden. Het was gelogen dat ze me die ochtend hadden geroepen, zei ik, want als ze me de avond ervoor hadden verteld dat we zijn graf zouden bezoeken, had ik helemaal niet geslapen en was ik meteen uit bed gesprongen. De waarheid was dat het ze niets kon schelen; ze vonden het niet belangrijk om het graf van Oom Enver te bezoeken en ook niet om zijn foto in de woonkamer neer te zetten. Ik had al duizenden keren gevraagd om een ingelijste foto van Oom Enver en ze hadden er nooit een voor me meegenomen. Al mijn vriendinnen hadden foto's in hun boekenkasten staan; mijn vriendin Besa had zelfs een grote foto van haarzelf terwijl ze op schoot zat bij Oom Enver op zijn laatste Congres, toen ze hem een bos rode rozen had gegeven en een gedicht had opgezegd voor de Partij. Ik was nooit op een Congres geweest en wij hadden niets.

Mijn ouders probeerden me gerust te stellen. Ze hielden evenveel van de Partij en Oom Enver als ik, zeiden ze. De enige reden waarom zijn foto ontbrak in onze woonkamer was dat we wachtten op een vergroting. We hadden een mooie, geschikte fotolijst nodig, voegde mijn moeder eraan toe, die speciaal op bestelling gemaakt zou moeten worden. De alledaagse houten lijsten die je bij de kunstwinkel vond waren Oom Enver onwaardig. 'We zijn ermee bezig,' benadrukte mijn vader ook nog eens. 'Het zou een verrassing voor je verjaardag worden.'

Ik schudde ongelovig mijn hoofd. 'Dat doen jullie toch niet voor mijn verjaardag,' zei ik, mijn tranen wegvegend. 'Dat weet ik zeker. Jullie vergeten het gewoon. Jullie houden niet van Oom Enver. Jullie missen hem duidelijk niet, want als je hem zou missen, zou je al een kleine foto hebben en dan zou je er een grotere bij kopen.'

Mijn ouders leken te schrikken. Ze keken elkaar aan. 'Ik zal je een geheimpje verklappen,' zei Nini. 'Ik heb Oom Enver een keer ontmoet. Ik heb hem heel veel jaar geleden ontmoet, toen je opa en ik nog jong waren. Zij tweeën waren vrienden.

Hoe zou ik niet van hem kunnen houden als we vrienden zijn geweest?' Ze beloofde dat ze me op een dag de brieven zou laten zien die ze elkaar hadden geschreven. 'Maar dan moet jij ook iets beloven,' zei ze, 'en dat is dat je nooit meer zegt, niet tegen ons en niet tegen anderen, dat we niet van Oom Enver houden. *Tu vas me donner ta parole d'honneur*, goed?'*

* 'Op je erewoord, goed?'

5

Coca-Cola-blikjes

Mijn familie berustte erin dat sommige regels minder belangrijk waren dan andere en dat sommige beloftes op den duur achterhaald konden zijn. Hierin verschilden ze niet van andere mensen, de rest van de samenleving of zelfs het land. Een van de uitdagingen van het opgroeien was erachter te komen welke regels in de loop van de tijd afzwakten, welke door andere, belangrijkere verplichtingen werden ingehaald en welke onverbiddelijk van kracht bleven.

Neem bijvoorbeeld boodschappen doen. Er stond altijd een rij. Die vormde zich altijd voordat de distributievrachtwagen arriveerde. Er werd van je verwacht dat je altijd in die rij stond, tenzij je bevriend was met de winkelier. Dat was de algemene regel. Maar daar kon je ook een mouw aan passen. Iedereen mocht de rij verlaten als hij een geschikt voorwerp vond om zichzelf te vervangen tijdens zijn afwezigheid. Dat kon een oude boodschappentas zijn, een blik, een baksteen of een kei. Dan was er nog een andere regel die gretig werd onderschreven en stipt gehandhaafd, namelijk dat het voorwerp dat je als je plaatsvervanger had achtergelaten, op het moment dat de goederen arriveerden op slag zijn functie van remplaçant verloor. Het maakte niet uit of je een tas, blik, baksteen of kei in jouw plaats had neergelegd. De tas was nog slechts een tas, die kon jou niet meer zijn.

Wachtrijen onderscheidden zich in rijen waar niets gebeurde en rijen waarin de hele tijd van alles gebeurde. In het eerste geval kon de wachtvolgorde worden toevertrouwd aan voorwerpen. In het tweede geval waren de rijen onrustig, luidruchtig en rumoerig, iedereen moest erbij blijven, en alle armen en benen waren in beweging omdat de mensen een glimp van de toonbank probeerden op te vangen om te zien hoeveel er nog over was van wat er zojuist was afgeleverd, terwijl de winkelier intussen de rij afspeurde naar vrienden aan wie hij wellicht voorrang moest geven.

Toen ik mijn training kreeg voor het navigeren door de wachtrijen, vroeg ik eens waarom we een kei moesten neerleggen in de kaasrij, om in de kerosinerij een blik te kunnen plaatsen, want in geen van beide rijen zat beweging. Toen hoorde ik dat rijen een hele dag konden blijven staan en soms nog een nacht, of nachten, en dat het noodzakelijk was boodschappentassen, blikken of keien van een geschikte afmeting een paar taken te laten overnemen waarmee anders hun eigenaren zouden worden belast. De voorwerpen in de rij werden regelmatig gecheckt en de wachtenden hielden om beurten een oogje in het zeil, zodat de tassen, blikken of stenen niet per ongeluk werden weggehaald of vervangen door ongeautoriseerde voorwerpen. In de zeer zeldzame gevallen dat het systeem niet werkte, braken er gevechten uit en ontstonden er onaangename, onbeschofte en lange rijen. Mensen maakten verbitterd ruzie over stenen die er hetzelfde uitzagen of boodschappennetjes die stiekem waren vervangen door boodschappentassen of kerosineblikken die opeens twee keer zo groot waren geworden.

Je netjes gedragen in de rij of met anderen samenwerken om de mores van de wachtrij in ere te houden kon het begin betekenen van een blijvende vriendschap. Een buur die je in de wachtrij tegenkwam of een vriend die je maakte tijdens het gezamenlijk uitoefenen van controlerende taken zou algauw iemand worden tot wie je je wendde bij allerhande tegenslagen: als een ouder lid van je huishouden onverwacht ziek werd en je oppas voor de kinderen nodig had of als je tijdens het bakken van een verjaardagstaart tot de ontdekking kwam dat je geen suiker meer had of als je iemand nodig had om voedselbonnen mee te ruilen omdat je van sommige etenswaren misschien nog een voorraadje had maar van andere niets meer. We verlieten ons op vrienden en buren voor van alles en nog wat. Als we iets nodig hadden, klopten we gewoon op hun deur, ongeacht het tijdstip. Als ze niet hadden wat we zochten of als ze ons niet konden helpen met wat we nodig hadden, boden ze iets ter vervanging aan of raadden een andere familie aan die misschien wel kon helpen.

Dit subtiele evenwicht tussen het volgen en overtreden van de regels gold ook voor andere gebieden. Bijvoorbeeld als je op de kleuterschool of basisschool verscheen in een uniform dat kreukels of, nog erger, vlekken vertoonde, of als de kapper van je ouders je haar in een stijl knipte die als imperialistisch kon worden gezien of als je je nagels langer liet groeien dan de geaccepteerde lengte of als je ze in een ongebruikelijke, revisionistische kleur lakte, zoals donkerpaars. Hetzelfde principe, ontdekte ik later, gold ook voor algemenere kwesties, bijvoorbeeld of mannen en vrouwen daadwerkelijk elkaars gelijken waren, of de meningen van lagere en hogere Partijleden even zwaar wogen, in welke mate grapjes over de Partij en de staat ernstige gevolgen konden hebben en zoals in mijn geval, tegen wie je wel of geen opmerkingen kon maken over foto's in je woonkamer.

De truc was altijd om te weten wanneer welke regel relevant was, en in het ideale geval of hij versoepelde in de loop van de tijd, of hij ooit zo serieus was bedoeld als je dacht, of dat hij in sommige opzichten heel erg streng was maar in andere opzichten minder, en hoe je het verschil te weten zou kunnen komen om te voorkomen dat je er te laat achter kwam. De subtiele scheidslijn kennen tussen het volgen en schenden van de regels was, voor ons kinderen, de echte graadmeter van groei, volwassenwording en maatschappelijke integratie.

Wat mij betreft, ik ontdekte op een late augustusavond in 1985 dat de belofte die ik aan mijn ouders had gedaan om nooit hun desinteresse in fotografische memorabilia van onze leider te onthullen, bindend was, en zo strikt, dat alle andere beloftes ernaast verbleekten. Dit gebeurde aan het einde van een dag die ik grotendeels in de top van een vijgenboom in de tuin van het echtpaar Papas had doorgebracht.

De Papas waren onze naaste buren, een stel van midden zestig, van wie de kinderen al het huis uit waren toen ik werd geboren. Mijn moeder was bevriend geraakt met de vrouw, Donika, toen ze het samen opnamen tegen een vrouw die ze ervan verdachten dat ze hun plaats in de kerosinewachtrij wilde innemen. Net als mijn moeder had Donika de neiging mensen te wantrouwen en de eerste indruk die je van haar kreeg was er een van vijandigheid. Ze was klein, rond, ruziede vaak met buren en had een slechte naam bij kinderen, hoewel ze voor mij buitengewoon lief was. Voor haar pensioen was Donika beambte op het postkantoor geweest. Een groot deel van haar leven had ze 'Alo, Alo!' geroepen door krakerige telefoonverbindingen en als gevolg daarvan had ze de neiging gekregen om elke klinker in een A te veranderen en het einde van elk woord uit te rekken, alsof ze een alarmbel luidde: ALAA, ALAA, ALAA, ALAA. Of als ze mijn moeder Doli riep: DALAA, DALAA, DALAA.

Donika's man Mihal was een zeer gerespecteerde Partijfunctionaris met een dikke snor die een beetje op die van Stalin leek. Mihal had in de oorlog gevochten, een heleboel vijanden gedood en meer dan tien medailles vergaard, waarmee ik overigens met meer plezier speelde dan dat hij er trots op was. Ik was gefascineerd door het verhaal van een nazisoldaat die hij had gedood, een blonde man die Hans heette, aan wie Mihal water had aangeboden om het bloed van zijn mond te wassen terwijl hij zijn laatste adem aan het uitblazen was. Hans had het geweigerd en was 'Heil Hitler' blijven prevelen. Ik vroeg Mihal te beschrijven hoe hij Hans had gedood, maar hij praatte liever over het laatste wat hij zich van hem herinnerde: zijn vlassige snorretje, een snor die nog niet helemaal vol was, zei hij. 'Mijn eigen snor was ook nog niet helemaal vol,' liet hij erop volgen en ik snapte niet dat hij Hans bijna met affectie beschreef, alsof hij een lang geleden uit het oog verloren vriend schetste met wie hij fijne herinneringen deelde, in plaats van een aartsvijand die hij van het leven had beroofd.

De Papas leenden ons regelmatig geld, pasten op mij als mijn ouders en oma weg waren en hadden een reservesleutel van ons huis. Ik bracht lange zomeravonden door in hun tuin, snoepte druiven van hun druivenranken en at met ze mee aan tafel, waar Mihal me van zijn raki liet proeven en me van de tafel liet springen met zijn oude partizanenpet op. Vanuit hun tuin had je een spectaculair uitzicht op zee en er stond een reusachtige vijgenboom met heerlijk fruit. Mihal had me verteld dat je als je in die boom klom de zonsondergang kon zien en de boten kon tellen die de haven in en uit voeren. Maar ik durfde nooit, omdat ik steeds aan dat kleine meisje moest denken in het graf naast mijn opa, dat was gestorven toen ze uit een boom was gevallen.

Die dag in augustus 1985 had ik echter voldoende moed

verzameld om in de boom te klimmen. Maar ik klom niet omhoog om de zonsondergang te zien of de boten in de haven te tellen. Het was uit protest. Die hele zomer hadden mijn familie en de Papas niet met elkaar gesproken. Eind juni hadden mijn moeder en Donika een woordenwisseling gehad die uitliep op een ruzie met de hele familie, en op het laatst was ik het enige lid van het gezin met wie de Papas nog praatten.

De aanleiding voor die woordenwisseling was een colablikje. Op een dag halverwege juni had mijn moeder een leeg blikje gekocht van een collega van haar school, voor een bedrag dat je in de toeristenwinkel kwijt zou zijn aan een schilderij van onze nationale held Skanderbeg. Ze overlegde de hele middag met mijn oma waar ze het zou neerzetten en, aangezien het leeg was, of ze het zou optooien met een versgeplukte roos uit de tuin. Ze besloten dat een roos wel een origineel idee was, maar dat die zou afleiden van de esthetische waarde van het blikje, daarom had ze het leeg gelaten en boven op ons mooiste geborduurde kleedje gezet.

Enkele dagen na deze discussie was het blikje opeens verdwenen. Om weer op te duiken op de televisie van de Papas.

De Papas hadden toegang tot ons huis, ze wisten dat we in de zak van de oude jas van mijn opa al ons geld bewaarden en ze hielpen ons aan toestemming van de Partij voor de particuliere bouw van ons huis. Ik had ook de indruk dat ze een heleboel afwisten van onze biografie, maar daar heb ik ze nooit naar gevraagd, omdat ik niet precies begreep wat biografie betekende en mezelf niet in verlegenheid wilde brengen. Mihal, die nog steeds actief was in lokale kringen van de Partij, hielp mijn ouders altijd bij administratieve kwesties en verdedigde hen allebei op vergaderingen van de Partij en de wijkraad.

Deelname aan de wijkraad was voor iedereen in de wijk

verplicht, maar het lidmaatschap van de Partij was selectief en stond alleen open voor mensen met een goede biografie. Mijn ouders mochten geen lid worden, maar Mihal was een veteraan en zijn mening over de verdiensten van de verschillende kandidaten legde veel gewicht in de schaal. Zo had hij het lidmaatschap van een andere buurvrouw, Vera, eens bijna tegengehouden omdat ze in een wijkvergadering had beweerd dat mijn familie reactionair was en uitvluchten verzon voor het schoonmaken op zondag. Op zondag schoonmaken was in theorie facultatief, maar in de praktijk was het een van die gevallen waarin de norm het tegenovergestelde inhield van hoe het werd aangekondigd. Toen mijn ouders nieuw in de buurt kwamen wonen, hadden ze moeite om een en ander op de juiste manier te interpreteren. Dat leerden ze al vlug.

Mijn familie en de Papas trokken veel met elkaar op: ze maakten samen de straat schoon op zondag en hielpen andere buren als er een bruiloft of een begrafenis moest worden georganiseerd. Bruiloften werden doorgaans bij mensen in de tuin gehouden met honderden genodigden. Iedereen werd gemobiliseerd om te helpen bij het bereiden van het diner, banken en tafels uit de plaatselijke scholen op te halen of de plek in orde te brengen waar het orkest tot laat in de avond zou spelen. Onze twee families sjouwden de banken altijd samen en zaten naast elkaar tijdens het diner en de feestelijkheden. De kinderen bleven tot in de avondschemering op, zingend en dansend, en als de festiviteiten een hoogtepunt bereikten, liepen de gasten naar de bruid toe, zwaaiend met een biljet van honderd lek, likten dat af en plakten het op haar voorhoofd, zoals de gebruiken vereisten. Mihal plakte ook altijd leks op mijn voorhoofd en zei dan dat ik beter danste en slimmer was dan de bruid.

In de nazomer voegden mijn moeder en Mihal vaak hun

oogsten bijeen om samen raki te maken. Tijdens die lange dagen, als de gefermenteerde druiven werden gedistilleerd en ze wachtten tot de alcohol uit het pijpje druppelde en testten hoe sterk of slap de raki was, praatten ze over de oude tijd. Op een keer hoorde ik mijn moeder iets tegen hem zeggen over de haven van onze stad in de jaren dertig, ze zei dat het grootste schip dat haar familie had bezeten nog steeds werd gebruikt voor de export. Ik begreep het niet en vroeg later aan Mihal wat het betekende. Maar hij zei dat ze het over *arka* hadden gehad, niet *varka* (over kratten in plaats van schepen), daarna vroeg hij of ik op de tafel wilde dansen waaraan hij zijn mezze zat te eten.

Ik vertel dit allemaal om te illustreren dat mijn moeder er niet over zou hebben gepiekerd om de Papas van diefstal te betichten als het gestolen voorwerp geen colablikje was geweest. Die waren destijds uiterst zeldzaam. Nog zeldzamer was dat je de vloeibare inhoud ervan kende. De blikjes waren een teken van maatschappelijke status: als mensen een blikje in hun bezit hadden, schepten ze ermee op en zetten het in hun woonkamer, meestal op een geborduurd kleedje op de televisie of de radio, vaak naast de foto van Enver Hoxha. Zonder het colablikje zagen onze huizen er hetzelfde uit. Met het colablikje veranderde er iets, niet alleen visueel. Afgunst stak de kop op. Twijfels rezen. Het vertrouwen was weg.

'Mijn blikje!' riep mijn moeder uit toen ze binnenkwam om de deegrol terug te geven die Donika haar had uitgeleend en het rode voorwerp boven op de televisie van de Papas zag staan. 'Wat doet mijn blikje hier?' Donika kneep haar ogen samen alsof ze mijn moeders wijsvinger niet naar het blikje zag wijzen of dat ze niet kon geloven wat ze zag. 'Dat is van mij,' antwoordde ze trots. 'Ik heb het pas gekocht.' 'Ík heb het pas gekocht,' herhaalde mijn moeder, 'en kijk nu eens waar het staat.' 'Wou je soms beweren dat ik mijn blikje heb gestolen?' zei Donika verontwaardigd. 'Ik zeg dat jóuw blikje míjn blikje is,' antwoordde mijn moeder.

Die dag hadden zij en Donika hooglopende ruzie. Ze begonnen voor de televisie maar eindigden buiten op straat, ze scholden elkaar uit en zwaaiden met deegrollers, terwijl iedereen stond toe te kijken. Donika gilde dat mijn moeder een bourgeois was, verkleed als lerares, en mijn moeder schreeuwde dat Donika een boerin was, verkleed als postbeambte. Even later werd er een getuige opgetrommeld, een buurvrouw die in de sigarettenfabriek vlakbij werkte, en zij bevestigde dat ze het lege blikje had verkocht aan Donika, één dag nadat mijn moeder het hare had gekocht.

Op dat moment bood mijn moeder haar excuses aan. Donika en Mihal waren zo beledigd dat zij ze niet aanvaardden. Ze draaiden mijn moeder de rug toe en liepen terug naar hun huis; ze riepen mijn ouders nooit meer uit het raam voor de koffie. Als ze in de dezelfde rij voor de winkel stonden te wachten negeerden ze elkaar, en op een keer deed Donika net of ze de mooie grote kei niet herkende die mijn moeder als haar plaatsvervanger gebruikte als ze de rij verliet, ook al was die afkomstig uit de tuin van de Papas. We kwamen er nooit achter wie ons colablikje had gestolen, maar we stelden vast dat het niet veilig was om een ander te kopen, hoezeer het onze woonkamer ook opfleurde. Ik greep de gelegenheid aan om als vervanging van het colablikje boven op de televisie, een foto van Oom Enver te vragen. Een verzoek waaraan mijn ouders opnieuw geen gehoor gaven.

Ik mocht die zomer van de Papas nog steeds in de bomen van hun tuin klimmen, maar ze vroegen niet meer of ik bleef eten. Als ik aan Mihal vroeg of ik met zijn medailles en partizanenpet mocht spelen, zei hij dat we dat wel een andere keer zouden doen. 'Het gaat om onze eer, ze hebben onze eer gekrenkt,' hoorde ik hem eens tegen Donika zeggen. Ik begon te vermoeden dat de Papas niet zozeer geschokt waren door mijn ouders' beschuldigingen aangaande het colablikje, maar door iets anders, iets belangrijkers, iets wat mijn ouders nooit konden herstellen of goedmaken. Ik was ontroostbaar. Ik vond het vreselijk om Donika zwijgend langs mijn moeder te zien lopen in de wachtrij voor de kaas en ik miste haar schrille, ijle stem die mijn moeder uit het venster riep als ze de koffie klaar had: DALAAAA, DALAAAA, KAAAFAAAA, KAFAAAAA. Mijn ouders waren ook diepbedroefd, maar ze wisten niet wat ze nog meer konden zeggen om zich te verontschuldigen.

Na een paar van zulke weken leek het me goed om het heft in eigen hand te nemen. Ik besloot me te verstoppen in de tuin van de Papas en net te doen of ik verdwaald was, zodat mijn ouders me zouden gaan zoeken. Ik dacht dat als de Papas zagen dat de hele buurt zich mobiliseerde om mij te zoeken en hoe erg van streek mijn ouders waren omdat hun dierbare eerstgeborene zoek was, ze misschien mee zouden doen met de speurtocht en onze families zich misschien weer met elkaar zouden verzoenen, net als eerst, toen ze samen schoonmaakten en aan dezelfde tafel zaten op bruiloften.

De strategie werkte. Na urenlang overal gezocht te hebben, behalve tussen de takken van de vijgenboom waar ik toch nooit in zou klimmen, dachten ze, was mijn oma wanhopig; mijn vader struinde trillend over straat met zijn inhalator in zijn hand en zelfs mijn moeder – die nooit huilde – was bijna in tranen. Toen de Papas haar zagen vergaten ze de colablikjes. Donika omhelsde mijn moeder, die nooit omhelsd wilde worden, en zei tegen haar dat het allemaal goed zou komen, dat ze me vast heel gauw zouden vinden. Op dat ogenblik – ik volgde dit alles vanuit de boomkruin – oordeelde ik dat onze twee families zich verzoend hadden. Ik liet me voorzichtig uit de boom zakken maar liep toch snij- en schaafwondjes op mijn knieën op, en toen ik tevoorschijn kwam om mijn plannetje te verklappen stroomde het bloed langs mijn benen en de tranen uit mijn ogen, en iedereen was overmand door ontroering. Ik legde uit dat ik in de vijgenboom was geklommen en me expres had verstopt. Ik kon het niet meer aanzien dat mijn familie en de Papas elkaar negeerden in de wachtrijen. Ik zei dat ik weer naast ze wilde zitten op bruiloften en spelen met Mihals pet en van hun tafel op de bank wilde springen. Toen verklaarden de Papas: 'Maak je geen zorgen. Alles is vergeven en vergeten,' en zelfs mijn oma knikte, terwijl zij elke ruzie altijd besloot met het Franse gezegde: *'Pardonner oui, oublier jamais.'* Vergeven ja, vergeten nooit.

Die avond nodigden mijn ouders de Papas weer uit voor de mezze. Ze dronken raki en lachten hartelijk om hoe dom ze waren geweest om de colablikjes tussen hen in te laten komen. Mihal likte aan een honderdlekbiljet en plakte het op mijn voorhoofd. Het was heel slim en moedig van me geweest, zei hij, om in de top van de vijgenboom te klimmen. Ook merkte hij op dat Coca-Cola-blikjes in imperialistische landen werden geproduceerd en dat ze misschien wel in Albanië terecht waren gekomen als corrumperende middelen, heimelijk geïntroduceerd door onze vijanden om de vertrouwensbanden en solidariteit kapot te maken. Toen hij dat die avond te berde bracht, was het niet meer duidelijk of hij serieus was of niet, maar ik herinner me dat iedereen lachte, nog meer raki dronk, toostte op het einde van het imperialisme en nog meer lachte.

Donika was echter bloedserieus toen ze mijn moeder haar

eigen colablikje aanbood. Ze zei dat ze het om beurten konden neerzetten, twee weken op de televisie van de een en twee weken op die van de ander. Mijn moeder sloeg het aanbod af, zei dat we zoveel vriendelijkheid beslist niet hadden verdiend. Integendeel, zei mijn moeder, als wij nog steeds ons eigen colablikje hadden, dan zou zíj het aan Donika geven, zodat Donika het hare voor zout en dat van mijn moeder voor peper kon gebruiken, precies zoals de peper-en-zoutstellen die soms in *Dynasty* te zien waren. Donika antwoordde dat dat niet hoefde, want dat colablikjes alweer een beetje gewoontjes begonnen te worden; op dit moment waren de wit met oranje blikjes in trek, hoewel ze niet meer wist hoe die heetten, het had iets te maken met 'fantasie' of 'fantastisch'. Daarna prees ze het kleed waarop het blikje had gestaan en zei dat het veel mooier was zonder iets erop, mijn moeder had de tulp zo mooi geborduurd dat het zonde zou zijn om die te bedekken.

'We zouden er een foto van Oom Enver neerzetten,' onderbrak ik vrolijk hun gekwetter. 'Maar ze willen helemaal niks te maken hebben met Oom Enver, ze beloven me de hele tijd dat daar een foto komt, maar ze doen het nooit. Volgens mij houden ze niet van Oom Enver,' zei ik, aangemoedigd door Mihals opmerking dat ik zo slim was geweest, spelend met het biljet van honderd lek dat hij me zojuist had gegeven.

Dat deed de stemming in onze woonkamer omslaan. Iedereen verstijfde. Mijn moeder, die samen met Donika had zitten lachen en aardige dingen had gezegd over dat ze de baklava die zij maakte zo erg had gemist, verstomde en keek haar gespannen aan, alsof ze haar gedachten wilde lezen. Nini, die in de kleine uitbouw van de keuken nog meer eten bereidde, kwam tevoorschijn met een schaal gewassen komkommers. Haar handen trilden. Mijn vader, die bezig was om nog wat olijven en kaas van het plateau te prikken, liet de vork vallen. Heel even waren alleen de muggen te horen die om de lamp in onze woonkamer dansten.

Mihal fronste zijn wenkbrauwen. Daarna wendde hij zich tot mij met een bloedserieuze, zelfs strenge uitdrukking op zijn gezicht. ‘Kom eens hier,’ zei hij, de stilte verbrekend, terwijl hij me op zijn schoot trok. ‘Ik dacht dat jij een slim meisje was. Ik heb je daarnet gecomplimenteerd omdat je vandaag zo slim was geweest. Wat je daarnet zei, zeggen slimme meisjes niet. Dat was heel dom om te zeggen, het domste wat ik ooit van jou heb gehoord.’ Ik bloosde en voelde mijn wangen branden. ‘Jouw ouders houden van Oom Enver. Ze houden van de Partij. Je mag die domme dingen nooit meer tegen iemand zeggen. Anders verdien je het niet om met mijn medailles te spelen.’

Ik knikte. Ik trilde en stond op het punt in tranen uit te barsten. Mihal moet mijn lichaam hebben voelen beven op zijn knieën en had spijt van zijn strengheid. Hij matigde zijn toon. ‘Huil nou maar niet,’ zei hij. ‘Je bent geen klein kind meer. Je bent een moedig meisje. Je zult vechten voor je land en voor de Partij als je later groot bent. Jouw ouders slaan de plank weleens mis, zoals met dat colablikje, maar het zijn goede, hardwerkende mensen en ze voeden jou goed op. Ze zijn opgegroeid onder het socialisme en ze houden van de Partij en ook van Oom Enver. Begrepen? Dit mag je nooit meer zeggen.’

Ik knikte weer. De anderen waren stil. ‘Vooruit,’ zei Mihal. ‘Laten we nog eens proosten. Op jouw toekomst zonder verdeeldheid over colablikjes.’ Hij pakte zijn glas, maar voordat hij eruit dronk stokte zijn beweging, alsof hem iets anders, iets heel belangrijks, te binnen was geschoten. ‘Je moet me beloven dat als je ooit nog eens van die domme ideeën over je familie hebt, je naar mij toe komt en het tegen mij zegt. Tegen mij en niemand anders, niet eens tegen tante Donika. Heb je dat begrepen?’

6

Kameraad Mamuazel

‘Kameraad Mamuazel, blijf staan. Nu! Je staat onder arrest!’

Flamur stond voor me met zijn armen en benen gespreid en een stok in zijn linkerhand die drie keer zo lang was als hijzelf, en in zijn rechterhand omklemde hij iets kleins wat ik niet kon zien.

‘Geef me jouw Juicy Fruit,’ beval hij.

‘Even kijken,’ zei ik, en ik trok het roodzijden lint uit mijn haar, daarna pakte ik mijn schooltas. ‘Even kijken. Ik weet niet zeker of ik wel Juicy Fruit heb. Misschien heb ik Wrigley Spearmint of Hubba Bubba.’

‘Je hebt het wel,’ zei hij. ‘Ik heb zelf gezien dat Marsida het gisteren aan je gaf.’

‘Ik heb geen Juicy Fruit,’ hield ik vol. ‘Ik kan je wel Hubba Bubba geven. Die zien er hetzelfde uit.’ Ik haalde nog een platgestreken wikkel van gekleurd papier uit de zak van mijn jurk en hield dat een paar tellen onder mijn neus om te laten zien hoe vers het was. Het papier rook beter dan het gebruikelijke mengsel van rubber en zweet, het deed bijna denken aan het echte spul. Flamur liet de stok vallen en opende zijn rechtervuist om zijn eigen verzameling papieren wikkels te bekijken om te zien wat er beschikbaar was.

‘Hij is echt vers,’ drong ik aan. Hij griste het papiertje uit mijn hand en rook eraan.

‘Die is lekkerrrr,’ zei hij. ‘Hoe oud zou hij zijn, denk je?’

‘Dat weet ik niet precies,’ zei ik. ‘Maar niet ouder dan drie maanden. Misschien vier. Dat hangt ervan af hoeveel mensen het al hebben gehad en ook...’

‘Ja, nogal wiedes,’ onderbrak hij me op agressieve toon. ‘Denk je soms dat jij de enige bent die dit spul kent omdat je Frans kan praten?’

Ik had geleerd om niet tegen dat soort provocaties in te gaan. Ik bleef hem aankijken met een smekende uitdrukking op mijn gezicht. Ik stond op het punt om in huilen uit te barsten, maar als er één ding was waar Flamur een nog grotere hekel aan had dan aan meisjes met linten in het haar, dan was het wel aan huilebalken. Ik wist dat ik mijn hele wikkelverzameling kwijt zou zijn als ik ging huilen.

‘Ik laat je vrij als je me het wachtwoord geeft,’ zei Flamur en hij graaide de Hubba Bubba weg. ‘Denk maar niet dat ik niet heb gezien dat je dat lint hebt uitgedaan, Mamuazel.’

‘Het wachtwoord,’ fluisterde ik. ‘Het wachtwoord is “Dood aan het fascisme, vrijheid voor het volk”.’

Dit is een van mijn vroegste herinneringen. Misschien kan ik me het tafereel nog zo precies herinneren omdat het zich bijna dagelijks in min of meer dezelfde vorm herhaalde. Flamur was de op één na gevaarlijkste pestkop van de buurt. De allergevaarlijkste, Arian, die een paar jaar ouder was dan wij, liet zich zelden zien in de straat waar wij speelden. Als hij wel verscheen was dat om iemands springtouw in beslag te nemen, een hinkelspel af te breken en de kinderen het bevel te geven naar huis te gaan omdat het donker werd of om ons op te dragen ons balspel te verruilen voor ‘Fascisten en Partizanen’. Als iedereen hem had gehoorzaamd, ging hij weer naar binnen. Wij gingen echter door met wat hij ons had bevolen. Niemand wist wat er zou gebeuren als we zijn bevelen niet opvolgden. Niemand had het ooit uitgeprobeerd.

Flamur was een ander type bullebak. Hij liep altijd op straat te patrouilleren na schooltijd, tot ver na het vallen van de avond. Hij was de jongste uit een gezin van vijf personen en de enige jongen. Zijn drie oudere zussen woonden thuis en werkten in de nabijgelegen sigarettenfabriek. Ze hadden allemaal andere achternamen die begonnen met een B: Bariu, Bilbili, Balli. Flamur was de enige met dezelfde achternaam als zijn moeder: Meku. Flamur beweerde dat zijn vader van huis was om tegen de Romeinen en de Ottomanen te vechten. Toen Marsida een keer het lef had op te merken dat we al heel lang niet meer tegen deze imperiums vochten, knipte hij met zijn schaar haar paardenstaart eraf.

Als Flamur alleen was ging hij altijd ergens op de stoep voor iemands deur zitten, sloeg op pannen en balkte melancholieke zigeunerliedjes, net zo lang tot de andere kinderen hun huizen uit kwamen en zich verzamelden op het gemeenschappelijke speelterrein. Hij besliste met welke spelletjes we zouden beginnen, wie er als eerste aan de beurt was, wie er een ronde moesten blijven zitten omdat ze betrapt waren op valsspelen en welke uitzonderingen er moesten worden gemaakt voor de jongere kinderen, die hij ook terroriseerde, door een oude bruine zak met gaten over zich heen te trekken die zijn ogen bedekte om op een spook te lijken en de kinderen onverwachts bij de lurven te grijpen. Doorgaans droeg hij een te grote geel met groene bodywarmer met de Braziliaanse vlag erop en struinde over straat vergezeld door een troep zwerfhonden die hij had genoemd naar beroemde spelers uit het nationale Braziliaanse voetbalelftal: Sócrates, Zico, Rivellino en zijn favoriete hond Pelé, die halfblind was en een of andere huidziekte had. Hij had een hekel aan katten en als hij een verdwaalde kitten vond, dumpte hij het diertje meestal op de vuilnishoop achter in de straat en verbrandde het. Hij had ook een hekel aan meisjes met linten. Hij was degene die alle andere kinderen leerde mij kameraad Mamuazel te noemen en om het wachtwoord te vragen.

Een van de oudere zussen van Flamur werd ooit ontboden door de Partij op het kantoor van de wijkraad omdat ze Flamur zo hard met een stoel op zijn rug had geslagen, dat de stoel brak. Toen mijn oma dat hoorde, gilde ze buiten zichzelf van woede dat geweld tegen kinderen precies hetzelfde was als het geweld van de staat.

Toen ik opgroeide wist ik dat er iets aan mij anders was, maar wat dat was wist ik niet. Mijn familie sloeg me nooit, in tegenstelling tot die van Flamur. Mijn moeder hield zich gewoonlijk overal buiten: ze disciplineerde ons met onzichtbaar gezag. Bij mijn vader hield disciplineren in dat hij me om 'na te denken' een paar uur naar hun slaapkamer stuurde – of, zoals ik die met kinderlijke overdrijving noemde, de 'gevangenis', omdat er geen speelgoed lag. Soms was het me toegestaan een boek mee te nemen en op die momenten van gekrenkte boosheid zocht ik een roman uit waarin weeskinderen de hoofdrol speelden, zoals *Les Misérables*, *Alleen op de wereld* of *David Copperfield*. Maar ik liet me door het lijden van de hoofdpersonen nooit afleiden van mijn eigen ellende en het verminderde ook niet de onrechtvaardigheid waarvan ik in mijn ogen het slachtoffer was. Deze verhalen waren voedingsbodems voor wilde fantasieën over mijn familie en als ik een paar uur was opgegaan in het leven van andere kinderen, zat ik met nog meer vragen over wie ik echt was. Net als de personages over wie ik las, droomde ik dat mijn lot opeens een andere wending nam door de onverwachte tussenkomst van een goedgunstige vreemdeling of door troost te vinden bij een nieuw ontdekte, verre verwant.

In de slaapkamer van mijn ouders schreef ik lange brieven aan Cocotte, een nicht van mijn oma die in haar eentje woonde in de hoofdstad Tirana en die vaak de winter bij ons doorbracht. Ik noemde ze de 'gevangenisbrieven'. Ik had ze genummerd en deelde ze vaak in naar onderwerp. In mijn brieven klaagde ik over de ongevoeligheid van mijn ouders, dat ze Frans tegen me spraken op straat zonder zich erom te bekommeren of mijn vriendinnen het konden horen, dat ze altijd van me verwachtten dat ik op school de beste was in alles, zelfs in gymnastiek, waarvoor ik helemaal geen aanleg had.

Cocotte heette officieel Shyqyri, maar daar had ze een hekel aan. Ze zei dat die te gewoon klonk. Iedereen in mijn oma's familie had een echte naam en een Franse roepnaam. Zij was samen met mijn oma opgegroeid in Thessaloniki. Ze waren 'Arnauten', zoals de Ottomaanse Turken de Albanese minderheden noemden in het Rijk, maar onder elkaar spraken ze Frans, net als Nini tegen mij. Als Cocotte kwam logeren deelde ze altijd de kamer met ons. Zij en mijn oma kletsten tot diep in de nacht, haalden herinneringen op aan verre oorden en hun bewoners: een pasja in Istanbul, emigrés uit St. Petersburg, paspoorten in Zagreb, markten met etenswaren in Skopje, strijders in Madrid, boten in Triëst, bankrekeningen in Athene, skioorden in de Alpen, honden in Belgrado, bijeenkomsten in Parijs en parterreplaatsen in de opera van Milaan.

Tijdens die bevroren winteravonden veranderde ons slaapkamertje in een continent, een continent met verschuivende grenzen, vergeten helden van legers die niet meer bestonden, dodelijke branden, weelderige bals, geschillen over bezittingen, huwelijken, overledenen en geboortes. Ik wilde het graag begrijpen, om mijn jeugd te verbinden aan die van Nini en

Cocotte, me hun wereld voor te stellen, jaren te herschikken die tijdloos schenen, me personen te herinneren die ik nooit had gekend of betekenis te geven aan gebeurtenissen waar ik nooit getuige van was geweest. Het verwarde me en maakte me soms angstig dat de dingen waarover ik hoorde zo chaotisch waren: volwassenen die elkaar uit het oog waren verloren, boten die nooit uitvoeren, kinderen die nooit leefden. Maar juist toen ik meende dat mijn pogingen om het te begrijpen vruchten begonnen af te werpen, hielden ze op met Frans praten en schakelden ze ineens over op Grieks.

Ze waren stapelgek op elkaar, maar ze hadden niet verschillender kunnen zijn. Ze waren voor het eerst naar Albanië gereisd als volwassenen. Nini om voor de regering te werken en Cocotte om een man te zoeken. Cocotte hield niet van de Grieken en de Turken, en ze hield ook niet van Joodse mannen – hoewel ze met tegenzin toegaf dat die 'de laatste intelligente mensen waren die er nog in Thessaloniki over waren'. Van Albanezen bleek ze ook niet te houden, of in elk geval bleven haar ouders tegensputteren dat die en die onopgevoed was of niet rijk genoeg of in politiek opzicht onbetrouwbaar, en als gevolg daarvan trouwde ze nooit. Ze had een imaginaire echtgenoot die Rexhep heette of, in het Frans, Rémy. 'In tegenstelling tot jouw grootvader,' zei ze weleens in het bijzijn van mijn oma, 'heeft Rémy me nooit problemen bezorgd.'

De weken waarin Cocotte bij ons logeerde waren de enige periodes dat ik zonder terughoudendheid Frans sprak. Daarbuiten verafschuwde ik het. Het was mijn taal niet. Mijn oma was geen Française. Ik snapte niet waarom het me werd opgedrongen, waarom ze me eerst Frans leerden praten en daarna pas Albanees. Ik vond het vreselijk als de kinderen in de straat door Flamur werden opgetrommeld om de draak te steken met mijn gebrekkige Albanees, toen ik de appelpartjes die we als tussendoortje aten *des morceaux de pommes* noemde. Hun ouders hadden er meestal meer begrip voor, maar zelfs zij leken met stomheid geslagen als mijn oma me aan het eind van de dag naar huis riep en ze mij verslag hoorden uitbrengen van onze activiteiten in een taal die ze niet begrepen. 'Waarom Frans?' hoorde ik een van hen aan mijn oma vragen. 'Waarom niet Russisch, Engels of Grieks? Er zijn zoveel mogelijkheden.' 'Ik hou niet van de Grieken,' zei mijn oma. 'En ik spreek geen Russisch of Engels,' voegde ze eraan toe, misschien om haar afkeer van het imperialisme aan te geven.

De keer dat ik de grootste hekel had aan het Frans was toen ik moest verschijnen voor een speciale onderwijscommissie om te bewijzen dat ik klaar was om naar school te gaan. Normaal gesproken hoefde je geen test te doen om naar school te mogen – school was verplicht en startte op de leeftijd van zes en zeven. Een paar weken voor het begin van het schooljaar verdeelden onderwijzers zich over groepjes van drie of vier, ze liepen door de stad en klopten op elke deur om zich ervan te vergewissen dat alle kinderen waren ingeschreven. De Partij was er trots op dat ze het analfabetisme in recordtempo hadden uitgebannen, en op de televisie waren vaak items te zien over oude vrouwtjes uit afgelegen gehuchten in het noorden van het land die nu konden lezen en papieren konden ondertekenen met hun naam in plaats van slechts een kruisje. In de week voor de scholen begonnen was er een hoop opwinding: vrolijke kinderen stonden in de rij in de pionierswinkel en ouders kletsten met elkaar in de klaslokalen waar de leerboeken werden verkocht. Op de eerste dag droeg iedereen een schoon en fris uniform, ze pronkten met hun nieuwe kapsel en liepen in groepjes over straat met een bosje bloemen in de hand. Zoals onze onderwijzeres Nora stelde: 'In imperialistische landen zien we dit enthousiasme alleen tijdens de uitverkoop.' Niemand wist wat een 'uitverkoop' was, maar het leek een domme vraag om te stellen.

Aan het einde van de zomer van 1985 wilde ik heel graag naar school. Mijn moeder had me leren lezen en schrijven, deels om mijn Albanees te verbeteren, dat nog steeds gebrekkig was omdat iedereen Frans tegen me praatte, en deels omdat ik dan geen hulp meer nodig zou hebben bij het lezen van een oud boek met uit het Russisch vertaalde sprookjes, dat ooit van haar was geweest. Mijn zesde verjaardag viel een week na het officiële begin van het schooljaar en mijn ouders kochten een roodleren rugzak voor me. Eerst vond ik hem mooi, totdat het tot me doordrong dat alle andere kinderen een bruine of zwarte schooltas hadden gekregen, meestal een handtas. Slechts een enkeling had er een die op de rug gedragen werd. De bruine en zwarte tassen werden verkocht in de pionierswinkel vlak voor het begin van elk schooljaar, naast zwarte uniformen, rode sjaals en alle gebruikelijke parafernalia: schriften, pennen, potloden, linialen, kompassen, gradenbogen, gymnastiekspullen. Van de rode rugzakken was een beperkte oplage. Ze waren maar een paar dagen in de warenhuizen te verkrijgen en meestal al uitverkocht voordat ze de winkels bereikten. Mijn tas was alweer iets wat ik over mezelf moest uitleggen, naast alle andere dingen, zoals de geborduurde jurken afgezet met kant die ik op de Dag van de Arbeid of op zondagse wandelingen droeg, de witte leren schoenen, die met de hand op maat waren gemaakt door Marsida's vader, die schoenmaker was, of mijn met de hand gebreide jas, die was ontworpen naar een model dat op de gescheurde bladzijden van een kindermodeblad was gevonden en ergens vanuit het Westen was meegesmokkeld.

Toen ik besefte dat de rode rugzak een nieuwe golf van pesterijen zou uitlokken, wilde ik niet meer naar school. Enkele dagen lang had ik het geluk aan mijn zijde. Geen school in de stad was bereid om de regels te versoepelen en me eerder toe te laten. Mijn familie drong aan. Ze vonden dat ik er klaar voor was en meenden dat ik me zou vervelen op de kleuterschool. Ze kregen het advies een bijzondere autorisatie te bemachtigen van de Sectie Educatie van het Centraal Comité van de Partij. Op een avond laat in augustus, na afloop van de officiële zaken van het Comité, verschenen we voor een commissie van Partijfunctionarissen om onze zaak voor te leggen.

Mijn ouders hadden zich dagenlang op deze vergadering voorbereid. Ze hadden geoefend op wat ze zouden zeggen, geanticipeerd op de vragen die ze verwachtten en mij opgedragen alle gedichten die ik over de Partij en Oom Enver kende nog eens op te zeggen, evenals de nieuwe partizanenliederen die ik op de kleuterschool had geleerd. Ik weet nog dat we zenuwachtig naar het gebouw van het Centraal Comité toe liepen met mijn ouders voorop en mijn oma, die mijn hand vasthield, en ik een paar meter daarachter. Ik droeg een felrode jurk en klemde een bruine map onder mijn rechterarm met daarin het boek waaruit ik had leren lezen en nog een ander boek met cijfers en rekensommetjes. Op een bepaald moment, halverwege onze wandeling, draaide mijn moeder zich om om te zien hoe ver we achterbleven en liet opeens een geluid ontsnappen dat het midden hield tussen een jammerklacht en een gil. 'Wit!' krijste ze. 'Het is wit!' met een gezicht vertrokken van ontzetting wees ze naar het lint om mijn paardenstaart. Mijn vader zei niets maar sprintte zonder op verdere instructies te wachten terug naar huis. Een kwartier later was hij terug, buiten adem, met een rood lint in zijn ene hand en zijn astmapompje in zijn andere. Hij kreeg te verstaan dat er nu geen tijd was om een pufje te nemen. We liepen met zijn allen naar het bordes dat naar het kantoor van de Sectie Educatie leidde en ik kreeg een standje omdat ik het wijsje floot van het nieuwe partizanenlied dat ik eerder die dag had geleerd.

Tijdens de vergadering stak mijn vader van wal met zijn openingsspeech. Hij zei niet dat het onredelijk zou zijn om me een vol jaar van school te houden, alleen maar omdat mijn verjaardag een week na de registratiedatum viel. Hij zei dat hij wist dat een communistische samenleving scholing boven alles stelt en dat de Partij loyaal zou worden gediend door zo'n gretige vertegenwoordigster van de jongste generatie revolutionairen, een kind dat daar zo op gebrand was dat ze al meerdere keren de wens had uitgesproken om zo gauw mogelijk met school te beginnen. Natuurlijk, zo zei hij, was hij zich er terdege van bewust dat de uiteindelijke beslissing bij de Partij lag en dat de Partij hoe dan ook een eerlijk besluit zou nemen. Mijn ouders hadden echter gegronde redenen te menen dat mijn enthousiasme het op zijn minst verdiende gehoord te worden.

Hij zei dit alles met zijn blik strak op het portret van Oom Enver gericht, alsof hij het woord richtte tot onze leider in plaats van tot de aanwezigen in de zaal. Een lid van de commissie trommelde met zijn vingers op het bureau en staarde in de verte, een tweede maakte notities en gluurde af en toe naar mijn moeders linnen jurk, een derde keek naar mijn oma alsof hij haar ergens van kende. De vierde, een vrouw met kortgeknipt haar, gekleed in een streng donkergrijs mantelpak, hield met een geheimzinnig, flauw glimlachje dat niet van haar gezicht week, haar ogen strak gericht op de rode vlag die op haar bureau stond.

Na afloop van alle toespraken, het voorlezen en de rekentests, en na het opzeggen van de gedichten, keek de commissie sceptisch. Ze zuchtten, rolden met hun ogen, trokken hun wenkbrauwen op en keken elkaar aan. De man die eerst zachtjes met drie vingers op tafel had getrommeld begon nu heel snel met zijn beide handen te trommelen, wat klonk alsof het regende. Dat bleef niet onopgemerkt. De man die afwisselend aantekeningen had gemaakt en naar mijn moeders jurk had gekeken, liet zijn pen vallen en staarde nu naar hem.

Uiteindelijk besloot mijn oma de stilte te verbreken. Met haar ogen op het derde commissielid, dat zij nu ook eindelijk leek te herkennen, zei ze: 'Kameraad Mehmet spreekt Frans. Lea kan ook Frans lezen. Misschien wilt u haar iets in het Frans geven om voor te lezen?'

'Dat kunnen we niet testen,' zei de vrouw van de glimlach. 'We hebben hier geen kinderboeken. En zeker geen kinderboeken *en français*,' voegde ze er min of meer spottend aan toe.

'Misschien kan ze voorlezen uit een van de werken van kameraad Enver,' stelde Nini voor. 'Ik zie een vertaling van een aantal werken op de plank staan,' liet ze erop volgen, terwijl de man die Mehmet heette knikte. Er werd een boek gepakt, op een willekeurige pagina opengeslagen en ik las hardop een paar regels voor. Toen struikelde ik over een woord, het enige woord dat ik me nog steeds herinner: *collectivisation*. Ik had moeite met de uitspraak.

'Collevisation,' zei ik. 'Collectivation,' corrigeerde ik mezelf. 'Collectiviz...' ik slaagde er niet in het woord af te maken. Ik zat muurvast en mijn ogen vulden zich met tranen.

Op dat ogenblik begonnen de commissieleden opeens, spontaan, allemaal tegelijk, te applaudisseren. 'Je bent echt heel slim!' riep kameraad Mehmet uit. 'Dit is heel moeilijk om te lezen, zelfs in het Albanees. Je kunt het aan je vriendjes leren. Je kunt ze zelfs Frans leren lezen. Wist je dat Oom Enver Franse les gaf op school toen hij jong was? Word jij net zoals hij?'

Ik knikte. 'Ik heb alle boeken gelezen die Oom Enver voor kinderen heeft geschreven,' zei ik, terwijl ik de tranen en het snot van mijn lippen likte. 'Ik weet wel wat "collectisme" betekent, het betekent dat we allemaal beter werken als we dingen delen, ik kan het alleen niet uitspreken.'

Die avond besloot de commissie de geldende leeftijdsrestrictie om met school te mogen beginnen op te heffen en ze stuurden ons weg met een brief waarin de buitengewone omstandigheden werden uitgelegd waaronder dit besluit tot stand was gekomen. Mijn ouders liepen opgetogen naar huis, ze praatten geanimeerd over het geluk dat we hadden gehad om kameraad Mehmet daar te treffen, aan wie mijn oma vele jaren geleden Franse les had gegeven in Kavajë, het stadje waar mijn vaders familie voor mijn geboorte had gewoond. Daarna probeerden ze wat flesjes bier te kopen om het te vieren, maar de weekvoorraden in de winkel waren op en toen namen ze maar de zelfgemaakte raki die we in huis hadden en nodigden de Papas uit voor de mezze. Ze proostten, niet op de Partij maar op mijn opleiding, en sloegen het ene glas raki na het andere achterover onder het tappen van een heleboel moppen en geschater tot ver na middernacht.

Ikzelf voelde een mengeling van trots en verlegenheid: trots omdat ik nu gauw naar school zou mogen en verlegenheid omdat ik het woord 'collectivisation' nog steeds niet kon uitspreken. Sinds we het gebouw van het Centraal Comité hadden verlaten, was ik het blijven proberen en ik bleef het verkeerd zeggen. Toen Mihal me vroeg een liedje in het Frans te zingen, gehoorzaamde ik niet, zoals iedereen had verwacht, maar verklaarde dat ik die taal haatte. Ik haatte het al, zei ik, vanaf de eerste dag dat ik naar de crèche was gegaan, en de andere kinderen hadden gezegd dat ik anders was dan zij omdat ik alleen maar Frans sprak. Mijn angst, nu ik naar school zou gaan, was dat daar weer hetzelfde zou gebeuren en dat ik geen nieuwe vriendinnetjes zou kunnen maken omdat ik Frans sprak. En bovendien snapte ik niet waarom we een taal moesten spreken die niemand anders begreep, de taal van een land waar we nog nooit waren geweest en waar niemand woonde die we kenden.

'Heb je gehoord wat de kameraad van de educatiecommissie zei?' vroeg Nini in een poging me te overtuigen. 'Oom Enver sprak ook Frans. Hij heeft jarenlang Frans gestudeerd. Hij gaf ook les aan kinderen van jouw leeftijd. Frans is een belangrijke taal, de taal van de grote schrijvers en filosofen van de verlichting, en Frankrijk is het land van de Franse Revolutie die de idealen over vrijheid, gelijkheid en broederschap heeft verspreid, waarover je op school nog zult leren.' Ik schudde tegenstribbelend mijn hoofd.

'Je weet al iets over de Franse Revolutie. Je hebt *Cosette* gezien in het marionettentheater, en toen zei je dat je het heel mooi vond, weet je nog?' drong Nini aan.

Ik dacht nog steeds aan de crèche, maar toen ze *Cosette* noemde, besloot ik alle dingen op te biechten die ik nooit eerder had durven zeggen: dat kinderen mijn rok optilden, dat ze aan mijn strik trokken en me kameraad Mamuazel noemden, dat ze de spot dreven met mijn manier van lopen en me pestten met de uitdrukkingen die ik gebruikte, allemaal vanwege mijn Frans. Ik barstte voor de tweede keer die dag in huilen uit.

'Als het je ongelukkig maakt moet je geen Frans spreken,' zei Nini. Onze buren knikten instemmend.

Op die dag werd het Frans officieel afgeschaft, met uitzondering van de weken dat Cocotte bij ons logeerde. Mijn oma sprak het alleen nog tegen mij in drie situaties: als ik nog laat met een vriendinnetje speelde en ze me discreet wilde laten weten dat het tijd was om ermee te stoppen, als zijzelf woedend was en stoom af wilde blazen, en om me een standje te geven.

7

Ze ruiken naar zonnebrandcrème

Ik associeer al onze inspanningen om iets te weten te komen over de buitenwereld nog steeds met Dajti, de naam van de geïsoleerde bergketen die onze hoofdstad omringde en het landschap domineerde alsof hij dat in gijzeling hield. Dajti was fysiek ver weg maar altijd bij ons. Ik ben er nooit geweest. Ik weet nog steeds niet wat 'van Dajti ontvangen' betekent; wie wat ontving van wie en hoe. Ik vermoed dat er daarboven een satelliet of tv-ontvanger stond. Dajti was in elk huis, in elk gesprek, in ieders gedachten. 'Ik heb het gisteren via Dajti gezien' betekende: 'Ik leefde. Ik heb een wet overtreden. Ik dacht na.' Vijf minuten lang. Een uur. Een hele dag. Afhankelijk van de tijd dat Dajti er was.

Als mijn vader gefrustreerd raakte over de programma's op de Albanese televisie, zei hij altijd: 'Ik ga kijken of we Dajti kunnen krijgen.' Dan klom hij het dak op, draaide een beetje aan de antenne en riep door het raam: 'Is het nu beter?' Waarop ik dan antwoordde: 'Hetzelfde als eerst.' Een paar minuten later riep hij weer: 'En nu?' En dan schreeuwde ik: 'Niets meer! Er is helemaal niets meer! Net was het beter.' Daarna hoorde ik hem vloeken, gevolgd door metalige geluiden die erop wezen dat hij nog steeds met de antenne bezig was. Hoe ongeduldiger hij werd, hoe minder waarschijnlijk het was dat het signaal zou terugkomen.

's Zomers verbeterde de situatie, tenminste, in theorie. Met goed weer hadden we twee keuzes: Dajti en Direkti. Het signaal van Direkti kon rechtstreeks uit Italië worden opgepikt, dankzij onze nabijheid tot de Adriatische Zee. In mijn denkwereld was Dajti de god van de bergen en Direkti de god van de zee. Maar Direkti vertoonde veel meer kuren dan Dajti. Als je voor Dajti de antenne eenmaal goed had, wist je dat het signaal alleen verloren zou gaan als het tijd was voor de *telegiornale*, het Italiaanse nieuwsprogramma. Direkti was grillig. Als het goed ging was zelfs de telegiornale van begin tot eind toegankelijk. Op andere dagen veranderde de ontvangst van Direkti van 'een spiegel', zoals mijn vader zei als hij tevreden was met de helderheid, in helemaal niets, een grijs scherm met bewegende spinnenwebben erop. Dat hield in dat als er belangrijke voetbalwedstrijden op tv waren, bijvoorbeeld met Juventus aan het einde van het eredivisieseizoen, mijn vader voor een dilemma stond: of naar Dajti gaan en verwachten dat het signaal betrouwbaar maar niet ideaal is, of de gok wagen met de wispelturige 'spiegel' van Direkti. Hij koos vaak voor het laatste, maar de consequenties van een potentieel verkeerd besluit maakten hem extreem gespannen. Op die dagen klom hij treurig het dak op, als iemand die op het punt staat geconfronteerd te worden met een tegenstander, van wie bekend is dat die beter is. 'Ik ga naar boven om naar de antenne te kijken,' zei hij met berusting in zijn stem en soms een vleugje wanhoop. Van de relatie tussen mijn vader en de antenne – de psychologische drama's, de dynamiek tussen aantrekking en afstoting die er tussen hen bestond, het subtiele evenwicht tussen triomferen en verslagen worden – hing elk vitaal brokje informatie uit het buitenland af dat mijn familie ontving, van de moordaanslag op paus Johannes Paulus II, tot aan geruchten over een breuk tussen Al

Bano en Romina Power na het laatste Festival van San Remo.

Zonder Dajti en Direkti was er maar weinig te zien op de televisie. Op werkdagen leverden het verhaaltje om zes uur 's avonds en de tekenfilm die daarna volgde allebei strijd op. Ze vielen samen met het Joegoslavische basketbal en het enig mogelijke compromis met mijn vader bestond eruit om elke vijf minuten van kanaal te wisselen. Op zondag was er meer te zien: om tien uur 's ochtends marionettentheater, direct gevolgd door een kinderfilm en vervolgens *Maja de Bij* op de Macedonische tv. Daarna moest je voor lief nemen wat er werd uitgezonden: een programma met volksliedjes en dansen uit diverse regio's van het land, een verslag over coöperaties die hun vijfjarendoel hadden overschreden, een zwemtoernooi, het weerbericht.

Het werd beter als *Vreemde Talen Thuis* om vijf uur begon met de uitzending. Het programma kwam dagelijks op de Albanese televisie en was daarom immuun voor de willekeurige macht die de antenne op ons leven uitoefende. Behalve Engels, was er ook Frans, Italiaans en 'Gymnastiek thuis'. Dat laatste heb ik nooit geprobeerd. Elke ochtend hadden we meer dan genoeg lichaamsbeweging voordat de lessen begonnen, wanneer de hele meute leraren en leerlingen zich verzamelden op het schoolplein om de tenen aan te raken, met de armen te zwaaien en de bovenbeenspieren te rekken, gevolgd door het zweren van trouw aan de Partij. Maar ik volgde alle talenprogramma's met veel enthousiasme, vooral de Italiaanse. Want denk je eens in, zo hield ik mezelf voor, dat ik zou begrijpen waar de cartoons van Rai Uno over gingen, dan zou ik er nog veel meer van genieten.

Vreemde Talen Thuis was onderwerp van verwoede discussie op het schoolplein. Er viel altijd wel iets te leren, niet alleen over buitenlandse talen, maar ook over buitenlandse culturen. Ik herinner me nog een heftige discussie over winkelen in Engeland, zoals dat aan het licht kwam in een scène in de supermarkt, waar een moeder een boodschappenlijst voorlas en haar kinderen de items in de schappen moesten zien te vinden. Pasta, *check*. Brood, *check*. Tandpasta, *check*. Limonade, *check*. Bier, *check*.

En zo ontdekten we dat er geen reden was om in de rij te staan. Dat iedereen al het voedsel kon uitkiezen waar hij van hield. Dat de schappen uitpuilden met levensmiddelen, maar de klanten in de winkel desondanks zóveel kochten dat ze het niet eens allemaal konden dragen. Dat mensen geen voedselbonnen overhandigden en dat er geen limiet scheen te zijn aan wat ze mochten kopen en in welke hoeveelheden. We vroegen ons af waarom mensen eten in voorraad wilden hebben als ze het konden kopen wanneer ze maar wilden.

Het meest raadselachtige was nog wel dat elk soort voedsel zijn eigen etiket had. In plaats van een algemene benaming, zoals 'tandpasta', 'pasta' of 'bier', bevatte het een naam die leek op iemands voornaam of achternaam: Barilla-pasta, Heineken-bier of Colgate-tandpasta. Dat scheen ook op te gaan voor de supermarkt zelf. Waarom kon een winkel niet gewoon 'Broodwinkel', 'Vleeswinkel', 'Kledingwinkel' of 'Koffiewinkel' heten?

'Stel je voor,' zei Besa, 'dat je een winkel hebt die "Ypi's vlees" heet of "Marsida's koffie" of "Besa's brood".'

'Waarschijnlijk zijn het de namen van de mensen die het hebben gemaakt,' opperde ik. 'Je weet wel, zoals wij plastic hebben dat is geproduceerd door de 1 meibrigade.'

Anderen bestreden die opvatting. Juf Nora had uitgelegd dat de mensen buiten Albanië nooit de namen kenden van degenen die dingen maakten, de namen van de arbeiders. Ze legde uit dat ze in het Westen alleen de namen kenden van de fabrieken waar ze waren gemaakt – van de mensen van wie de fabrieken waren, van hun kinderen en daar weer de kinderen van. Zoals 'Dombey and Son'.

De volgende verwarrende items waren winkelwagentjes en de functie ervan.

'Zo'n wagentje is om kinderen in te vervoeren,' zei ik.

'Eten,' verbeterde Marsida.

'Kinderen,' hield ik vol.

'Ze werden duidelijk gebruikt voor allebei,' zei Besa. 'Heb je gezien wat de kinderen meesmokkelden in de winkelwagen?' liet ze erop volgen, met het air van iemand die belangrijke details weet te onderscheiden van onbelangrijke. 'De moeder ontdekte het pas op het laatste ogenblik, toen ze moest afrekenen. Volgens mij was het een Coca-Cola-blikje.'

'Ja, dat klopt,' zei Marsida. 'Toch liep ze door en kocht ze het voor de kinderen. Ze zeiden dat ze dorst hadden. Misschien hadden ze geen water in de winkel. Misschien hebben ze er toch niet alles.'

'Ik denk dat het een drankje is,' fluisterde ik bijna, alsof ik een geheim verklapte. 'De blikjes die je soms bij mensen boven op de kast ziet staan, die zijn om een drankje in te doen.'

Toen bemoeide Flamur, die overgeschoten botten aan zijn favoriete hond Pelé voerde, zich ermee. 'Bla-bla-bla,' zei hij spottend. 'Natuurlijk is Coca-Cola een drankje, dat weet iedereen. Ik heb het vroeger al eens geproefd. Ik zag een toeristenkind een blikje in een afvalemmer gooien en dat heb ik eruit gehaald. Het zat nog halfvol , dus heb ik ervan geproefd. Het lijkt een beetje op de rode *aranxhata* die ze op het strand verkopen, maar dan voor toeristen.'

Iedereen keek hem achterdochtig aan.

'En toen zag hij me. Hij keek me boos aan, zijn ogen spuwden vuur,' vervolgde Flamur. Hij ging iets harder praten, net zoals hij deed als hij een verhaal begon over zijn vader die tegen de Ottomanen vocht. 'Hij was boos. Heel erg boos,' herhaalde Flamur. 'Maar hij sloeg me niet. In plaats daarvan begon hij te huilen en ik gaf hem het blikje terug, meteen. Toen huilde hij nog harder, hij gaf er een trap tegen, sprong erbovenop en maakte het kapot. Ik heb het laten liggen. Het was niets meer waard, het kon niet eens meer op een plank staan.'

We vroegen ons af of het echt gebeurd was. Juf Nora had gezegd dat de meeste toeristenkinderen die Albanië bezochten behoorden tot de bourgeoisie. Ze waren berucht om hun gemeenheid, ze waren zo door en door gemeen dat de gemeenheid van Flamur, en zelfs die van Arian, ernaast verbleekte. Dus wie weet waartoe ze in staat waren met een blikje?

'Denk je echt dat Flamur een blikje heeft afgenomen van een toeristenkind?' vroeg Marsida toen Flamur weg was.

'Dat is lastig te zeggen,' antwoordde Besa. 'Hij rommelt wel vaak in afvalbakken om etensresten te zoeken voor zijn honden. Hij heeft het niet gestolen. Het kind had het in de afvalbak gegooid.'

'Ik geloof niet dat het verhaal waar is,' zei ik. 'Ik heb nog nooit met een toeristenkind gepraat.'

Op school was ons verteld dat we ons niet mochten bemoeien met mensen die er niet uitzagen zoals wij. Ons werd aanbevolen een straatje om te gaan als we onverhoopt toeristen tegenkwamen en we mochten nooit, onder geen beding, iets aanpakken wat ze ons aanboden, vooral geen kauwgom. 'Kijk vooral uit voor toeristen die kauwgom bij zich hebben,' benadrukte juf Nora.

Soms zagen we 's zomers van een afstandje toeristenkinderen op het strand spelen voor het Adriatik, het hotel voor buitenlanders. Een lange geul in het zand scheidde het strand voor de lokale mensen van dat voor de buitenlanders, maar in het water waren geen geulen. Bij gelegenheid zwommen mijn nichten, neven en ik tot vlak bij het toeristenstrand en gingen daar duiken, springen of salto's maken om hun aandacht te trekken. Soms zongen we een Engels kinderliedje dat we kenden, 'Baa Baa Black Sheep': *Ban ban backship, enni enni you.* Dan staarden ze terug, met een blik die het midden hield tussen verwondering en angst, en mijn nichtjes drongen erop aan dat ik ze gedag zei in het Frans. Dat weigerde ik aanvankelijk. Niet omdat juf Nora had gezegd dat we niet met toeristen mochten praten – dat verbod leek me niet van toepassing in ondiep water, waar geen kauwgom kon worden verhandeld – maar omdat ik er nog steeds een hekel aan had om Frans te spreken. Als het zo geweldig was om Frans te praten, dacht ik, dan zou ik er niet mee geplaagd worden. Dan zou me niet alleen gevraagd worden het te spreken als er toeristen in het spel waren.

'Ik wil helemaal geen gedag zeggen,' protesteerde ik. 'We kennen ze niet eens. Ze geven toch geen antwoord. En bovendien, hoe weet je of ze Frans spreken? Misschien spreken ze wel iets anders.' Maar mijn nichten noemde me een schijtluis en een angsthaas, en om te laten zien dat ik geen schijtluis was zei ik met tegenzin: '*Ça va?*' De toeristenkinderen bleven me aanstaren. Ik stapte over op: '*Ciao!*' Ze keken stomverbaasd. Ik liet de enige zin die ik in het Duits kende op hen los: '*Woher kommen Sie?*' Ik had moeten zeggen: 'Waar ga je naartoe?' want op dat moment liepen ze weg. Toen zeiden mijn nichtjes: 'Kijk, nou heb je ze bang gemaakt. Je had moeten glimlachen.' 'Kom alsjeblieft terug,' mompelde ik in mezelf, toen ik de kinderen zag verdwijnen achter grote bontgekleurde handdoeken. Ik vond het helemaal niet leuk dat ze weggingen. Ik vond het vreselijk dat ze geen antwoord gaven. Het enige wat ik nog erger vond, was dat ik was gezwicht voor de druk.

De toeristenkinderen hadden felgekleurd, raar speelgoed, dat er zo anders uitzag dan dat van ons dat we ons soms afvroegen of het wel speelgoed was. Ze plonsden rond op drijvende matrassen waarop figuren waren afgebeeld die we nog nooit hadden gezien, ze hadden vreemd gevormde emmertjes en schepjes en exotische plastic dingen waar wij geen woord voor hadden. Ze roken anders, een geur die verleidelijk was op een verslavende manier, die maakte dat je ze wilde volgen, naar ze toe wilde gaan om te knuffelen, zodat je het nog eens kon ruiken. We wisten altijd wanneer er toeristenkinderen in de buurt waren omdat het strand dan anders dan anders rook, naar een mengsel van bloemen en boter.

Ik vroeg aan mijn oma wat het was. Ze legde uit dat ze naar zonnebrandcrème roken, een dikke witte vloeistof die werd gebruikt om mensen tegen de zon te beschermen. 'Die hebben wij niet,' zei ze. 'Wij gebruiken olijfolie. Dat is gezonder.'

Vanaf die dag had ik een naam voor de geur. 'Ze ruiken naar zonnebrandcrème,' zei ik op een dag aan het strand tegen mijn nichtjes. 'Ik ruik het nu,' antwoordde een van hen. 'Ik ruik zonnebrandcrème. Ze zijn die kant op gegaan. Kom mee. We gaan ze achterna.'

We volgden ze totdat ze met hun ouders in een touringcar verdwenen of in een restaurant waar wij niet naar binnen mochten. Daarna bleven we met allerlei vragen zitten. Wat lezen ze? Houden ze van *Alice in Wonderland*, *Jim Knoop en Lucas de machinist* of *De avonturen van Cipollino*? Moeten ze ook kamillebloemen verzamelen om fabrieken te helpen bij het maken van medicinale kruiden? Dagen ze elkaar uit wie de meeste Griekse godennamen kent? Wie de meeste namen van oude Romeinse slagvelden weet? Worden ze door

Spartacus geïnspireerd? Doen ze mee aan wiskunde-olympiades? Willen ze de ruimte veroveren? Houden ze van baklava?

Ik was nieuwsgierig naar buitenlandse kinderen, was soms jaloers op ze, maar ik had ook medelijden met hen. Ik had het vooral met ze te doen op Kinderdag, 1 juni, als ik cadeautjes kreeg van mijn ouders en we een ijsje namen aan het strand en naar het pretpark gingen. Bij die gelegenheid gaven ze ook een jaarabonnement op verschillende kinderbladen. Door die tijdschriften kwam ik meer te weten over het lot van andere kinderen op de wereld. Het blad *Kleine sterren* was voor kinderen van zes tot acht jaar oud, en op Kinderdag bevatte het een strip die 'Onze 1 juni en hun 1 juni' heette. Aan de ene kant was een dikke kapitalist te zien met een grote hoge hoed die een ijsje kocht voor zijn dikke zoontje, met op de grond naast de ingang van de winkel twee haveloze kinderen en het onderschrift: 'Voor ons is het nooit 1 juni.' Aan de andere kant wapperden socialistische vlaggen, stonden vrolijke kinderen met bloemen en cadeautjes aan de hand van hun ouders voor een winkel te wachten om een ijsje te kopen. 'Wij houden van 1 juni,' was er in dat onderschrift te lezen. De rij was heel kort.

Aan het eind van de jaren tachtig ontving ik ook *De horizon*, voor tieners. Ik was er nog een beetje jong voor, maar mijn vader hield ervan vanwege de wis- en natuurkunderubriek en de vaste column over wetenschappelijke en astronomische weetjes. Af en toe moest hij eraan herinnerd worden dat hij het tijdschrift voor mij had gekocht en het door moest geven. *De horizon* liet vaak westerse kinderen zien, nooit zo gedetailleerd dat er op allerlei vragen over hun leven werd ingegaan, maar voldoende om te voelen dat ze heel anders waren. In tegenstelling tot mijn wereld was die van hen opgedeeld tussen de rijken en de armen, de bourgeois en de proletariërs, de hoopvollen en de hopelozen, de vrije mensen en de geketenden. Er bestonden bevoorrechte kinderen die overal aanspraak op konden maken en die, net als hun bourgeois ouders, alles hadden wat hun hartje begeerde maar dit nooit deelden met de minderbedeelde kinderen, voor wier ontberingen ze geen oog hadden. Er waren ook arme en onderdrukte kinderen die op de grond moesten slapen, van wie de ouders de rekeningen niet konden betalen aan het eind van de maand, die om eten moesten bedelen in restaurants en op treinstations, die niet regelmatig naar school konden omdat ze gedwongen werden om te werken, die diamanten dolven in mijnen en in sloppenwijken woonden. Er werd regelmatig verslag gedaan over het lot van kinderen in werelddelen als Afrika en Zuid-Amerika, en er stonden besprekingen in van boeken over de achterstelling van zwarte kinderen in de VS en over de apartheid.

We wisten dat we deze door de kapitalisten vernederde en onderdrukte arme kinderen nooit zouden ontmoeten, omdat zij nooit zouden kunnen reizen. We leefden mee met hun toestand, maar vonden niet dat wij hun lot deelden. We wisten dat het voor ons moeilijk was om te reizen, omdat we omgeven waren door vijanden. Bovendien werd onze vakantie gesubsidieerd door de Partij. Misschien zou de Partij op een dag machtig genoeg zijn om al onze vijanden te verslaan en zouden ze iedereen geld geven om ook naar het buitenland te reizen. Hoe dan ook, wij bevonden ons al op de beste plek. Zij hadden niets. Wij wisten dat we niet alles hadden. Maar we hadden genoeg, we hadden allemaal dezelfde dingen en we hadden wat het allerbelangrijkst was: echte vrijheid.

In het kapitalisme beweerden de mensen dat ze vrij en gelijk waren, maar dat was slechts op papier, want alleen de rijken konden profiteren van de beschikbare rechten. Kapitalisten hadden hun geld verdiend met het inpikken van land, het plunderen van natuurlijke grondstoffen over de hele wereld en door zwarte mensen te verkopen als slaven. 'Herinneren jullie je *Black Boy* nog?' legde juf Nora uit toen we op school de autobiografische roman van Richard Wright lazen. 'In de dictatuur van de bourgeoisie kan een arme zwarte persoon niet vrij zijn. De politie zit hem achterna. De rechters werken hem tegen.'

Wij hadden vrijheid voor iederéén, niet alleen voor de uitbuiters. Wij werkten niet alleen voor de kapitalisten maar ook voor onszelf, en we deelden de opbrengsten van ons werk. Wij kenden geen inhaligheid en hoefden geen afgunst te voelen. De noden van iedereen werden gelenigd en de Partij hielp ons onze talenten te ontwikkelen. Als je extra goed was in wiskunde of dansen, poëzie of wat dan ook, dan kon je naar het Huis van de Pioniers gaan, waar je een wetenschappelijk clubje vond of een dansgroep of een literaire kring om je vaardigheden te praktiseren.

'Stel je eens voor, als je ouders in het kapitalistische systeem woonden, zouden ze voor al deze dingen moeten betalen,' zei juf Nora weleens. 'De mensen werken als paarden en de kapitalisten geven ze niet eens wat ze verdienen, want hoe moeten ze anders winst maken? En dat betekent dat ze een deel van de tijd voor niets werken, net als de slaven uit het oude Rome. Voor het andere deel ontvangen ze een salaris en als ze willen dat hun kinderen hun talenten ontplooien, dan moeten ze betalen voor privélessen, waar ze natuurlijk geen geld voor hebben. Wat is dat voor een vrijheid?'

De toeristen konden zich echter alles veroorloven. Als ze ons land bezochten vonden ze alles wat ze nodig hadden in de 'valutawinkel', waar alleen met buitenlands geld betaald kon worden. De valutawinkel was de plek waar dromen uitkwamen. Ook al waren dat volgens juf Nora geen dromen maar louter kapitalistische verlangens. De valutawinkel bevond zich pal naast het Museum voor de Helden van het Verzet. Elona en ik gingen er, telkens als we met onze school een bezoek brachten aan het museum, een kijkje nemen: op 11 januari vanwege de verjaardag van de Republiek, op 10 februari om het Verzet van de Jeugd tegen de Fascisten te herdenken, op 22 april voor Lenins verjaardag, op 1 mei, op 5 mei, op 10 juli, als we de oprichting van het Volksleger vierden, op 16 oktober voor de verjaardag van Enver Hoxha, op 8 november voor de verjaardag van de Partij en op 28 en 29 november voor de Onafhankelijkheid. We noemden de vrouw die achter de toonbank zat 'de medusa', omdat ze krullend, onhandelbaar haar had en een vijandige blik waaronder je op de drempel bevroor en wel twee keer nadacht voordat je naar binnen ging. De medusa had altijd *Zëri i Popullit* op de toonbank liggen, opengeslagen op dezelfde pagina, en staarde, kauwend op zonnebloempitten, naar de ingang. Ze had een bergje ongeopende zaadjes links van de krant liggen en de bastjes van de zaden die ze al had opgegeten aan de rechterkant. Ze pelde en at de zaadjes zonder ernaar te kijken, haar blik verliet nooit de ingang van de winkel.

Als we binnenkwamen zei ze niets, maar hield op met kauwen. Ze staarde een paar minuten zwijgend naar ons. Daarna zei ze, als het winter was: 'Wat doen jullie hier? Hebben jullie dollars? Nee. Ga dan maar weg. En doe de deur dicht. Het is koud.' Als het zomer was, zei ze: 'Wat doen jullie hier? Hebben jullie dollars? Nee. Ga dan maar weg. En laat de deur open. Het is warm.' Daarna wijdde ze zich weer aan haar zonnebloempitten.

We vertrokken nooit meteen. We bekeken de uitgestalde

voorwerpen. Genoeg colablikjes om hele kasten mee te vullen, zelfs als je er eerst alle boeken had uitgehaald om plaats te maken. Geroosterde en gezouten pinda's, die op geroosterde en gezouten zonnebloempitten moeten hebben geleken maar dan nog lekkerder, want waarom zou je ze anders alleen met dollars kunnen kopen? Een kleurentelevisie van Philips die er precies zo uitzag als die bij Meta thuis, die als enigen in de hele buurt een kleurentelevisie hadden. 'Heb je een toegangskaartje?' plaagden ze ons elk jaar op nieuwjaarsdag als er rond de veertig kinderen voor hun Philips-televisie zaten om naar de Turkse versie van *Sneeuwwitje en de zeven dwergen* te kijken. In het midden van de winkel stond een zwarte MZ-motorfiets te pronken, die het grootste deel van de ruimte in beslag nam en je dwong eromheen te lopen om bij de toonbank te komen, op dezelfde manier als je om de graftombe van Lenin in Moskou moest lopen om de uitgang van het mausoleum te bereiken. Er lag ook een rode beha waar Elona verliefd op was geworden, ook al had ze nog geen echte borsten. Ik vond de zonnehoed mooi.

Sommige goederen in de valutawinkels deden denken aan de spullen die vrachtwagenchauffeurs of zeelieden mee terug namen van hun reizen in het buitenland als souvenirs voor hun vrouw en kinderen, of de vrouw en kinderen van familieleden en buren: Bic-pennen, Lux-zeep en nylonkousen. Heel soms namen ze duurdere goederen mee: T-shirts, korte broeken en badkleding, waarmee 's zomers op het strand werd geparadeerd; de menselijke modellen die ze droegen werden aangeduid met de merknaam die erop stond: de 'groene Speedo-man' of het 'rode Dolphin-meisje'. 'Je ziet eruit als een toerist,' zeiden mensen tegen hun vrienden. Meestal was dat bedoeld als een compliment. Soms als een waarschuwing. Heel zelden betrof het een dreigement.

Een toerist zag er niet uit zoals wij. Een toerist kon niet een van ons zijn. Er verscheen zelden een toerist, maar hij was eenvoudig te herkennen. Een toerist kleedde zich anders. Een toerist had een afwijkend kapsel, geknipt in vreemde vormen of helemaal niet geknipt, of hij was onlangs aan de grens geknipt in opdracht van onze staat – een bescheiden offer dat wereldreizigers moesten brengen als ze een land wilden bezoeken waarvan de eigen bevolking de wereld alleen in gedachten bereisde.

Toeristen bezochten ons land in de zomermaanden. Ze struinden de straten af in siëstatijd, vergezeld door het getsjirp van de krekels en de wazige blikken van plaatselijke bewoners die zich haastten om het laatste stukje van hun middagdutje mee te pikken. Ze droegen veelkleurige rugzakken gevuld met kleine flesjes water die te klein zouden blijken zodra ze kennismaakten met de extreme hitte, een hitte die alle associaties met de Sovjet-Unie verstikte en hen deed denken aan het Midden-Oosten. Ze hadden overal belangstelling voor: het Romeinse amfitheater, de Venetiaanse toren, de haven, de oude stadsmuren, de tabaksfabriek, de rubberfabriek, de scholen, het hoofdkantoor van de Partij, de stomerijen, de bergen afval die wachtten om opgehaald te worden, de wachtrijen, de ratten op straat, de bruiloften, de begrafenissen, de dingen die gebeurden, de dingen die niet gebeurden, de dingen die al dan niet waren gebeurd. Toeristen hadden Nikon-camera's, vastbesloten om onze vergane grootsheid en onze huidige ellende vast te leggen, of onze huidige grootsheid en de ellende uit het verleden, afhankelijk van hun zienswijze. Toeristen wisten dat het succes van hun camera's om wat dan ook vast te leggen grotendeels afhing van de welwillendheid van lokale gidsen, die, zonder dat zij het wisten, dikwijls geheim agent waren.

Toeristen hadden geen idéé dat alles in de handen van de gidsen lag.

Een toerist kwam nooit alleen, ze kwamen altijd in groepen. Jaren later ontdekte ik dat er twee soorten groepen waren: de realisten en de dromers. De dromers behoorden tot marginale marxistisch-leninistische groeperingen. Zij kwamen voor het grootste deel uit Scandinavië en waren woedend op de maatschappelijke puinhoop die de sociaaldemocratie werd genoemd. Ze namen lekkernijen mee om uit te delen aan de lokale bevolking, die ze zelden aannam. Ze aanbaden ons land als het enige ter wereld dat erin was geslaagd om een principiële, compromisloze, socialistische samenleving op te bouwen. Ze bewonderden alles van ons: de duidelijkheid van de slogans, de ordelijkheid in onze fabrieken, de puurheid van onze kinderen, de discipline van de paarden die onze karren trokken en de overtuiging van de boeren die zichzelf ermee verplaatsten. Zelfs onze muggen hadden iets unieks en heroïsch, zoals zij het bloed uit mensen zogen, niemand spaarden, zelfs de toeristen niet. Deze groepen toeristen waren onze internationale kameraden. Ze vroegen zich af hoe ons model kon worden geëxporteerd. Ze zwaaiden en lachten altijd, zelfs vanuit de verte. Ze geloofden in een wereldrevolutie.

Dan was er nog de tweede groep, de rusteloze westerlingen, die genoeg hadden van de stranden van het Balatonmeer en Bali, en zich erover beklaagden dat Mexico en Moskou tegenwoordig werden overlopen door toeristen. Ze hadden zich aangesloten bij gespecialiseerde reisclubs en exclusieve touroperators verkochten hun nu het ultieme exotische avontuur: een plek in het hart van Europa, op slechts een goed uur vliegen van Rome en twee uurtjes van Parijs. Een plek die met zijn vijandige bergen, zijn dromerige stranden, zijn ontoegankelijke mensen, zijn verwarrende geschiedenis en zijn ingewikkelde politiek toch zo geïsoleerd was, dat alleen de meest begeesterde reiziger de reis durfde te ondernemen. Ze kwamen om de code te kraken, de waarheid te ontdekken. Maar het was een waarheid die voor hen al vaststond. Ze hadden het erover gehad toen ze cocktails dronken op Bali en wodka's naar binnen goten in Moskou. De waarheid was politiek. Ze hadden maar één politieke opvatting: het socialisme stond haaks op de menselijke natuur, overal en in elke vorm. Ze hadden het altijd al vermoed. En nu wisten ze het zeker. Ook zij zwaaiden soms. Lachen deden ze niet zo vaak. Ze hadden ook snoep bij zich en wilden een praatje aanknopen. Soms slaagden ze erin. Als ze het nog eens probeerden, zwaaide er niemand terug, niemand had belangstelling voor snoep. Ze zouden nooit een inschatting kunnen maken of de plaatselijke bewoners die hen deelgenoot hadden gemaakt van hun opvattingen willekeurige voorbijgangers waren geweest of geheim agenten. Dat had allebei gekund. Ze wisten dat het onderscheid moeilijk te zien was. Maar ze probeerden het altijd.

Ik weet niet tot welke van deze twee groepen de toeristen behoorden die ik ontmoette toen ik met mijn moeder meeging op een schooluitje naar het eiland Lezhë. Het was een ongewoon warme dag in de herfst van 1988 en ik probeerde de straat over te steken toen ik meerdere stemmen in het Frans hoorde roepen: '*Attention! Petite fille, attention!*' '*Ça va,*' reageerde ik instinctief en een beetje op mijn teentjes getrapt omdat ik heus wel had gezien dat hun bus wilde gaan parkeren en ik heus wel wist hoe ik onze straten moest oversteken, die in tegenstelling tot de straten in het Westen niet tjokvol auto's waren. Binnen een paar tellen was ik omgeven door meer dan tien mensen die me bekeken alsof ze eindelijk hun lievelingsdier in de dierentuin hadden ontdekt. Overal rook ik zonnebrandcrème. Het was onverdraaglijk. Ik wilde ze niet meer volgen of omhelzen.

Hoe kwam het dat ik Frans sprak? vroegen ze. Hoe oud was ik? Waar woonde ik? Wij zijn Fransen, zeiden ze. Wist ik waar Frankrijk lag? Ik knikte. Wist ik iets over Frankrijk? Dat maakte me aan het lachen. En daarna voelde ik me beledigd. Hoe kwamen ze erbij om die vraag te stellen? Hoe kwamen ze erbij om te insinueren dat ik niet wist waar Frankrijk lag? Ik wilde niet met ze praten. Maar ik wilde ze wel laten zien dat ik meer wist dan ze dachten. Ik zong een van de lievelingsliedjes van mijn oma:

Je suis tombé par terre,
C'est la faute à Voltaire,
Le nez dans le ruisseau,
C'est la faute à Rousseau.'

'Gavroche!' riep een van hen uit. 'Je kent het liedje van Gavroche! Je kent *Les Misérables*!' De anderen waren met stomheid geslagen, alsof ze nog nooit van Gavroche of de barricaden hadden gehoord, of dat ze niet konden geloven waarvan ze zojuist getuige waren geweest.

Ik haalde mijn schouders op. Ze haalden snoepjes uit hun tas. 'Wil je een snoepje?' vroegen ze. Ik schudde mijn hoofd. Een vrouw haalde een ansichtkaart tevoorschijn. 'Ken je deze?' vroeg ze. Het was een ansichtkaart in kleur van de Eiffeltoren bij nacht. Ik twijfelde. 'Je mag hem hebben,' zei ze. *'Un petit souvenir de Paris,'* voegde ze eraan toe, alsof ze me wilde overhalen. Ik dacht erover na. Ik dacht aan mijn oma. Zou ze blij zijn als ik van het eiland Lezhë een ansichtkaart van Parijs mee terugnam? Mijn moeder riep me. Ik rende terug naar onze bus. Toen we het eiland verlieten keek ik uit het raam van de bus naar de groep. Ik zag de vrouw die me de ansichtkaart had aangeboden. Ze zag mij ook. Ze glimlachte weer. Ze had de kaart nog steeds in haar hand en wuifde met de Eiffeltoren alsof het een zakdoek was.

8

Brigatista

Toen ik na het uitstapje naar het eiland Lezhë thuiskwam, was ik niet meer van slag. Het liedje van Gavroche was in mijn hoofd blijven zingen, maar nu gemixt met 'Hallo, o Enver Hoxha, zo groot als onze bergen en zo scherp als onze kliffen', dat de leerlingen van mijn moeder op de achterste rijen in onze bus brulden. Hoe meer ik over de ontmoeting met de toeristen nadacht, hoe minder beledigd ik me voelde. Het deel van mij dat zich beledigd had gevoeld door de gedachte dat ze veel minder over ons wisten dan wij over hen, vond datzelfde gegeven nu amusant, bemoedigend zelfs. Het had gevoeld als een test en ik had er steeds meer vertrouwen in dat ik ervoor was geslaagd.

Toen we met z'n allen bij elkaar waren voor het avondeten vertelde ik mijn familie wat ik had meegemaakt. Ondanks de opluchting die ik me herinner, moet ik toch zorgelijk hebben geklonken, want mijn oma stond op en verliet het vertrek zonder een woord te zeggen. Ze kwam een paar minuten later terug met een doorzichtige, bestofte plastic tas, gevuld met verbleekte foto's. Daaruit haalde ze een zwart-witansichtkaart van de Eiffeltoren, die ze aan mij overhandigde. Achterop was te lezen: *Gefeliciteerd! Oktober 1934*. Er was nog iets op de kaart geschreven, een naam misschien, maar die was niet meer leesbaar. Het was bijna alsof iemand die expres had weggehaald.

‘Kijk,’ zei mijn oma, ‘we hebben de Eiffeltoren al. Zit er maar niet meer over in.’

Mijn moeder zette de borden op tafel, keek naar de afbeelding in mijn hand en zei: ‘De toeristen die hier op bezoek komen zijn ongeveer net zo nuttig als de top van de Eiffeltoren.’

Dat intrigeerde me. Het was nooit bij me opgekomen dat de toeristen die ons bezochten nuttig zouden kunnen zijn voor het een of ander. Ze wilden alleen maar jouw kennis van hun land testen.

‘Wat is het nut van de top van de Eiffeltoren?’ vroeg ik.

‘Die heeft geen nut,’ antwoordde ze. ‘Dat is het punt.’

‘Misschien om van het uitzicht te genieten,’ zei mijn vader.

‘Precies,’ zei mijn moeder. ‘Net als de toeristen.’

‘Heb je tegen de toeristen gezegd dat je soms op Gavroche lijkt?’ Mijn vader veranderde van onderwerp.

Glimlachend schudde ik mijn hoofd. Hij noemde me vaak Gavroche. Het was een van de twee koosnaampjes die hij me gaf, sinds hij me de titel van ‘gevulde paprika’ had afgenomen, omdat ik niet meer genoeg at om die te verdienen. ‘Aan welke spelletjes heb je meegedaan om net als Gavroche te eindigen op de barricaden?’ vroeg hij me vaak als ik na een dag buitenspelen thuiskwam met een vuurrood gezicht, hijgend, helemaal bezweet, nog aan het bijkomen van urenlang rennen om de fascisten te vangen, strijd te voeren met stokken om me te verdedigen tegen aanvallen van de Romeinen en in bomen te klimmen om Ottomaanse belegeringen te bespieden. Later, toen ik aan het begin van mijn puberteit mijn meningen zwaarder wilde laten wegen, knipte ik mijn haar af om de linten en strikken voor eens en altijd uit mijn leven te verbannen. Ook verruilde ik de met de hand gemaakte kanten jurkjes voor ietwat oversized jongenskleren en een Frygische muts. Daarna werd het niet meer als een vraag gesteld, het werd een vaststelling: 'Je ziet er nog steeds uit als Gavroche, zie ik,' merkte mijn vader op, zijn toon verried niet of de opmerking als kritiek of compliment was bedoeld.

Ik hield mijn ogen gericht op de ansichtkaart die mijn oma me liet zien. 'Je mag hem houden,' zei ze. 'Als je hem goed bewaart.'

Ik hield de kaart vast en voelde dat het zweet me uitbrak. 'Heb je die van toeristen gekregen toen je nog klein was?' vroeg ik.

Nini glimlachte. Die had mijn opa gekregen, legde ze uit. Hij had in Frankrijk gestudeerd op een plek die La Sorbonne heette. Zijn beste vriend gaf hem de kaart bij zijn afstuderen, een vriend die niet meer onder ons was.

'In Frankrijk! Heeft hij in Frankrijk gestudeerd! Net als Oom Enver! Heeft hij ook natuurwetenschappen gestudeerd? Je zei toch dat ze bevriend waren! Hebben ze elkaar daar leren kennen?'

'Nee, je opa studeerde rechten,' antwoordde Nini. 'Hij en Enver kenden elkaar al van school. Ze waren vrienden op het Franse Lycée in Korçë. Maar ze hebben elkaar inderdaad vaak gezien in Frankrijk. Ze waren allebei lid van het Volksfront.'

'Wat is het Volksfront?'

'Het front van de dwazen,' merkte mijn moeder op. Mijn vader keek met gefronste wenkbrauwen op. Mijn oma praatte verder alsof ze niets had gehoord. Ze legde uit dat het Volksfront een grote organisatie was, opgericht om tegen het fascisme te strijden. Ze hielden vergaderingen en protestdemonstraties, en probeerden een grote Europese verzetsbeweging op de been te krijgen. Er woedde een oorlog in Spanje en er waren internationale brigades van vrijwilligers die de republikeinse groeperingen hielpen tegen de fascisten te vechten, en mijn opa had zijn steentje willen bijdragen.

'Zat hij samen met Oom Enver bij een grote groep antifascisten?!' vroeg ik met nauwelijks onderdrukte opwinding. 'Dat heb je me nooit verteld! Je hebt nooit gezegd dat mijn opa tegen de fascisten vocht! Nu kan ik zijn foto's mee naar school nemen op 5 mei! Hebben we foto's? Hebben we brieven? Wat kan ik meenemen om aan mijn vriendinnen te laten zien?'

'Nou, hij heeft Spanje niet gehaald,' vervolgde mijn oma. 'Zijn vader kwam erachter dat je opa aan de grens klaarstond om de internationale brigades te versterken, daarom schreef hij een brief aan de ambassadeur van Albanië waarin hij hem verzocht zijn zoon te repatriëren.'

'Waarom deed zijn vader dat?' Ik snapte er niets van.

Mijn oma leek mijn vraag niet te horen of negeerde die. 'Hij keerde terug in Albanië met antifascistische pamfletten en probeerde meer vergaderingen te organiseren. Maar de politie kwam erachter,' ging ze voort.

'Waarom wilde zijn vader niet dat hij tegen de fascisten vocht?' Ik begreep niet hoe iemand bezwaren kon hebben tegen het bestrijden van de fascisten in Spanje, Frankrijk, Albanië – waar dan ook. Ik baalde ervan dat de vader van mijn grootvader niet alleen dezelfde voor- en achternaam droeg als onze voormalige premier, maar ook nog eens een fascist was, net als hij.

'Tja, dat weet ik niet. Ik denk dat hij een beetje ouderwets was,' antwoordde mijn oma weifelend. 'Ze hadden verschillende politieke opvattingen.'

'Heeft hij Oom Enver teruggezien?'

Mijn oma zweeg even. Ze kneep haar ogen samen en dacht even na, toen zei ze: 'Ze... ze... zijn elkaar uit het oog verloren. Maar goed, wij hebben een Eiffeltoren!' riep ze uit. 'Daar gaat het om!'

‘Vertrok opa daarna om zijn wetenschappelijke onderzoeken aan de universiteit te doen?’ drong ik aan.

Nini leek zich ongemakkelijk te gaan voelen onder het spervuur aan vragen. Ze keek naar mijn vader alsof ze hulp zocht. Maar die kwam niet.

‘Eerst opende hij een winkel waar alcohol werd verkocht,’ vervolgde ze. ‘Hij probeerde zijn vak als jurist uit te oefenen, maar kreeg geen vergunning omdat hij tegen de fascisten was en we hebben het hier over de jaren van koning Zog. Onderzoek aan de universiteit... hmm, nee, dat was enkele jaren later,’ voegde ze eraan toe. ‘Toen de oorlog voorbij was.’

‘Wat deed hij dan?’

‘O, niks bijzonders. Hij leerde Russisch en Engels, hij bestudeerde zijn talen, maakte vertalingen, dat soort dingen. Leoesjka,’ zei ze tegen me, ‘wil jij even het bestek gaan halen voor het eten?’

‘Babi, is hij toen heel lang van huis gegaan?’ vroeg ik mijn vader aankijkend. ‘Om zijn onderzoek aan de universiteit te doen? Heeft Nini je daarom alleen grootgebracht?’

‘Ja,’ antwoordde mijn vader. ‘Hij vertaalde *Candide* van Voltaire.’

‘Voltaire! Voltaire! Ik vroeg me al af wie Voltaire en Rousseau precies waren. Ik bedoel, ik weet niets over ze, ik weet alleen dat ze met de Franse Revolutie hebben geholpen.’

Mijn oma knikte enthousiast. Ze leek opgelucht dat we een ander onderwerp hadden aangesneden. Misschien stond de gedachte haar niet aan dat mijn opa het gezin zomaar had verlaten om ergens anders vele jaren lang talen te gaan studeren en vertalingen te maken.

‘Meer hoef je niet te weten,’ ging ze voort. Haar stemming klaarde altijd op als de Franse Revolutie ter sprake kwam. Daar kon ze eindeloos over doorgaan. Ze had me alles verteld wat ze erover wist, hoe hij was begonnen, wie erbij betrokken was, wat er met Lodewijk XVI was gebeurd, met Marie Antoinette en zelfs met de arme dauphin. Ze citeerde graag het stukje uit de toespraak van Robespierre, waarin hij zei dat de sleutel tot vrijheid de scholing van het volk is, terwijl het geheim van tirannie is dat je het volk dom houdt. Ze beschreef de beroemde veldslagen van Napoleon en kende de namen van alle generaals die erbij betrokken waren. Ze had ze mij ook proberen te leren, maar ik had het een onmogelijke opgave gevonden om ze allemaal te onthouden. Ze vertelde over de personen die bij de Franse Revolutie betrokken waren, vanaf de vergaderingen van de Staten-Generaal tot aan het einde van de Napoleontische Oorlogen, met levendige details en grote precisie, alsof ze bloedverwanten waren: de winnaars, de verliezers en iedereen ertussenin.

'Jouw oma denkt dat de Franse Revolutie de wereld vrijheid bracht,' zei mijn vader, als commentaar op mijn oma's enthousiasme, 'maar het was slechts een aardig idee dat nooit is aangeslagen.'

'Voltaire en Rousseau waren de filosofen van de verlichting,' vervolgde mijn grootmoeder. 'Daarom zegt Gavroche dat het hun schuld is. Zij hebben als eersten het gedachtegoed uitgelegd waarvoor de mensen vochten gedurende de Revolutie. Zij vonden dat iedereen als vrij mens wordt geboren, dat iedereen gelijk is, en dat mensen zelf kunnen nadenken en hun eigen beslissingen kunnen nemen. Ze waren tegen onwetendheid, bijgeloof en geregeerd worden door mensen die machtiger waren.'

'Precies. Net als Marx en Hangel. Hebben Voltaire en Rousseau ook de guillotine gebruikt?' vroeg ik.

'Nee,' zei mijn oma. 'Dat kwam pas daarna.'

'Hebben Marx en Hangel hem gebruikt?'

'Hegel,' corrigeerde Nini. 'Of bedoel je Marx en Engels? Marx en Engels, tja... Nee, niet echt. Ze schreven boeken, organiseerden bijeenkomsten, dat soort dingen. Zij vonden ook dat iedereen als een vrij mens wordt geboren, en als een gelijke, en zij vonden... Ach, je weet wat Marx vond.'

'Hij vond dat er in het kapitalisme geen vrijheid bestaat omdat de arbeiders niet alle dingen mogen doen die de kapitalisten wel kunnen doen,' vulde ik aan, tevreden met mijn bijdrage.

'Precies,' zei mijn vader. 'Hij had gelijk. Bij het socialisme...' Hij stokte, dacht even na en begon toen aan een andere zin. 'Bij het kapitalisme,' zei hij, 'is het niet zo dat de armen de dingen die rijken doen niet mógen doen. Het is zo dat ze die niet kunnen doen, ook al is het ze wel toegestaan. Bijvoorbeeld, ze mogen wel met vakantie, maar ze moeten wel doorwerken omdat ze anders geen geld verdienen. En als je in het kapitalisme geen geld hebt, kun je niet met vakantie. Je hebt een revolutie nodig.'

'Om met vakantie te gaan?'

'Om die dingen te veranderen.'

Als mijn vader over revolutie in het algemeen sprak, werd hij even opgewonden als mijn oma als zij het over de Franse Revolutie in het bijzonder had. In mijn familie had iedereen zijn eigen lievelingsrevolutie, net zoals iedereen zijn eigen favoriete zomerfruit had. Mijn moeders favoriete fruit was watermeloen en haar lievelingsrevolutie was de Engelse Burgeroorlog. Die van mij waren vijgen en de Russische. Mijn vader benadrukte dat hij sympathiek stond tegenover al onze revoluties, maar zijn favoriet was die welke nog moest plaatsvinden. Wat zijn lievelingsfruit betreft, dat was de kweepeer – maar daar kon je in stikken als hij nog niet helemaal rijp was, daarom durfde hij ze vaak niet te eten. Dadels waren mijn oma's favoriete fruit, die waren moeilijk te vinden, maar zij had ervan genoten als klein meisje. Haar lievelingsrevolutie was natuurlijk de Franse en dat ergerde mijn vader ongelooflijk. 'De Franse Revolutie heeft niets bereikt,' zei hij. 'Sommige mensen zijn nog steeds extreem rijk en nemen alle beslissingen en anderen zijn straatarm en zijn niet bij machte om hun leven te veranderen.' Hij schudde zijn hoofd. 'Ze zitten gevangen, net als deze vlieg,' vervolgde hij, wijzend naar een bromvlieg die luidruchtig tegen de ruit van ons keukenraam bonsde. Daarna dacht hij er nog even over na en voegde er iets aan toe wat hij er altijd aan toevoegde, alsof het hem dan pas te binnen schoot, ook al herhaalde hij het elke keer als verklaring voor het feit waarom zijn favoriete revolutie niet bestond: 'Kijk maar naar de wereld, brigatista, kijk naar de wereld.'

Ook al had mijn vader geen favoriete revolutie, favoriete revolutionairen had hij wel. Die heetten 'brigatisti'. 'Brigatista' was het andere koosnaampje dat hij me gaf toen hij me geen 'gevulde paprika' meer noemde. Ik begreep de betekenis ervan pas toen ik veel ouder was, maar ik herinner me dat het vooral opdook als ik een of andere regel had overtreden. In de loop van de tijd was ik gaan vermoeden dat het gelijkstond aan 'onruststoker', iemand die het gevestigde gezag trotseerde. Mijn vader zei dingen als: 'Kom eens hier, brigatista, kijk eens wat je hebt gedaan.' Of: 'Je bent te laat, brigatista.' Of: 'Wat moeten we toch met jou beginnen, brigatista? Je hebt nog steeds je huiswerk niet af.'

Ik dacht dat de term ook iets te maken had met geweld. Dat kwam omdat de enige keer dat mijn vader het etiket op andere kinderen plakte en niet op mij, was toen ik hem vertelde dat ik weigerde mee te doen aan de executie van een kat die het eten had gestolen dat bedoeld was voor Flamurs zwerfhonden. Flamur was op het gemeenschappelijke speelterrein met de kat komen opdagen, hij had een touw om de nek van het dier geknoopt en beval de andere kinderen er net zo lang aan te trekken tot de kat geen lucht meer kreeg. Toen ik het voorval aan mijn vader rapporteerde en vertelde dat ik niet aan het touw had willen trekken, zei hij: 'Dan ben je dus eigenlijk toch geen echte brigatista,' op een manier waaruit bleek dat 'brigatista' in dit geval niet was bedoeld als compliment.

De andere keer dat mijn vader het woord brigatisti in de mond nam en zichzelf ook onder deze beschrijving liet vallen, was tijdens een van onze vaste bezoeken aan de begraafplaats, waar we vaak een bedelaar tegenkwamen die Ziku heette. Ziku was een zigeuner van middelbare leeftijd zonder benen, die altijd een korte broek droeg zodat je de twee rijen hechtingen kon zien waar zijn bovenbenen ophielden en zijn benen waren afgezaagd. Hij sleepte zich voort over de grond en altijd als hij mijn vader van een afstandje zag naderen krabbelde hij steeds sneller op ons af. Dan versperde hij ons de weg, en ik herinner me dat ik dacht dat Ziku nog kleiner was dan ik. 'Kameraden, kameraden!' riep hij. 'Heb je vandaag iets voor me?' Mijn vader leegde altijd zijn zakken. Letterlijk. Hij gaf alles wat hij bij zich had. Nadat we Ziku waren tegengekomen, passeerden we soms een banketbakkerij en dan trok ik aan mijn vaders mouw om hem erop te wijzen dat zich een rij aan het vormen was, wat erop duidde dat er misschien gauw ijs zou worden aangevoerd. Waarop hij zijn broekzakken binnenstebuiten keerde om te laten zien dat die leeg waren, met de woorden: 'Ik heb niets meer over.' Om er daarna op te laten volgen: 'Je hebt Ziku toch gezien? Vooruit, doe niet zo flauw. Doe niet zo gierig, net als je moeder. We zijn toch brigatisti, of niet soms?'

Uit deze woorden maakte ik op dat een brigatista iemand

was die al zijn geld wilde delen en dat mijn vader zich met hen identificeerde omdat hij het niet erg vond om te delen wat hij had. Als ik met Nini was en we kwamen Ziku tegen, dan gaf ze hem ook wat muntjes, maar niet zoveel als mijn vader. Ze hield een paar munten achter om een ijsje voor me te kopen en terwijl we in de rij wachtten, zei mijn oma: 'Arme Ziku. Weet je, hij ging waarschijnlijk niet graag naar school en nu moet hij andere mensen om geld vragen omdat hij geen opleiding heeft. Hij had zijn huiswerk moeten maken en boeken lezen, net als jij.'

Mijn moeder gaf Ziku nooit iets. Ze zei: 'Ziku moet werken!' Ik merkte op: 'Maar hij heeft geen benen!' Ze kaatste terug: 'Hij heeft armen!' Ik wierp tegen: 'Maar hij heeft niet op school gezeten.' 'Dat is zijn fout!' reageerde ze. 'Dan had hij maar moeten leren. Mensen die willen leren, die leren. Niemand heeft mij kleingeld gegeven toen ik opgroeide.'

Toen ik aan mijn vader vroeg waarom we al ons muntgeld aan Ziku moesten geven, omdat het toch zijn fout was dat hij niet naar school was geweest en niet van leren hield, zei hij dat niet alles iemands eigen schuld is. Hij legde uit dat zigeunerkinderen nu weliswaar verplicht naar school moesten en in flatgebouwen moesten wonen, maar dat dit waarschijnlijk nog niet zo was toen Ziku opgroeide in een of ander zigeunerkamp, wie weet waar. Hij zei ook: 'Luister niet naar je moeder, zij zou Ziku nooit iets geven, al had hij een universitaire graad. Zij wil alles oppotten.'

Mijn vader stak graag de draak met het feit dat mijn moeder wilde sparen. 'Hoe wil je deze investering aanpakken?' vroeg hij haar spottend alsof zij een kapitalist was, en ze discussieerden over wat er aangeschaft moest worden en of de uitgave voor een nieuwe winterjas bijvoorbeeld verantwoord was. Mijn moeder lachte nooit om mijn vaders grapjes, zelfs niet als zijzelf niet het mikpunt was. Maar protesteren deed ze ook niet. Ze haalde haar schouders op en gaf dan een bevel: 'Geef me je oude jas. Ik keer de kraag wel. Dan is hij weer zo goed als nieuw.'

Wat mijn vader betreft was minachting voor geld een teken van beschaving. Spaargeld werd beschouwd als een last waar je je van moest bevrijden, iets wat je status van vrij mens in gevaar bracht. Zodra de familie spaargeld bezat, hoe weinig ook, raakten mijn vader en Nini in paniek. Ze vroegen zich af wat ze ervoor konden kopen of aan wie ze het konden geven om de ramp van een spaarpotje te voorkomen. Verjaardagen werden gevierd met buitenissige uitgaven. Iedereen ontving op zijn minst één cadeau, soms meer. Permanent in het rood staan was een grote opluchting en zolang als ik me kan herinneren had de familie schulden. In de zeldzame gevallen dat ze hun maandelijkse schulden afbetaalden en er tevens in slaagden de eerste levensbehoeften te betalen, begonnen ze na te denken over welke andere, complexere behoeften ze wellicht hadden, zodat al het geld dat over was meteen weer werd besteed.

Aan het eind van elke maand staarde mijn oma in een lege keukenkast en riep uit: 'We hebben niets meer in huis! Er is niets meer! We zullen moeten wachten op de nieuwe voedselbonnen van de volgende maand!' Er klonk enige ontreddering door in haar stem, maar ook een zeker plezier dat ik nooit begreep, alsof ze behalve de uitdaging waarvoor ze werd gesteld, tegelijk verkondigde dat we een bepaald doel hadden bereikt waar we trots op moesten zijn. Ik nam aan dat het een familietrekje was, want Cocotte vertelde me eens toen we aan het pokeren waren om bonen, dat mijn oma en zij vroeger pokerden om echt geld en het helemaal niet erg vonden om te verliezen. Ik hoorde haar op een avond, toen ze nog laat met elkaar zaten te kletsen voor het slapengaan, ook eens tegen Nini zeggen dat het maar goed was dat hun grootvader, de Pasja, hen had aangemoedigd het grootste deel van het familievermogen in sieraden, reizen en logekaartjes voor de opera te steken, omdat alles uiteindelijk toch verdwenen zou zijn.

Mijn moeder en mijn vader, en hun families, de Veli's en de Ypi's, hadden volkomen andere waarden en fundamenteel tegengestelde zienswijzen op zo'n beetje elk gebied: hoelang het nog gepast was om kleren te verstellen voordat het tijd was nieuwe te kopen, of de film *Sacco & Vanzetti* beter was dan *Gejaagd door de wind*, of kinderen beter uitrustten als ze zich in slaap huilden, of het verantwoord was melk te drinken die een beetje zuur was, hoe laat je op een vergadering kon verschijnen, als je er al naartoe ging, en hoeveel dagen je kliekjes kon bewaren voordat ze echt bedorven waren. De Ypi's keken neer op geld, de Veli's aanbaden het; de eersten hechtten aan de oude erecodes, de laatsten gingen er prat op dat ze zich er niets van aantrokken. Mijn vaders kant was zeer geïnteresseerd in politiek, ook in die van landen ver weg; de politiek boeide mijn moeders kant alleen als die hen rechtstreeks aanging. Het was heel wonderlijk dat de twee families door een huwelijk met elkaar verbonden waren geraakt, want in een andere tijd, op een andere plek, zouden ze waarschijnlijk gezworen vijanden zijn geweest. De geschiedenis had bondgenoten van hen gemaakt. Geen van beide kanten leek te genieten van de dagelijkse conflicten die hun omgang uitlokten, maar ze hadden allebei strategieën gevonden om ermee om te gaan. Ze waren verrassend open over het feit dat ze elkaars morele kijk niet goedkeurden. Niet trouwen was geen optie geweest, zeiden ze. Dat kwam allemaal door de 'biografie'.

Mijn vaders minachting voor geld ging veel verder dan zijn

weerzin tegen de spaarzaamheid van zijn schoonfamilie. Het leidde tot een vijandige houding tegen het kapitalistische systeem, dat tot doel had, zo zei hij, om almaar spullen met winst te kopen en te verkopen, uitsluitend om het systeem in stand te houden. Als je een heleboel geld hebt, zei mijn moeder, kun je dat best verdiend hebben. Mijn vader was van mening dat je op geen enkele manier geld kon verdienen zonder daarbij iemand uit te buiten die geen geld had. Als je een heleboel geld had, had je ook een heleboel macht en kon je belangrijke beslissingen beïnvloeden, wat het heel moeilijk maakte voor mensen die niet over die hoeveelheid geld beschikten om dezelfde positie te bereiken. 'Je moet doen wat je kunt, brigatista,' besloot mijn vader, 'maar uiteindelijk is er een revolutie nodig om zaken te veranderen, want niemand zal zijn privileges opgeven als hij daartoe niet gedwongen wordt.'

Toen ik jaren later naar de universiteit ging, ontdekte ik tot mijn schrik dat mijn koosnaampje was afgeleid van de 'Rode Brigades', de ultralinkse Italiaanse beweging die sterk leek op andere guerrillagroeperingen die in de jaren zeventig in meerdere landen van West-Europa ontstonden. Mijn vader was in de zomer van 1968 afgestudeerd aan de universiteit van Tirana en hij herinnerde zich nog goed de moord op Martin Luther King in april, de vlucht van De Gaulle naar Duitsland toen de Franse universiteiten waren bezet in mei en de inval van de Sovjettanks in Praag in augustus, waarna Albanië uit protest uit het Warschaupact was gestapt. Deze gebeurtenissen hadden hem er alles bij elkaar van overtuigd dat er geen enkele, blijvende overwinning mogelijk was, als niet iedereen in de wereld die leed onder onrechtvaardigheid een vrij mens werd. Even had hij die zomer gedacht dat vrijheid mogelijk was en dat je je daarvoor tegen het gezag in al zijn vormen moest verzetten. Maar de studentenprotesten hadden gefaald en de jongelui op de pleinen waren carrièrepolitici geworden die hun voormalige idealen over vrijheid ombogen in een of andere vage retoriek over democratie. Dat was het moment, legde hij uit, waarop hij besefte dat 'democratie' slechts een andere benaming was voor het geweld van de staat, een geweld dat voor het grootste deel een abstracte dreiging blijft en alleen dan in daden wordt omgezet, als de machtigen hun privileges dreigen te verliezen.

Als gevolg van deze gebeurtenissen, die hij uitsluitend op de Italiaanse of Joegoslavische televisie had gezien, had mijn vader zijn fascinatie ontwikkeld voor revolutionaire groeperingen die grondwettelijke rechten en de parlementaire democratie in hun geheel afwezen en meenden dat je zonder het geweld van het volk nooit het geweld van de staat kon overwinnen. Hij was gefascineerd door Giangiacomo Feltrinelli, een uitgever wiens opvattingen hij bewonderde, zei hij, omdat die niet tegemoetkwamen aan de kapitalistische belangen van zijn familie, noch aan de democratische retoriek van de liberale staat. Hij vertelde me dat Feltrinelli was omgekomen toen hij zijn eigen explosieven droeg tijdens een operatie van de revolutionaire Gruppi d'Azione Partigiana. Hij beschreef zijn dood zo gedetailleerd en omkleed met verfijnde psychologische details, dat je haast zou denken dat hij er zelf bij was geweest en ternauwernood had kunnen ontsnappen. Hij vertelde me het verhaal nog voordat ik echt kon begrijpen waar de operatie om ging of waarom het nodig was elektriciteitsmasten op te blazen om een revolutie te ontketenen.

In de jaren zeventig en tachtig werd er op de televisie in Albanië amper gewag gemaakt van de Rode Brigades. Mijn vader was ze gaan volgen door stiekem naar de Italiaanse radio te luisteren. Later in mijn leven probeerde ik zijn preoccupatie met revolutionair geweld te begrijpen. Hij moet een parallel hebben getrokken tussen de kritiek op de repressieve staat en zijn eigen hachelijke situatie. Terroristisch geweld, zei hij, zou niet nodig zijn als revolutionaire groepen tegen de staat zouden kunnen vechten met alle wapens waarover een gewoon leger de beschikking heeft. Hij gruwde van alle oorlogen, hij was pacifist. Maar hij romantiseerde de revolutionaire strijd. Hij was een vrije geest die klem zat in een uiterst rigide politiek systeem, een man met een biografie die hij niet zelf had gekozen, maar die wel allesbepalend was voor zijn plaats in de wereld. Hij moet manieren hebben gezocht om trouw te blijven aan zichzelf, om te leven naar zijn morele overtuigingen zonder dat deze of gene ze voor hem interpreteerde – iemand die betekenis probeerde te geven aan iets wat op mij overkwam als een betekenisloos feit, namelijk dat zijn naam toevallig overeenkwam met die van een voormalige premier.

Maar wanneer hij dit alles probeerde over te brengen op een manier die anderen zouden begrijpen en aanspreken, wanneer hij probeerde uit te leggen wat het betekende om vrijheid te bereiken buiten het repressieve staatsapparaat om en buiten de exploitatie van de markt om, dan vond hij er geen woorden voor. Hij wist waar hij tegen was, maar vond het moeilijk om te verdedigen wat hij voorstond. Zinnen, theorieën, idealen verdrongen zich in zijn hoofd en hij had moeite om ze te ordenen, zijn prioriteiten uit te leggen en zijn standpunten te verwoorden. Alles explodeerde uiteindelijk in duizenden stukjes: wat hij wist, wat hij was, wat hij probeerde te zijn, wat hij wilde dat er zou gebeuren. Net als de levens van de revolutionairen wier heroïsche dood hij bewonderde, net als zijn favoriete revolutie, de revolutie die nooit had plaatsgevonden.

9

Ahmet is afgestudeerd

Eind september 1989, enkele weken na aanvang van het nieuwe schooljaar, kwam er een nieuwe jongen in onze klas, hij heette Erion. Zijn familie was onlangs overgeplaatst uit Kavajë, de stad waar mijn familie voor mijn geboorte woonde. Hij kreeg de stoel naast me toegewezen en stelde zich voor. 'Jij bent Lea!' riep hij blij uit, toen hij mijn naam hoorde. 'Lea Ypi! Mijn ouders zeiden dat ik naar je uit moest kijken. We zijn familie. Mijn opa is een neef van jouw oma. Ze zijn samen opgegroeid. Ik moet je een bericht meegeven. Je moet tegen je oma zeggen dat Ahmet is afgestudeerd. Hij is terug. Ahmet is mijn opa. Jullie kunnen bij hem langsgaan wanneer jullie maar willen.'

Toen ik mijn familie vertelde dat ik een nieuw neefje had leren kennen, waren ze verbaasd. 'Een beetje laat voor ons om nieuwe bloedverwanten te ontdekken, vind je niet?' grapte mijn vader. Toen bracht ik de boodschap over. 'Ahmet...' mompelde Nini, in gedachten verzonken. 'Ahmet is terug. Hij wil dat we bij hem op bezoek gaan,' zei ze verwonderd. 'Zullen we dat doen? Zullen we hem feliciteren met zijn diploma? Moeten we een cadeau meenemen?' Mijn vader knikte. Mijn moeder schudde haar hoofd. 'We moeten voorzichtig zijn,' zei ze. Ahmets overleden vrouw Sonia was docente geweest en Ahmet zelf had ongetwijfeld al een baan gevonden. 'Hij is te oud om te werken,' wierp mijn vader tegen. Nini bleef met een nietszeggende blik naar de muur staren. 'Ja, dat zal wel achter hem liggen,' zei ze ten slotte. 'Hij is inmiddels oud. Maar je weet nooit.'

Er was geen touw aan vast te knopen. Waarom konden we niet op bezoek gaan bij iemand wiens vrouw docente was geweest? Waarom zouden we geen familielid feliciteren die net was afgestudeerd?

'Ik wil graag met Erion spelen,' zei ik. 'Hij is aardig, ik wil naar hem toe.' Na een lange discussie besloot mijn familie het te doen. Er werd een doos Turks fruit gekocht, het bezoek werd afgelegd, de neef en nicht werden herenigd.

Daarna kwam Ahmet regelmatig naar ons huis toe. Hij tikte op de deur met de kersenhouten stok waarop hij steunde als hij liep. Hij bracht cadeautjes mee, bijvoorbeeld beschilderde vliegers en kartonnen hoeden en soms nam hij Erion mee en speelden we schooltje met mijn poppen. Ahmet praatte langzaam, moeizaam bijna. Hij rook naar tabak en hij had altijd een opgerolde krant bij zich, waarmee hij me onder mijn kin kietelde. Als hij zijn schoteltje oppakte trilden zijn handen. De lepel in zijn kopje tinkelde, wat de aandacht vestigde op zijn rechterhand, waaraan de duim ontbrak. Zijn vingers waren lang en felgeel gekleurd, alsof ze geverfd waren, wat scheen te komen van de tabak waarvan hij zijn sigaretten rolde.

Als de bezoekjes van Ahmet samenvielen met Cocottes logeerpartijen, sprak iedereen Frans, precies zoals ze als kind hadden gedaan. Op een keer vroeg ik of hij met ons meespeelde met pokeren om bonen, maar Cocotte zei dat pokeren iets was voor bourgeoismensen. Ik snapte het niet maar wilde haar niet tegenspreken door Ahmet te vertellen dat we altijd pokerden om bonen en dat niemand ooit had beweerd dat het een bourgeoisspelletje was. Daarna ging Ahmet op de bank naast mijn oma zitten en zei dat alles zo enorm was veranderd in de tijd dat hij weg was geweest. 'Er zijn zoveel goede spullen te krijgen,' zei hij. 'Er is overal overvloed. De winkels liggen vol. De mensen zijn blij. Alles voelt zo rustig en kostbaar.' Nini knikte zwijgend.

Enige maanden later kreeg mijn vader de mededeling van zijn werk dat hij van zijn kantoor, dat enkele kilometers buiten het stadscentrum lag, zou worden overgeplaatst naar een andere afdeling, in het afgelegen dorpje Rrushkull. Hij zou veel vroeger moeten opstaan en in het donker naar het dorp moeten reizen, eerst met de bus en dan nog een heel eind te voet of, als hij geluk had en een boer tegenkwam, met een paard-en-wagen. Nini was bang dat zijn astma in de winter zou verergeren. Iedereen was het erover eens dat het een vergissing was geweest om Ahmet te feliciteren en hem op de koffie te vragen. 'Ik wist het,' zei mijn moeder. 'Ik wist dat hij een baan in petto had. Waarschijnlijk werkte hij al toen hij nog studeerde. Ik heb nog zo gezegd dat we geen contact moesten opnemen. Zijn vrouw was docente. Door haar kostte het een heleboel mensen meer tijd om af te studeren. Eentje gaf het zelfs op.'

Voor mij was het verband tussen de hereniging van Ahmet en de overplaatsing nog absurder dan de discussie of we hem moesten feliciteren met het behalen van zijn universitaire graad. Maar de twee gebeurtenissen kwamen regelmatig samen aan bod tijdens familiediscussies. Zijn bezoeken betekenden dat zelfs de locatie van mijn moeders school niet meer als veilig werd beschouwd. 'We moeten niet meer opendoen,' verklaarde Nini op een bepaald moment, 'anders duurt het niet lang meer of Doli wordt overgeplaatst.'

En zo geschiedde. Als Ahmet en Erion langskwamen, deden we net of we niet thuis waren. We zetten de radio en televisie uit. Dan was het een paar minuten lang doodstil. Soms kreeg Donika ze onder aan de heuvel in het oog en haastte ze zich om mijn moeder uit het raam te roepen: 'Dalaaaaa! Dalaaaa! Hij komt eraan. Je neef komt eraan.' Ahmet tikte met zijn wandelstok op de voordeur en wachtte. Erion bonkte met zijn vuist. Ik stak mijn hoofd een klein stukje uit de hoek van het raam. Ze draalden nog even, dan raapten ze de tassen met hoeden en vliegers op die ze op de grond hadden gezet en draaiden zich om. Erion rende vooruit en Ahmet volgde langzaam. Hij sleepte met zijn voeten alsof ze van iemand anders waren en had een ietwat afstandelijke uitdrukking op zijn gezicht, alsof hij de gedachten van iemand anders dacht. Het maakte me verdrietig om hen te zien gaan. Mijn vader zag dat ik van streek was. 'Zit er maar niet over in, brigatista,' probeerde hij me te troosten. 'Wees maar niet bedroefd. Als je ouder bent zul je het begrijpen. Ahmet is klaar met studeren, maar hij werkt nog steeds.'

Mijn familie had altijd een gretige belangstelling gehad voor mensen die van de universiteit kwamen. Het was een van de onderwerpen die het vaakst aan bod kwamen op verjaardagsfeestjes en familiebijeenkomsten. In de laatste paar maanden voor december 1990 werd dit het enige onderwerp dat de aandacht verdiende. Hoe minder geïnteresseerd in politiek mijn familie leek, hoe enthousiaster hun discussies over hogere opleidingen. Telkens als er een familielid op bezoek kwam, werd er koffie geserveerd en verliep het gesprek min of meer als volgt: 'Heb je gehoord dat Nazmi is afgestudeerd?' 'O, ik dacht dat hij zijn diploma al had.' 'Nee, hij heeft het pas sinds kort.' Daarna praatten ze verder over mensen die het niet hadden afgemaakt en over heel goede resultaten, en vergeleken hoe moeilijk het in het verleden was om de universiteit te doorlopen in vergelijking met het heden: 'Isuf slaagde er destijds niet in af te studeren, maar toen zijn vrouw zich inschreef, deed ze het heel goed,' verklaarde mijn oma dan. 'O zeker,' reageerde men dan, 'zij was een uitblinker; ze bleef daar als docent.' Sommige universiteiten schenen veel moeilijker te zijn om te doorlopen dan andere. 'Fatime kwam in B. terecht en maakte die helaas niet af.' Of: 'Haar man was in V. geweest en stapte toen over naar T. Daar slaagde hij probleemloos voor zijn tentamens.' En dan weer: 'Maar wie weet wat er gaat gebeuren nu er een andere rector is?' Of: 'Er schijnen minder mensen te zakken voor hun doctoraat,' gevolgd door een voorzichtig weerwoord: 'Klopt, maar wie weet hoeveel zich er inschrijven?'

Verschillende discussies gingen over vergelijkingen tussen verschillende vakgebieden en de moeilijkheid om ze elk te voltooien. Bijvoorbeeld: 'Josif studeerde internationale betrekkingen, maar Bela had belangstelling voor filosofie.' Niet alleen de universiteiten waaraan men afstudeerde maar ook de inhoud van hun studies werden ingedeeld naar veeleisendheid. Het was alom bekend dat als je naar de universiteit ging om bijvoorbeeld internationale betrekkingen te studeren, het onmogelijk was om je doctoraat te halen. Maar ging je economie studeren, dan bestond de kans dat je betrekkelijk snel klaar zou zijn. Op andere momenten klonk het alsof je verplicht op de universiteit moest blijven om er les te gaan geven als je vlot afstudeerde in een studierichting die te boek stond als moeilijk te voltooien. Dat werd om de een of andere reden met wantrouwen bekeken. De reputatie van docenten varieerde ook: je had de strikten, voor wie men bang was en die je tegen elke prijs moest zien te vermijden, en degenen die een wat meer ontspannen manier van lesgeven hadden en gemakkelijker te benaderen waren.

De volwassenen noemden nooit de namen van de universiteiten, alleen de eerste letter. Ze zeiden bijvoorbeeld dingen als: 'Avni is afgestudeerd in B.' Of: 'Emine begon met haar studie in S, maar werd toen overgeplaatst naar M.' Vanaf mijn plek aan het lage tafeltje in de woonkamer waar ik stilletjes met mijn poppen speelde, probeerde ik de letter die ik zojuist had gehoord te verbinden aan de namen van de diverse universiteitssteden. Als ik dacht dat ik het goed had geraden, vroeg ik: 'Bedoel je met S. de universiteit van Shkodra?' En dan merkten de volwassenen dat ik meeluisterde en stuurden ze me naar mijn kamer om te spelen.

Ik vond het met name verwarrend als we het over het onderzoek van mijn grootvader hadden. Sommige familieleden zeiden dat hij misschien niet zo lang had hoeven studeren als zijn vader, de man die precies hetzelfde heette als onze voormalige premier, er geen rol in had gehad. Anderen beweerden dat er geen verband bestond tussen de twee biografieën en dat mijn grootvader toch wel naar de universiteit zou zijn gegaan omdat hij een 'intellectueel' was en de meeste intellectuelen moesten studeren. Toen ik erachter kwam dat mijn opa zijn eerste graad in Parijs had behaald, wilde ik weten waar hij daarna naartoe was gegaan om zijn studie voort te zetten, de periode waarin hij Engels en Russisch had geleerd en *Candide* van Voltaire had vertaald, waarvan de voltooiing vijftien jaar kostte. Maar deze tweede graad was omgeven met geheimzinnigheid. Mij werd verteld: 'Hij studeerde in B. en ging daarna naar S.' 'Wat zijn B. en S.?' vroeg ik. 'Letterkunde,' antwoordden ze. 'Hij studeerde letterkunde.' 'Ik bedoelde niet wát hij studeerde,' drong ik aan. 'Ik bedoelde wáár hij studeerde.' 'O, hier en daar,' luidde het antwoord. 'Niet zo ver hiervandaan.' 'Maar waar is hier en waarom daar?' vroeg ik in een ultieme poging om erachter te komen. 'Waarom? Tja, biografie,' herhaalden ze. 'Het maakte deel uit van zijn biografie.'

Van de vele gesprekken die ik in de loop van de jaren in me heb opgenomen, staat me het duidelijkst het gesprek bij dat over een vroegere docent van mijn opa ging, ene Haki. Veel van mijn familieleden die op dezelfde universiteit waren geweest als mijn opa kenden Haki. Ze zeiden allemaal dat als je in Haki's opleiding belandde, de kans levensgroot was dat je je studie nooit zou afmaken, sterker nog, je zou hoogstwaarschijnlijk worden verbannen. De aankondiging dat iemand was weggestuurd, werd meestal gefluisterd, vergezeld van een sombere blik en trillende stem. 'Wat vind ik dat erg,' zei de ontvanger van het nieuws dan, 'dit is verschrikkelijk. Ik vind het echt heel, heel erg spijtig.' Het enige wat een nog dramatischer reactie uitlokte dan het nieuws dat iemand zijn graad niet had behaald, was dat iemand voortijdig was gestopt, dat hij of zij vrijwillig had opgegeven. 'Het kwam door Haki,' hoorde ik dan. 'Ze kon niet tegen Haki.' En het commentaar: 'Nee, het kwam niet alleen door Haki, het was de hele opleiding.' 'Ja, maar zonder Haki had ze het misschien wel gered.' Haki had de reputatie dat hij zich met hart en ziel toelegde op het onderwijs. Haki was een van de strengste docenten, zowel berucht om de hardvochtige straffen die hij uitdeelde als om de vernedering die daarmee gepaard ging.

Een verhaal waarin Haki een rol speelde, en waarover ik vaak heb horen praten, vond plaats toen mijn opa was afgestudeerd als letterkundige. Dat was in de zomer van 1964. Mijn grootvader, Asllan, kwam van de universiteit en was werkloos. Hij klopte overal aan om werk, maar het was lastiger om aan de slag te komen dan hij had gedacht. Zijn biografie stond hem in de weg. Hij besloot een brief te schrijven naar een oude schoolvriend, iemand in de hoogste regionen van de Partij. Een kopie van die brief hebben we nog steeds in ons bezit, hij zit in dezelfde bestofte plastic tas als de verbleekte ansichtkaarten, waaronder die met de Eiffeltoren erop. 'Beste kameraad Enver,' luidde de eerste regel. De brief opent als het begin van een of ander grondwettelijk document: 'De menselijke waardigheid is onschendbaar. Het fundament onder het socialisme is de waardigheid die door werken wordt verkregen.' In de volgende alinea wordt dank betuigd voor de voortgezette opleiding die het afgelopen jaar is genoten en wordt de partij gefeliciteerd met de uitstekende vooruitgang die het land onder socialistisch bewind heeft geboekt. Dan volgt het verzoek om een baan, het liefst een die past bij zijn vaardigheden.

Een paar dagen nadat Asllan zijn brief heeft verstuurd, krijgt hij antwoord van het hoofdkantoor van de Partij. Er was een positie van jurist vrijgekomen. De maandag daarop trok Asllan zijn enige pak aan en ging naar zijn werk. Het was een zwart krijtstreepkostuum, hetzelfde als hij had gedragen op de dag dat hij afscheid had genomen van de universiteit, dat hij zou dragen op de bruiloft van mijn ouders, op de dag dat ik uit de kraamkliniek thuiskwam en toen hij werd begraven. Toen hij een paar maanden in zijn nieuwe baan werkte, klopte Haki op de deur van zijn kantoor om een officiële verklaring aan te vragen.

Aanvankelijk herkende hij Asllan niet in zijn pak.

'Ik heb een handtekening nodig,' zei hij, wijzend naar het papier dat hij bij zich had.

'Neemt u plaats,' antwoordde Asllan. 'Mag ik u een sigaret aanbieden?'

Toen realiseerde Haki zich dat hij mijn opa eerder had gezien en hij begon zich ongemakkelijk te voelen. 'Volgens mij herken je me niet,' zei hij.

Asllan bleef glimlachen. 'Welkom, Haki. Wat fijn om je weer te zien.'

Haki aarzelde. 'Ik kan wel op een andere dag terugkomen,' zei hij.

'Maak je niet ongerust,' antwoordde mijn opa. 'We handelen het in een mum van tijd af.'

Haki zat zwijgend in het kantoortje te roken, terwijl Asllan de papieren in orde maakte. Toen ze klaar waren, wilde Haki betalen, maar mijn opa weigerde. 'Je hebt al zoveel gedaan, Haki,' zei hij. 'Dit neem ik voor mijn rekening.' Haki bedankte hem uitvoerig en toen hij vertrok schudden de twee mannen elkaar de hand.

Van alle verhalen over universiteiten bleef dit me het meest bij, niet omdat het door de jaren heen zo vaak werd verteld, maar omdat zowel de toon waarop het werd verteld als de reacties die het ontlokte telkens anders waren. 'Goed gedaan van Asllan,' zeiden sommige verwanten die Haki weleens hadden gezien. Anderen vroegen zich af: hoe kon Asllan Haki de hand schudden? Was hij vergeten dat door Haki zijn beste vriend eruit was gestapt? Later ontdekte ik dat deze vriend dezelfde was als degene die de felicitatiekaart met de Eiffeltoren erop had verstuurd. 'Haki was maar een docent. Hij maakte de regels niet die hij moest handhaven,' verduidelijkte Nini ter verdediging van haar echtgenoot. 'Dan zou je niemand ook nog maar iets kwalijk kunnen nemen,' was het weerwoord van onze familieleden. 'Een docent heeft altijd enige speelruimte om niet zo streng te zijn als vereist is. Het is veel te makkelijk om naar je meerderen te wijzen en het ministerie van Onderwijs of de minister zelf de schuld te geven van alles wat er misgaat. Maar de waarheid is dat er een heleboel mensen samenwerken om de regels toe te passen. Op elk niveau is er speelruimte,' zeiden ze, 'op elk moment. Haki hoefde niet zo strikt te zijn. Zijn wreedheid had niet beloond mogen worden door hem de hand te drukken.'

Ik vroeg me vaak af waarom mijn oma dit verhaal telkens herhaalde wanneer er een familielid op bezoek kwam en herinneringen ophaalde aan hun tijd op de universiteit in B., waar Haki had gedoceerd. Ik begreep niet waarom er zo diep werd ingegaan op het feit dat mijn grootvader Haki een sigaret had aangeboden, omdat ze elkaar op de universiteit hadden leren kennen. Wat was er zo belangrijk aan dat mijn opa hem als een oude vriend had behandeld? Ooit hoorde ik mijn oma een zin van Robespierre citeren: 'Onderdrukkers van het mensdom straffen is barmhartig, maar hen vergeven is barbaars.' Haki's naam werd in diezelfde context genoemd. Het leek overdreven om Haki te behandelen als een onderdrukker van het mensdom. Maar wat had mijn opa op de universiteit eigenlijk geleerd? En waarom hield het mijn familieleden zo bezig wiens verantwoordelijkheid het was om het bij te leggen?

Als ik nadenk over alle onopgeloste mysteriën uit mijn jeugd en terugblik op de verhalen over Ahmet en Haki die zo'n indruk op me maakten, dan zie ik ze als een onderdeel van de waarheid die er altijd al was en slechts wachtte om ontdekt te worden, als ik maar wist waar ik moest kijken. Niemand verborg iets voor me, alles was binnen handbereik. En toch moest het me verteld worden.

Het was nooit in me opgekomen om mijn familie niet te vragen waar de universiteiten van B., S. of M. zich precies bevonden, maar waar een universiteit precies voor stónd. Ik had geen ingang tot de juiste antwoorden omdat ik niet wist hoe ik de juiste vragen moest stellen. Maar hoe had het anders gekund? Ik hield van mijn familie. Ik vertrouwde ze. Ik nam alles aan wat ze me voorschotelden om mijn nieuwsgierigheid te bevredigen. In mijn zoektocht naar zekerheid, vertrouwde ik op hen om de wereld te begrijpen. Vóór die dag in december 1990, na mijn ontmoeting met Stalin in de regen, was het nooit in me opgekomen dat mijn familie niet alleen de bron van alle zekerheden was, maar ook van alle twijfel.

10

Het einde van de geschiedenis

Enige maanden voor de dag waarop ik Stalin omhelsde, had ik mensen met zijn portret door de straten van de hoofdstad zien paraderen ter gelegenheid van de viering van 1 mei, de Dag van de Arbeid. Het was de gebruikelijke jaarlijkse optocht. De televisieprogramma's begonnen eerder en op de Joegoslavische televisie werd geen sport uitgezonden, zodat ik geen aanvaring had met mijn vader over wie er mocht bepalen wat er op de buis kwam. In plaats daarvan kon je naar de optocht kijken, daarna naar een marionettenvoorstelling, vervolgens een kinderfilm, dan buiten een wandeling maken in je nieuwe kleren, een ijsje kopen en ten slotte een foto laten maken door de enige fotograaf in de stad, die meestal bij de fontein voor het Cultuurpaleis stond.

Die eerste mei van 1990, de laatste meidag die we ooit hebben gevierd, was de gelukkigste. Of dat lijkt zo, omdat het de laatste was. Objectief gezien kan het niet de gelukkigste zijn geweest. De wachtrijen voor de dagelijkse levensbehoeften waren langer aan het worden en de schappen in de winkels oogden almaar leger. Maar dat vond ik niet erg. In het verleden was ik kieskeurig geweest met eten, maar nu ik groter werd deed ik niet moeilijk meer over goedkope feta in plaats van de meer begeerlijke gele kaas, of over oude jam moeten eten in plaats van honing. 'Eerst komt de moraal, dan het eten,' zei mijn oma opgewekt, en ik had geleerd om daarmee in te stemmen.

Op 5 mei 1990 won Toto Cutugno het Eurosongfestival in Zagreb met 'Insieme 1992'. Ik had voldoende vorderingen gemaakt met *Vreemde Talen Thuis* om de tekst te kunnen verstaan en het refrein in mijn hoofd mee te zingen: *Sempre più liberi noi / Non è più un sogno e noi non siamo più soli / Sempre più uniti noi / Dammi una mano e vedrai che voli / Insieme... unite, unite Europe.** Pas een paar jaar later ontdekte ik dat het lied, waarvan ik altijd had gemeend dat het de vrijheid en eenheid bezong bij het verspreiden van de socialistische idealen in Europa, eigenlijk over het Verdrag van Maastricht ging dat spoedig de vrije markt zou versterken.

Intussen bleef Europa in de greep van allerlei soorten 'hooligans' die de openbare orde ondermijnden. Eerder dat jaar was Polen uit het Warschaupact gestapt. De communistische partijen in Bulgarije en Joegoslavië stemden voor het opgeven van hun machtsmonopolie. Litouwen en Letland verklaarden zich onafhankelijk van de Sovjet-Unie. Sovjettroepen vielen Bakoe binnen om de protesten van de Azeri neer te slaan. Ik hoorde mijn ouders praten over 'vrije' verkiezingen in Oost-Duitsland en vroeg aan mijn vader: 'Wat kies je dan in niet-vrije verkiezingen?' De vraag leek hem niet te bevallen en hij probeerde op een ander onderwerp over te stappen. 'Ben je niet blij,' vroeg hij, 'dat Nelson Mandela uit de gevangenis is vrijgelaten?'

Het aantal bezoekers aan ons huis verdubbelde; ze kwamen zelfs als er geen voetbalwedstrijden of songfestivals op

* We zijn steeds vrijer / Het is niet langer een droom en we zijn niet langer alleen / We zijn steeds meer verenigd / Help me een handje en je zult zien dat je vliegt / Samen... verenig, verenig Europa.

Direkti te zien waren. Mijn ouders begonnen me vroeg naar bed te sturen. Door de rookwolken die 's avonds als een deken in de woonkamer hingen, oogden de shagrollende mensen bij het invallen van de schemering als schimmen.

Ik had wel wat opwinding bespeurd in de gedempte stemmen waarmee het bezoek bij binnenkomst werd begroet, maar het voelde niet bedreigend. Iedereen glimlachte voortdurend en klopte me op mijn schouders, vroeg hoe het op school ging, of er iemand in mijn klas was die beter presteerde dan ik en of ik de Partij trots bleef maken met mijn vorderingen. Ik knikte en vertelde ze het goede nieuws.

Ik was net een pionier geworden, één jaar eerder dan de rest van mijn leeftijdgenoten. Ik was uitgekozen om mijn school te vertegenwoordigen bij het leggen van de kransen op de graftombes van de helden van de Tweede Wereldoorlog en ging nu ook voor bij het uitspreken van de eed waarmee we trouw zwoeren aan de Partij. Voor aanvang van de lessen stond ik voor alle leerlingen van de school en verklaarde plechtig: 'Pioniers van Enver! Zijn jullie gereed om te vechten voor de idealen van de Partij?' 'Altijd, altijd!' brulden de pioniers. Mijn ouders waren trots op me en om me te belonen voor mijn prestaties, gingen we met vakantie naar het strand.

Later die zomer bracht ik twee weken door in het pionierskamp. Elke dag werden we om zeven uur 's ochtends gewekt door de bel. De broodjes die we voor het ontbijt kregen smaakten naar rubber, maar de vrouwen in de kantine die ze uitdeelden waren buitengewoon aardig, lief zelfs. De rest van de ochtend waren we op het strand te vinden, waar we zonnebaadden, zwommen en voetbalden. Met het middageten gingen we in de rij staan voor kommen rijst, yoghurt en druiven, daarna werden we naar onze kamers gestuurd om te slapen of te doen alsof gedurende het uur van de siësta; de bel ging weer om vijf uur. 's Middags speelden we pingpong of schaak, daarna splitsten we ons op in verschillende leergroepen: wiskunde, natuurwetenschappen, muziek, kunst en creatief schrijven. Voor het avondeten aten we gauw wat groentesoep en haastten ons dan naar buiten om onze plaatsen in te nemen in de openluchtbioscoop. 's Avonds kletsten we tot in de kleine uurtjes en maakten we nieuwe vrienden. De dappersten en oudsten werden verliefd.

Overdag wedijverden we met elkaar. We wedijverden wie er het beste zijn bed kon opmaken, wie zijn eten het eerste ophad, wie het verst kon zwemmen, wie de meeste hoofdsteden van de wereld kende, wie de meeste boeken had gelezen, wie er ingewikkelde derdegraadsvergelijkingen kon oplossen en wie er de meeste muziekinstrumenten kon bespelen. De socialistische, solidaire verbondenheid die onze leraren er in de rest van het jaar uit alle macht probeerden in te stampen, verdween vrijwel in deze twee weken. Na de eerste paar dagen werd competitie ook niet meer ontmoedigd maar vanuit de leiding gereglementeerd en naar leeftijdsgroep ingedeeld. Wedstrijden, pseudo-olympiades en poëzieprijzen werden vanaf dat moment centraal georganiseerd en waren zo'n fundamenteel onderdeel van het leven in het kamp geworden, dat alleen kleingeestige bourgeois, reactionaire elementen, hun medewerking zouden hebben geweigerd. Aan het einde van de twee weken gingen er maar heel weinig kinderen naar huis zonder op zijn minst één rode ster, een vlaggetje, een certificaat van verdienste of een medaille, en als die niet persoonlijk was behaald, dan toch ten minste als onderdeel van een team. Ik had er een van elk.

Mijn twee weken in het pionierskamp waren de laatste in hun soort. Het rode pionierssjaaltje waar ik keihard voor had gewerkt en dat ik met trots elke dag naar school droeg, zou algauw in een vod veranderen waarmee we onze boekenplanken afstoften. De sterren, medailles en certificaten zouden evenals de titel 'pionier' zelf kort daarna museumrelicten worden, herinneringen uit een ander tijdperk, fragmenten uit een voorbij leven dat iemand, ergens, had geleid.

Onze eerdere vakantie aan het strand was de eerste en de laatste die we als gezin samen doorbrachten. Het was de laatste keer dat de staat vakantiepakketten toekende. En de laatste keer dat de arbeidende klasse paradeerde om de vrijheid en democratie te vieren.

Op 12 december 1990 werd mijn land officieel tot meerpartijenstaat uitgeroepen, waar vrije verkiezingen zouden worden gehouden. Dat was bijna een jaar nadat Ceauşescu in Roemenië was geëxecuteerd terwijl hij 'De Internationale' zong. De Eerste Golfoorlog was al begonnen. Kleine stukjes van de Berlijnse Muur werden al verkocht in de souvenirwinkels van het onlangs herenigde Berlijn. Ruim een jaar lang hadden deze gebeurtenissen mijn land onberoerd gelaten, althans zo goed als. De uil van Minerva had haar vleugels uitgeslagen en leek ons, zoals gewoonlijk, te zijn vergeten. Maar toen herinnerde ze zich ons en keerde ze terug.

Waarom was er een einde gekomen aan het socialisme? Nog maar een paar maanden eerder had juf Nora uitgelegd dat het socialisme niet volmaakt was, het was niet zoals het communisme zou zijn, als dat kwam. Het socialisme was een dictatuur, zei ze, de dictatuur van het proletariaat. Die was anders en beslist beter dan de dictatuur van de bourgeoisie die in de westerse imperialistische staten heerste. Onder het socialisme werd de staat geregeerd door de arbeiders, in plaats van door het kapitaal, en de wet diende de belangen van de arbeiders, niet de belangen van degenen die hun winsten wilden vergroten. Maar ze maakte duidelijk dat het socialisme ook problemen had. De klassenstrijd was niet voorbij. We hadden een heleboel vijanden van buiten, net als de Sovjet-Unie, die al lang geleden het ideaal van het communisme had opgegeven en er een repressieve, imperialistische staat van had gemaakt die tanks stuurde naar kleinere landen om ze te vermorzelen. We hadden ook veel vijanden binnen de eigen landsgrenzen. De mensen die ooit rijk waren geweest en hun privileges en bezit waren verloren bleven complotten smeden om de heerschappij van de arbeiders onderuit te halen en verdienden het om gestraft te worden. Toch zou het proletariaat op den duur zegevieren. Als mensen opgroeien in een humaan systeem en kinderen worden met het juiste gedachtegoed onderwezen, zei juf Nora, dan internaliseren ze dat. Klassenvijanden worden steeds schaarser, de klassenstrijd wordt eerst milder en verdwijnt dan. Op dat moment begint het communisme pas echt en daarom is het superieur aan het socialisme: het heeft de wet niet nodig om iemand te straffen en het bevrijdt de mensen voor eens en altijd. In tegenstelling tot wat de propaganda van onze vijanden beweerde, stond het communisme niet voor de onderdrukking van het individu, maar voor de eerste keer in de geschiedenis van de mensheid dat we écht vrij konden zijn.

Ik dacht altijd dat er niets beters bestond dan het communisme. Elke ochtend van mijn leven werd ik wakker met de gedachte dat ik iets wilde doen om het sneller te laten gebeuren. Maar in december 1990 gingen dezelfde mensen die eerder het socialisme en de opmars naar het communisme hadden geprezen, de straat op om te eisen dat er een eind aan kwam. De woordvoerders van die mensen verklaarden dat het enige wat ze onder het socialisme hadden gekend niet vrijheid en democratie waren, maar tirannie en dwang.

Waarin zou ik opgroeien? Hoe konden we het communisme verwezenlijken nu het socialisme er niet meer was? Terwijl ik ongelovig naar de televisiebeelden staarde waarin de secretaris-generaal van het Politbureau aankondigde dat politiek pluralisme niet langer strafbaar was, verklaarden mijn ouders dat ze de Partij waarop ik ze altijd had zien stemmen nooit hadden gesteund, dat ze nooit hadden geloofd in het gezag ervan. Ze hadden simpelweg de strijdkreten uit hun hoofd geleerd en dreunden die op, net als iedereen, net als ik, wanneer ik elke morgen op school mijn eed van trouw zwoer. Maar er bestond een verschil tussen ons. Ik geloofde erin. Ik wist niets anders. Nu had ik niets meer over, afgezien van mysterieuze flarden uit het verleden, als de afzonderlijke noten van een opera die je in geen jaren hebt gehoord.

In de daaropvolgende dagen werd de eerste oppositiepartij opgericht en mijn ouders onthulden de waarheid, hun waarheid. Ze zeiden dat mijn land bijna een halve eeuw lang een openluchtgevangenis was geweest. Dat de universiteiten waardoor mijn familie was achtervolgd inderdaad opleidingsinstituten waren, maar van een eigenaardige soort. Dat als mijn familie het over familieleden had die waren afgestudeerd, ze in werkelijkheid bedoelden dat ze onlangs uit de gevangenis waren ontslagen. Dat een graad behalen een code was voor het uitzitten van een straf. Dat de beginletters van universiteitssteden stonden voor de beginletters van verschillende gevangenissen en deportatieplaatsen: B. voor Burrel, M. voor Maliq, S. voor Spaç. Dat de uiteenlopende studierichtingen overeenkwamen met de officiële aanklachten: internationale betrekkingen studeren betekende beschuldigd van landverraad, letterkunde stond voor 'opruiing en propaganda' en een graad in de economie had betrekking op een kleiner vergrijp, zoals 'goud verbergen'. Dat studenten die docent werden, voormalige gevangenen waren die het roer omgooiden en spion werden, net als oma's neef Ahmet en zijn overleden vrouw Sonia. Dat een strenge docent een ambtenaar was door wiens toedoen veel mensen het leven hadden gelaten, iemand zoals Haki, van wie mijn opa de hand had geschud nadat hij zijn straf had uitgezeten. Dat als iemand uitmuntende resultaten had behaald, dit wilde zeggen dat de vrijheidsbeperking kort en duidelijk was geweest; maar van de universiteit gestuurd worden betekende de doodstraf en je studie opgeven, zoals mijn opa's beste vriend in Parijs had gedaan, stond voor zelfmoord plegen.

Ik kwam te weten dat de voormalige premier die ik in mijn jeugd had leren verfoeien en die dezelfde naam had als mijn vader, niet toevallig dezelfde voor- en achternaam had. Hij was mijn overgrootvader. Zijn leven lang had de ballast van die naam alle hoop van mijn vader verpletterd. Hij kon niet studeren wat hij wilde. Hij moest zijn biografie uitleggen. Hij moest zich verantwoorden voor een onrechtmatige daad die hij nooit had begaan en zich verontschuldigen voor standpunten die hij niet deelde. Mijn opa, die het zo oneens was met zijn eigen vader dat hij in Spanje de Republikeinen, aan de andere kant van de strijd, had willen versterken, had de bloedverwantschap moeten bekopen met vijftien jaar gevangenisstraf. Ik zou er ook voor hebben moeten boeten, en wie weet op welke wijze, zeiden mijn ouders. Ik zou ervoor hebben moeten boeten als mijn familie niet tegen me had gelogen om het geheim te houden.

'Maar ik was een pionier,' wierp ik tegen. 'Ik werd als eerste van mijn leeftijdsgroep pionier.'

'Iedereen wordt pionier,' antwoordde mijn moeder. 'Je zou niet zijn toegelaten in de jeugdorganisatie. Je had nooit lid kunnen worden van de Partij.'

'Ben jij tegengehouden?' vroeg ik.

'Ik?' Mijn moeder lachte. 'Ik heb het niet geprobeerd. Een

nieuwe collega beval me ooit aan, daarna kwam hij erachter wie ik was.'

Ik zou ook hebben moeten boeten voor mijn moeders familie, werd me verteld. Ik hoorde dat de modelschepen die mijn moeder samen met haar oom Hysen had gemaakt, en het land, de fabrieken en de flatgebouwen die ze als kind had getekend, in het echt hadden toebehoord aan haar familie voor haar geboorte, voordat het socialisme zijn intrede deed, voordat ze werden onteigend. Dat het gebouw waarin het hoofdkantoor van de Partij was gevestigd, en waarvoor mijn ouders me voor het eerst hadden uitgelegd wat islam was, ook ooit familiebezit was geweest. 'Weet je nog die keer dat we over de islam praatten en voor dat gebouw stonden?' vroeg mijn moeder. Ik knikte. Ze herinnerde me eraan dat ze altijd als we langs dat gebouw liepen omhoogkeek naar het raam op de vijfde verdieping, dat zonder bloempot. Een vermeende vijand van het volk had daar eens gestaan, hij had 'Allahoe akbar!' geroepen en was uit het raam gesprongen. Hij had willen ontsnappen aan martelingen. Dat was in het jaar 1947. De man was haar grootvader.

Mijn oma vertelde mij ook haar hele levensverhaal, het verhaal dat ik zo vaak had proberen te raden als ik de gesprekken tussen Cocotte en haar afluisterde. Ze was in 1918 geboren als de nicht van een pasja, de tweede dochter in een familie van hoge provinciebestuurders in het Ottomaanse Rijk. Op haar dertiende was ze het enige meisje op het Lycée Français in Thessaloniki. Op haar vijftiende proefde ze haar eerste whisky en rookte haar eerste sigaar. Op haar achttiende won ze een gouden medaille omdat ze de beste van haar school was. Op haar negentiende bracht ze voor het eerst een bezoek aan Albanië. Op haar twintigste werd ze adviseur van de premier en tevens de eerste vrouw die voor het federale bestuur werkte. Op haar eenentwintigste maakte ze kennis met mijn opa op de bruiloft van koning Zog. Ze dronken champagne, walsten samen, beklaagden de bruid en ontdekten dat hun gedeelde afkeer van koninklijke huwelijken slechts werd overtroffen door hun minachting voor de monarchie. Op haar drieëntwintigste trouwde ze met mijn opa. Hij was een socialist, maar geen revolutionair. Zij had vage progressieve ideeën. Ze stamden allebei uit bekende conservatieve families die al generaties lang verstrooid over het Ottomaanse Rijk leefden. Op haar vierentwintigste werd ze moeder. Met vijfentwintig kwam er een einde aan de oorlog en zag ze haar familie in Thessaloniki voor het laatst. Op haar zesentwintigste deed ze mee aan de verkiezingen voor de Constituerende Vergadering, de eerste verkiezingen waarbij vrouwen als gelijken van de mannen mochten stemmen en de laatste waaraan kandidaten van het niet-communistische links deelnamen. Op haar zevenentwintigste werden diezelfde kandidaten, van wie de meesten familievrienden waren, opgepakt en geëxecuteerd. Mijn opa stelde voor te emigreren met behulp van de vertrekkende Britse officieren die ze in de oorlog hadden leren kennen. Ze weigerde. Haar moeder, die vanuit Griekenland naar Albanië was gereisd om haar met haar peuter te helpen, was onlangs ziek geworden, en ze wilde haar niet in de steek laten. Op haar achtentwintigste werd mijn grootvader opgepakt en beschuldigd van opruiing en propaganda, hij werd eerst veroordeeld tot ophanging, daarna levenslange gevangenisstraf, die later werd omgezet in vijftien jaar. Op haar negenentwintigste verloor ze haar moeder aan kanker. Op haar dertigste werd ze gedwongen de hoofdstad te verlaten en naar een andere stad te verhuizen. Op haar tweeëndertigste ging ze in werkkampen werken. Tegen de tijd dat ze veertig was, waren veel van haar familieleden geëxecuteerd of hadden ze de hand aan zichzelf geslagen, en degenen die het overleefden eindigden in psychiatrische inrichtingen, in ballingschap of in de gevangenis. Op haar vijfenvijftigste stierf ze bijna aan pleuritis. Op haar eenenzestigste werd ze oma, toen ik werd geboren. De rest was me bekend.

Mijn oma legde uit dat ze me Frans had willen leren omdat die taal haar herinnerde aan haar vroegere leven, toen iedereen Frans had gesproken in haar omgeving, en aan de Franse Revolutie. Mij aanspreken in het Frans was voor haar eerder een daad van rebellie dan van identiteit, een bescheiden teken dat ze zich niet helemaal schikte, iets wat ik later zou waarderen, meende ze. Als zij er niet meer zou zijn kon ik eraan terugdenken en me herinneren waar ik vandaan kwam, reflecteren op de vreemde gang van zaken binnen mijn familie en de prijs die de mensen hadden betaald voor wie ze waren, ongeacht wat ze wilden zijn. Ik kon nadenken over hoe het leven je eerst de ene en daarna de andere kant op kon duwen, en dat je met een gouden lepel in de mond geboren kon zijn en dat je het daarna allemaal kwijt kon raken.

Mijn grootmoeder verlangde niet terug naar haar verleden. Ze had niet de wens terug te keren naar een wereld waarin haar aristocratische familie in het Frans converseerde en naar de opera ging, terwijl de bedienden die haar eten bereidden en haar kleren wasten niet konden lezen of schrijven. Ze was nooit een communist geweest, zei ze, maar ze verlangde ook niet terug naar het *ancien régime*. Ze was zich bewust van de privileges te midden waarvan ze was opgegroeid en stond wantrouwig tegenover de retoriek die deze rechtvaardigde. Ze vond dat klassenbewustzijn en behoren tot een bepaalde klasse niet hetzelfde waren. Ze hamerde erop dat we onze politieke overtuigingen niet erven, maar in vrijheid kiezen en we kiezen de overtuiging die ons rechtvaardig lijkt, niet die het beste in ons straatje past of het beste strookt met onze belangen. 'We raakten alles kwijt,' zei ze. 'Maar we zijn onszelf niet kwijtgeraakt. We hebben onze waardigheid niet verloren, want waardigheid heeft niets te maken met geld, onderscheidingen of titels. Ik ben nog dezelfde als altijd,' benadrukte ze. 'En ik hou nog steeds van whisky.'

Dit alles legde ze rustig uit, ze trok duidelijke scheidslijnen tussen alle fases van haar leven, deed moeite om ze te onderscheiden, af en toe controleerde ze even of ik het kon volgen. Ze wilde dat ik me haar levensloop zou herinneren en zou begrijpen dat zij de auteur van haar leven was: dat ze ondanks alle obstakels die ze onderweg was tegengekomen, haar lot altijd in eigen hand had gehouden. Ze was nooit níet verantwoordelijk geweest. Vrijheid, zei ze, is je bewust zijn van noodzaak.

Ik probeerde alles te begrijpen en te onthouden wat mijn oma en mijn ouders in die weken zeiden, en we praatten er naderhand nog vaak over. Ik raakte ervan in de war. Ik begreep niet of onze familie de regel was of de uitzondering, of wat ik zojuist over mezelf had ontdekt me meer op andere kinderen zou doen lijken of juist nog meer een buitenstaander van me zou maken. Ik had vriendinnen vaak horen praten over dingen die ze niet snapten, ze probeerden gesprekken tussen volwassenen te ontcijferen die niet zo simpel te volgen waren. Misschien praatten ze 's avonds ook over het socialisme en over de Partij, als Dajti of Direkti beelden van het leven elders vertoonden, en wisselden ze ook meningen uit over universiteiten die gevangenissen bleken te zijn. Of misschien leken hun bloedverwanten meer op Haki, een ware gelovige, zoals mijn oma zei, die geen gevoel had voor wanneer je de regels strikt moest handhaven en wanneer je de teugels kon laten vieren.

Ik leerde de waarheid kennen toen die niet meer gevaarlijk was, maar tevens was ik in die periode oud genoeg om me af te vragen waarom mijn familie me zo lang had voorgelogen. Misschien vertrouwden ze me niet. Maar als zij me niet vertrouwden, waarom zou ik hen dan wel vertrouwen? In een samenleving waar politiek en educatie doordrongen in alle haarvaten van het leven, was ik zowel een product van mijn familie als van mijn land. Toen het conflict tussen deze twee aan het licht kwam, duizelde het me. Ik wist niet waar ik moest zoeken, wie ik moest geloven. Soms vond ik dat onze wetten onrechtvaardig waren en onze heersers wreed. Op andere momenten vroeg ik me af of mijn familie de straffen die ze had gekregen verdiende. Als ze vrijheid belangrijk hadden gevonden, hadden ze tenslotte geen bedienden mogen hebben. En als ze om gelijkheid gaven, hadden ze niet zo rijk mogen zijn. Maar mijn oma zei dat ze ook veranderingen hadden gewild. Mijn opa was een socialist, hij stoorde zich aan de privileges die zijn familie genoot. 'Waarom moest hij dan naar de gevangenis?' drong ik aan. 'Hij moet toch iets hebben gedaan? Niemand komt zomaar in de gevangenis.' 'Klassenstrijd,' zei mijn oma. 'Klassenstrijd is altijd bloedig. Maakt niet uit wat je overtuigingen zijn.'

Voor de Partij was het opofferen van individuele bevoorrechting een kwestie van historische noodzaak, de prijs voor de overgang naar een toekomst met betere omstandigheden. Elke revolutie, leerden we op school, gaat door een fase van terreur. Aan mijn familie viel er niets uit te leggen, in een context te plaatsen of te verdedigen: er was slechts de zinloze vernietiging van hun levens. Misschien was de terreur voorbij toen ik werd geboren. Of misschien was die nog niet begonnen. Werd ik gered door de nieuwe omstandigheden of rustte er nog steeds een vloek op me omdat ik nooit mijn eigen ontdekkingen deed?

Ik vroeg me af of mijn familie ooit zou hebben onthuld wie we waren om te voorkomen dat ik iets werd wat zij niet wilden of om me ervan te weerhouden dat ik zou geloven in een overtuiging die zij niet deelden. 'Nee, maar je zou er zelf toch wel achter zijn gekomen,' antwoordden ze.

'En zo niet?'

'Heus wel,' hielden ze vol.

In de weken daarna werd ik overspoeld door twijfels. Ik vond het moeilijk te verkroppen dat alles wat mijn familie tot op dat punt had gezegd en gedaan een leugen was geweest, een leugen die ze almaar herhaalden, zodat ik zou blijven geloven in wat me werd verteld door anderen. Ze moedigden me aan om een goede onderdaan te zijn, terwijl ze heel goed wisten dat ik vanwege mijn biografie voor eens en altijd een klassenvijand zou zijn. Als hun inspanningen succesvol waren geweest, zou ik me hebben geïdentificeerd met het systeem. Zouden ze mijn transformatie dan hebben geaccepteerd? Misschien zou ik net zo zijn geworden als Ahmet, een willekeurig, verdacht familielid die was overgelopen naar de andere kant, uit angst, of overtuiging, of onder invloed van de heropvoeding in de gevangenis, of om andere redenen die even mysterieus waren. Of misschien zou ik wel vol haatgevoelens hebben gezeten als ik niet tot de Partij was toegelaten. Ik zou achter de waarheid zijn gekomen en afkeer hebben gevoeld voor alles waar de Partij voor stond; de zoveelste zwijgende vijand.

Op een middag nam mijn moeder *Rilindja Demokratike* mee naar huis, het eerste nummer van de eerste oppositiekrant. Het motto was: 'De vrijheid van eenieder, moet de vrijheid van allen garanderen.' Al dagenlang gingen er geruchten dat het blad in druk was en op een dag vroeg in de ochtend in de boekwinkels verkrijgbaar zou zijn – de enige plekken waar kranten werden verkocht. De mensen wachtten met lege flessen in de hand, zodat als ze werden ondervraagd door de Sigurimi, de geheime dienst, konden aanvoeren dat ze alleen maar in de rij stonden voor melk. Mijn vader las het redactionele stuk hardop voor. Dat was getiteld: 'Het eerste woord'. Het nieuwsblad beloofde de vrijheid van meningsuiting en gedachten te verdedigen en altijd de waarheid te spreken. 'Alleen de waarheid is vrij en alleen dan wordt de vrijheid waarheid,' las hij voor.

Er vonden meer veranderingen plaats in december 1990 dan in alle voorafgaande jaren van mijn hele leven samen. Voor sommigen waren dit de dagen waarin er een einde kwam aan de geschiedenis. Het voelde niet als het einde. Maar het voelde ook niet als een nieuw begin, tenminste niet meteen. Meer als de opkomst van een verguisde profeet, die rampen had voorspeld waar iedereen bang voor was maar die niemand geloofde. We hadden ons tientallen jaren voorbereid op aanslagen, kernoorlogen, bunkers gebouwd, afwijkende meningen onderdrukt, geanticipeerd op de uitlatingen over contrarevolutie en ons voorgesteld hoe die eruit zou zien. We deden ons best om de macht van onze vijanden te begrijpen, hun retoriek om te draaien, weerstand te bieden aan hun pogingen ons te corrumperen en gelijke tred te houden met hun bewapening. Maar toen de vijand uiteindelijk zijn gezicht liet zien, leek hij te veel op onszelf. We hadden geen classificaties om te beschrijven wat er gebeurde, geen definities om vast te leggen wat we waren verloren en wat we ervoor in de plaats hadden gewonnen.

We waren gewaarschuwd dat de dictatuur van het proletariaat altijd bedreigd werd door de dictatuur van de bourgeoisie. Waar we ons niet op voorbereidden, was dat het eerste slachtoffer van dat conflict, het duidelijkste teken van overwinning, het verdwijnen van juist die termen zou zijn:

dictatuur, proletariaat, bourgeoisie. Ze maakten niet langer deel uit van ons vocabulaire. Al voor het wegkwijnen van de staat, kwijnde de taal weg waarmee het streven zelf werd uitgedrukt. Het socialisme, de samenleving waarin we leefden, was verdwenen. Het communisme, de samenleving waarnaar we streefden, waar de klassenconflicten zouden verdwijnen en de talenten van iedereen in vrijheid en volledig tot ontplooiing zouden komen, was ook weg. Het was niet alleen als ideaal verdwenen, niet alleen als stelsel van regels, maar ook als gedachtecategorie.

Er was maar één woord over: vrijheid. Het speelde een rol in elke toespraak op televisie, in elke slogan die woedend op straat werd geschreeuwd. Toen de vrijheid eindelijk arriveerde, was die als een bord eten dat bevroren wordt opgediend. We kauwden kort, slikten het snel door en bleven hongerig. Sommigen vroegen zich af of we kliekjes hadden gekregen. Anderen merkten op dat het gewoon koude voorgerechten waren.

In de dagen en maanden in de aanloop naar december 1990, liep ik naar school, zat in de klas, speelde op straat, at samen met mijn familie, luisterde naar de radio en keek televisie, precies zoals ik elke andere dag van mijn leven had gedaan. Dezelfde daden, en de verlangens en overtuigingen van degenen die ze ondernamen, zouden later op volkomen verschillende manieren worden herinnerd. We hadden het over moedige gebaren, beslissingen op het juiste moment en volwassen reacties op moeilijke omstandigheden. We konden onszelf er niet toe brengen na te denken over de mogelijkheid dat er onderweg ongelukken waren gebeurd; ons voor te stellen dat er plannen waren mislukt. Scenario's die tot dan toe als wilde fantasieën werden beschouwd, kregen achteraf de kenmerken van iets wat strikt noodzakelijk was geweest. Over mislukking konden we niet nadenken. Falen was de kust waarvan we ons losmaakten, het kon niet de haven zijn waar we aanmeerden.

Toch herinner ik me van die tijd alleen maar angst, verwarring, aarzeling. We gebruikten de term ‘vrijheid’ om te praten over een ideaal dat eindelijk werkelijkheid was geworden, precies zoals we in het verleden hadden gedaan. Maar alles veranderde zo snel, dat het achteraf moeilijk te zeggen was of het dezelfde ‘wij’ betrof. Een halve eeuw lang had iedereen een gelijke structuur van samenwerking en onderdrukking ervaren en maatschappelijke rollen vervuld die nu allemaal anders zouden moeten worden, terwijl de mannen en vrouwen die ze hadden uitgevoerd hetzelfde bleven. Familieleden, buren, collega’s hadden elkaar zowel bestreden als gesteund, wederzijds wantrouwen gecultiveerd en tegelijk een vertrouwensband gesmeed. Dezelfde mensen die elkaar hadden bespioneerd hadden elkaar ook in bescherming genomen. Gevangenbewaarders waren gevangenen geweest, slachtoffers waren daders geweest.

Ik zal nooit weten of de arbeiders die op 1 mei paradeerden dezelfde waren als die begin december protesteerden. Ik zal nooit weten wie ik zou zijn geweest als ik andere vragen had gesteld, of als er andere antwoorden op mijn vragen waren gekomen, of helemaal geen antwoorden.

Dingen waren eerst het ene en toen het andere. Ik was iemand, toen werd ik iemand anders.

DEEL II

11

Grijze sokken

'Op wie gaat jouw familie stemmen?' vroeg Elona op school, een paar dagen voor het einde van het jaar, toen er vrije verkiezingen waren aangekondigd.

'Ze gaan voor vrijheid stemmen,' antwoordde ik. 'Voor vrijheid en democratie.'

'Ja, mijn vader ook,' zei ze. 'Hij zegt dat de Partij het mis had.'

'Waarmee?'

'Zo'n beetje alles. Denk je dat de Partij het ook mis had met God?'

Ik weifelde. Ik wist waarom ze het graag wilde weten en wilde haar niet van streek maken. Uiteindelijk kon ik het toch niet opbrengen om te liegen. Na een korte stilte zei ik tegen haar dat ik niet geloofde dat God bestond. Daarna had ik er spijt van. 'Ik weet het niet,' verbeterde ik mezelf. 'De Partij zat er duidelijk naast met een heleboel dingen. Daarom hebben we nu pluralisme. Dat betekent dat er een heleboel verschillende partijen zijn, en er zijn vrije verkiezingen waarbij mensen kiezen op welke partij ze stemmen om erachter te komen wie er gelijk heeft. Dat heeft mijn vader me uitgelegd.'

'Daarom heeft juf Nora waarschijnlijk gezegd dat religie een "mening" is van het volk,' zei Elona. 'Daarmee zat de Partij er dus niet naast.'

‘Ik kan me niet herinneren dat ze dat heeft gezegd. Ik weet alleen nog dat ze zei dat het ’t hart is van een harteloze wereld. Ik heb Nini nog eens naar God gevraagd, maar zij zegt dat ze niets over God weet, zij vertrouwt alleen op haar geweten. Wat dat ook mag betekenen.’

‘Misschien wil dat zeggen dat als er pluralisme is, sommige partijen zeggen dat God bestaat en andere zeggen dat hij niet bestaat, en dat de partij die de verkiezingen wint beslist wat er juist is,’ peinsde Elona.

‘Nou, ze kunnen het niet de hele tijd zomaar veranderen. Anders kunnen partijen ook proberen om een verkiezing te winnen door de mensen ervan te overtuigen dat Zeus of Athena of wie dan ook echt zijn, en dat we menselijke offers moeten brengen aan de goden, net als de oude Grieken.’

‘Er is niets wat ze tegenhoudt,’ zei Elona. ‘Dat is het punt. We zijn nu vrij. Iedereen kan zeggen wat hij wil.’

Ik schudde ongelovig mijn hoofd. ‘Dan zouden ze dingen als Kerstmis en oudejaarsavond weer moeten instellen en afschaffen, afhankelijk van wie er de verkiezingen wint. Ze moeten toch een paar feiten hebben? In het socialisme vertrouwden we op de wetenschap, we verzonnen niet zomaar dingen. Wetenschap is echt, omdat je experimenten kunt uitvoeren en theorieën testen. Ik weet niet hoe je God kunt testen.’

‘Toch geloof ik in God, een klein beetje,’ zei Elona. ‘Ik bedoel, ik geloof ook zeker in de wetenschap, maar ik geloof ook in God. Jij niet?’ drong ze aan.

‘Ik weet het niet,’ herhaalde ik. ‘Ik weet niet wat ik moet denken. Ik geloofde in het socialisme en ik keek uit naar het communisme. Ik vond het goed dat we uitbuiting bestreden en de arbeidersklasse macht gaven. Nu zeggen mijn ouders dat onze familie aan de verkeerde kant van de klassenstrijd stond.’

'Niemand gelooft nog in het socialisme. Zelfs de arbeidersklasse niet,' zei Elona.

'Gelooft je vader erin?' vroeg ik. 'Aan welke kant van de klassenstrijd staat jouw familie?'

'Mijn vader,' Elona dacht even na. 'Ik geloof het niet. Ik bedoel, hij is buschauffeur, hij hoort bij de arbeidersklasse. Hij liep altijd met zijn collectief mee op de 1 meiparade. Nu vloekt hij tegen de televisie elke keer als hij de Partijsecretaris ziet. Hij is de laatste tijd enorm lichtgeraakt. Hij drinkt veel meer. Je krijgt hem bijna niet rustig. Mijn zusje Mimi zit nog steeds in het weeshuis. Hij had beloofd dat hij haar mee naar huis zou nemen als ze een halfjaar oud was, maar nu zegt hij dat we er geen geld voor hebben. Normaal had hij altijd een vrolijke dronk, maar nu is hij alleen maar de hele tijd boos. Volgens mij heeft hij nooit in het socialisme geloofd.'

'Mijn ouders zijn ook veranderd. Ze wonden zich nooit op over stroomstoringen en nu zijn ze kwaad om niks. Dan roepen ze: "Schoften, schoften!" Maar als ik te laat uit school kom, heeft alleen mijn oma dat in de gaten. Zij is gelukkig altijd hetzelfde, zij is helemaal niet veranderd.'

'Mijn opa zegt dat hij altijd in God heeft geloofd, een klein beetje,' ging Elona voort. 'Hij vierde in het geheim Kerstmis, zelfs toen religie werd verboden. Hij was een partizaan. Hij zegt dat de Partij een paar goede dingen heeft gedaan, zoals ervoor zorgen dat iedereen kan lezen en schrijven, ziekenhuizen bouwen, elektriciteit aanleggen, dat soort dingen. Maar de Partij heeft ook vreselijke dingen gedaan, zoals het vernietigen van kerken en het vermoorden van mensen. Hij zegt dat hij een socialist is en een christen, en dat als je christen bent, het heel gemakkelijk is om socialist te zijn. Hij zit nog steeds in de Partij, hij is er niet uit gestapt.'

'Mijn opa was ook socialist,' zei ik. 'Hij heeft vijftien jaar in de gevangenis gezeten. Mijn ouders hadden geen kans om in de Partij te komen.'

'Dat is raar,' zei Elona. 'Mijn opa zegt dat de kerken misschien weer herbouwd zullen worden nu we politiek pluralisme hebben. Hij zegt dat mama in het paradijs is en dat hij voor haar bidt. Ik heb gevraagd of hij mij ook wilde leren bidden.'

'Wij zijn moslims,' zei ik. 'Wij gaan naar de moskee. Ik bedoel, we hebben nu geen moskeeën, dus ik weet niet of we gaan als ze herbouwd worden. Mijn moeder zegt dat de mensen in haar familie altijd in God hebben geloofd.'

'Ik geef niets om Kerstmis of oudejaarsavond,' zei Elona. 'Van mij mogen ze alles vieren. Alles waarvoor de mensen stemmen. De verkiezingen zijn op zondag. Dat hebben ze niet veranderd. Wist je dat christenen vroeger op zondag naar de kerk gingen?'

Ik haalde mijn schouders op. 'Wij zijn moslims,' herhaalde ik. 'Ik weet niet precies wat wij op zondag moeten doen. We zien wel wat er gebeurt, toch?'

Wat er gebeurde was dat we uitsliepen. We brachten de zondagmorgen van de eerste vrije en eerlijke verkiezingen door in bed. Af en toe stond mijn vader op om naar het nieuws te luisteren in de keuken. 'Er is nog tijd,' fluisterde hij als hij terugkwam, alsof hij bang was dat het geluid van zijn stem kracht zou toevoegen aan het daglicht dat door onze donkere gordijnen filterde en zo onze pogingen zou ondermijnen om te blijven waar we waren. Hij stond voor de slaapkamerdeur in dezelfde ernstige pose die hij aannam als hij iets belangrijks wilde aankondigen. In dit geval bestond het bericht uit één enkel woord. Dertig.

Daarna keerde hij terug naar zijn kamer. Een uur later herhaalde hij de actie, hij luisterde naar het nieuws in de keuken en bleef voor de deur staan om ons op de hoogte te stellen van het nieuwe cijfer. Veertig, zei hij. Later: vijftig. Telkens klonk er een geluid onder het beddengoed, als een vreugdekreet die iemand probeerde te smoren. 'Het gaat omhoog,' fluisterde mijn oma, terwijl ze het dekbed iets optrok over het bed dat we deelden, alsof het middernacht was. 'Ik denk niet dat het tot honderd zal oplopen,' zei mijn vader. Op dat moment klonk het gejuich harder en kon het niet meer genegeerd worden. 'We moeten weer gaan slapen,' zei mijn oma.

Het was geen diepe slaap. Niet meer dan het soort lichte sluimer dat je jezelf kunt opleggen – soms in de hoop een aangename droom te herbeleven en soms om de realiteit die je wacht tegen te houden. Die keer vermengde de droom zich met het nieuws. Het was een droom over de electorale opkomst.

We wilden dat die steeg. Maar hij moest langzaam stijgen, niet te schielijk. Nog belangrijker was dat hij onder de negenennegentig procent stopte. Een opkomst van bijna honderd procent, zoals 's ochtends vroeg werd voorspeld, zou hebben betekend dat de verkiezingen niet vrij en niet eerlijk waren; dat ze precies waren zoals ze altijd waren geweest. Vroeger stond iedereen in mijn familie op verkiezingsdag om vijf uur 's ochtends op. Om zes uur stonden ze al in de rij voor het stemhokje. Om zeven uur hadden ze gestemd. Om negen uur werden de uitslagen bekendgemaakt. 'Elke stem van het volk is een kogel voor onze vijand,' luidde de officiële slogan. Mijn ouders hadden bedacht dat hoe vroeger ze waren, hoe geringer de kans verdacht te worden van onwil om kogels af te vuren.

Meestal behoorden we tot de eersten die arriveerden. De rij voor het stemmen was gelijk aan die voor melk en begon in het holst van de nacht – met dit verschil dat er in de voorafgaande nacht geen tassen, blikken en stenen werden neergelegd als remplaçanten van potentiële stemmers. Iedereen was lijfelijk aanwezig. Er werd niet luidkeels geroepen, er werden geen pogingen gedaan om bekenden aan te spreken en je kreeg niet het gevoel dat alles van het ene op het andere moment kon omslaan in chaos. Uit het ordentelijke verloop en de rustige gelatenheid die het hele gebeuren kenmerkte, had ik de conclusie getrokken dat stemmen veel lonender was dan melk kopen. Het humeur leek in elk geval beter. Mijn ouders waren zelfs zo goedgemutst, dat de enige manier waarop ik hun enthousiasme voor het stemmen kon evenaren, was door iets te bedenken wat alleen ik kon, meende ik. De ene keer zei ik een gedicht op voor de Partij ten overstaan van de leden van het stembureau en de andere keer bracht ik een boeketje bloemen mee dat ik voor de bus met stembiljetten neerzette, vlak naast de foto van Oom Enver.

De laatste verkiezingen die ik me onder het socialisme herinner vonden plaats in 1987. Het gedicht dat ik zou voorlezen had ik zelf geschreven want, was mijn gedachte, ik was wel te jong om te stemmen, maar het gedicht kon worden beschouwd als mijn kogel. Maar ik peinsde me suf met wat voor een soort projectiel ik zou moeten komen en of dat wel krachtig genoeg was om onze vijanden te vernietigen. Mijn oma verzekerde me dat de kwaliteit van het gedicht voldoende was, maar mijn ouders probeerden mijn verwachtingen te temperen door uit te leggen dat ze niet wisten of er wel tijd zou zijn om het voor te dragen. Dat zou afhangen van de wachtrij, zeiden ze.

Het was nog donker geweest toen we van huis gingen. Ik was gespannen en omklemde de rechterhand van mijn vader wat steviger, die transpireerde, net als de mijne. We wachtten in de rij voor het stemlokaal en toen het stembureau openging en wij aan de beurt waren, overhandigde een lid van het stembureau een vel wit papier met een getypte lijst met namen van het Democratische Front, de enige organisatie die kandidaten mocht indienen. Zonder te kijken zette mijn vader een kruis op het papier, vouwde het twee keer dubbel en liet het in de rode bus vallen. Zijn ogen waren gevestigd op het lid van het stembureau dat in de tussentijd een ander vel papier voorbereidde voor mijn moeder, de volgende in de rij. Daarna begroette mijn vader hem met een knikje. Het lid antwoordde met een geheven vuist. Ik tilde mijn vuist ook op, zoals ik altijd deed als ik een andere vuist omhoog zag gaan.

Ik kan me niet herinneren of ik mijn gedicht heb voorgedragen. Ik moet op het laatste moment van gedachten zijn veranderd omdat ik niet wist of het wel goed genoeg was, of mijn ouders hadden een listige manier gevonden om me uit het gebouw te krijgen zonder zichzelf nog verder te vernederen.

Nu, met de vrije en eerlijke verkiezingen, was alles anders. We hoefden niet vroeg op. Er zou geen rij staan. Het zou niemand iets kunnen schelen of we stemden of niet. We hadden de hele dag om te stemmen en als we geen zin hadden, dan stemden we gewoon niet. Iedereen bleef in bed liggen, alsof ze nog steeds niet hadden besloten of het wel de moeite waard was om je slaap te onderbreken om naar het stembureau te gaan en, zo ja, op wie je dan moest stemmen.

De avond ervoor had iedereen de kleren geshowd die hij of zij zou dragen. Mijn oma, die ik alleen in het zwart gekleed kende omdat ze in de rouw was vanwege mijn opa, diepte een bloes met witte stippen op uit een houten kist. De laatste verkiezing waarvoor zij zich mooi had uitgedost was die in 1946 geweest. Ze had toen ook een hoed gedragen, zei ze, en een parelketting. Lachend merkte ze op dat die hoed waarschijnlijk nog steeds in de garderobe van de Nationale Filmstudio hing, waar de meeste kleren terecht waren gekomen die van bourgeoisfamilies waren gevorderd.

Mijn ouders bespraken of ze vroeg moesten gaan stemmen of juist moesten wachten. Niemand kon voorspellen hoe de verkiezingen zouden uitpakken. De verkiezingen van 1946 kwamen telkens weer ter sprake. Die waren niet goed afgelopen. Kort daarna waren mijn beide grootvaders opgepakt en de rest van de familie was gedeporteerd. Kon de geschiedenis zich herhalen?

'Het was toen een andere wereld,' betoogde mijn vader. 'De Sovjets hadden de oorlog gewonnen. Nu hebben ze hem verloren.' 'De Sovjets, ja,' antwoordde mijn moeder, zichtbaar geërgerd. 'De Sovjets waren vorig jaar rond deze tijd al verslagen. En waar was jij toen?' vroeg ze. Het was een retorische vraag, want ze schraapte haar keel om de laatste klap uit te delen: 'Jij bereidde de 1 meiparade voor.'

Mijn vader schudde zijn hoofd, met raadselachtige overtuiging. 'Enver is uitgerangeerd. De Partij is verleden tijd,' zei hij nadrukkelijk. 'We gaan niet terug.'

Een paar weken eerder was het beeld van Enver Hoxha op het grootste plein van de hoofdstad van zijn voetstuk getrokken. Studenten waren in hongerstaking gegaan om te eisen dat de universiteit, die op dat moment nog steeds 'Enver Hoxha' heette, een andere naam kreeg. Terwijl de Partijfunctionarissen twijfelden over de beste manier om hierop te reageren en een referendum voorstelden voor alle studenten, bleven de conflicten escaleren.

Maar de Partij was geen verleden tijd. Van dé Partij zou ze algauw een partij worden. Een van de vele. Ze zou de Socialistische Partij van Albanië worden en om zetels strijden met andere groeperingen, die elk hun eigen kandidaten zouden hebben, hun eigen kranten, hun eigen programma's, hun eigen lijsten met namen. Sommige van die namen waren van mensen die ooit Partijleden waren geweest, maar onlangs van kamp waren veranderd. Anderen bleven loyaal. Het feit dat de Partij uit elkaar kon vallen en zich zomaar kon vermenigvuldigen, dat ze als zowel de remedie als de kwaal kon worden gezien, als zowel de wortel van al het kwaad als de bron van alle hoop, verleende haar een mythische kwaliteit die nog jarenlang als oorzaak van alle tegenspoed zou worden beschouwd, een duistere formule om vrijheid op tirannie te laten lijken en om noodzaak de schijn van keuze te geven. Jezelf bevrijden van haar allesomvattende aanwezigheid was alsof je kauwde op een touw dat je plotseling opmerkte tussen je tanden. De Partij was weg, maar ze was er ook nog steeds. De Partij stond boven ons, maar ze zat ook diep in ons. Iedereen, alles, kwam eruit voort. Haar stem was anders geworden, had een andere vorm gekregen en sprak een nieuwe taal. Maar wat was de kleur van haar ziel? Was ze ooit geworden zoals ze altijd bedoeld was? Alleen de geschiedenis zou het uitwijzen, maar op dat ogenblik was er nog geen geschiedenis. Het enige wat we hadden waren nieuwe verkiezingen.

'Stemmen is een plicht,' had Nini gezegd op de avond voordat de stembureaus opengingen. 'Als we niet stemmen, laten we andere mensen voor ons beslissen. Dat komt neer op hetzelfde als eerst, het is hetzelfde als een enkele lijst met kandidaten in de stembus laten glijden zonder die te lezen.'

Op de ochtend van de verkiezingen dacht ik na over wat ze had gezegd. Waarom aarzelden mijn ouders om te gaan stemmen? Waarom gingen ze niet gewoon naar buiten om te genieten van de vrijheid waar ze zo naar hadden verlangd? Het namaakgapen, de theatrale slaap, de zogenaamde besluiteloosheid – dit alles wekte de indruk dat ze al die jaren niet hadden gewild dat er concrete zaken gebeurden, maar dat er abstracte mogelijkheden open zouden blijven. Nu er iets specifieks binnen handbereik lag, vreesde mijn familie dat ze de controle verloren. In plaats van gebruik te maken van de keuzevrijheid die de verkiezingen zouden brengen, probeerden ze die keuze vrij te houden van onzuiverheden. Misschien wilden ze vermijden dat ze zich zouden verbinden aan een bepaald individu of beleid dat teleurstellend uit zou pakken. Of misschien waren ze bang dat als dezelfde resultaten zouden worden bereikt door het stemgedrag van miljoenen andere kiezers, die er andere principes en motieven op na hielden, hun hoop zou veranderen in een illusie.

Mijn broer en ik wachtten nog een poosje en stormden toen de slaapkamer van mijn ouders in. We troffen ze halsstarrig liggend op bed aan, verstijfd, gewikkeld in een deken van weigering om de realiteit onder ogen te zien. Van top tot teen bedekt met witte lakens oogden ze als ziekenhuispatiënten die zojuist een verdovend middel hadden gekregen ter voorbereiding op een operatie. We kwamen dichterbij en bekeken ze verwonderd. Toen ze merkten dat wij er waren, rolden ze zich op hun andere zij. Er kwam een stem onder de lakens vandaan: 'Ga weg. Het is nog geen tijd.'

We gingen terug naar onze kamer en ik luisterde naar de radio. Het nieuwsprogramma meldde dat groepen mensen in afgelegen dorpen in het zuiden de straten hadden bezet, ze hielden foto's van Enver Hoxha omhoog, schreeuwden procommunistische slogans en waarschuwden stemmers dat het niet lang zou duren of het land zou deze dag betreuren. Journalisten betitelden deze nostalgische protesten als 'tegenprotesten', om ze te onderscheiden van de echte protesten tegen de regering die in de weken hiervoor hadden plaatsgevonden. 'Boeren,' luidde het commentaar van mijn oma. 'Wat weten zij er nou van?'

De groepen, bestaande uit boeren, arbeiders en leden van de militante communistische jeugdbeweging, werden officieel 'Vrijwilligers voor de verdediging van de herinnering aan Enver Hoxha' genoemd. Ze begonnen zich een paar weken voor de verkiezingen te verenigen toen het standbeeld van Hoxha was vernield. 'Beelden kunnen worden weggehaald, maar de figuur Enver Hoxha kan niet worden omgetrokken,' was de reactie geweest van het Partijbureau. De tegendemonstranten konden de loop van de gebeurtenissen echter niet stoppen. Als mensen die zich vastklampten aan een klif, hielden zij zich vast aan de weinige overgebleven symbolen van de communistische erfenis van het land. Zij waren ook bang voor de toekomst, ten dele. Maar in tegenstelling tot mijn familie identificeerden velen van hen zich nog met het verleden. De Partij had altijd uit hun naam gesproken en voor hen gehandeld. Mijn familie was slachtoffer van staatsgeweld. Zíj hadden aan de wieg ervan gestaan.

De tegenprotesten zouden slechts enkele maanden aanhouden. Wat was begonnen als een reeks hervormingen werd in toenemende mate een revolutie genoemd. In elke andere revolutie zouden er onderdrukten en onderdrukkers zijn geweest, winnaars en verliezers, slachtoffers en daders. Hier zat de keten van verantwoordelijkheid zo ingewikkeld in elkaar, dat er maar één kamp mogelijk was. Het executeren van leiders, het gevangenzetten van spionnen, het sanctioneren van voormalige Partijleden zou de conflicten nog verder op de spits hebben gedreven, het verlangen naar wraak hebben aangescherpt en voor meer bloedvergieten hebben gezorgd. Het leek verstandiger om de verantwoordelijkheid helemaal uit te wissen, te doen alsof iedereen de hele tijd onschuldig was geweest. De enige boosdoeners die je legitiem kon benoemen, waren degenen die al dood waren; degenen die geen verklaring meer konden afgeven en zichzelf niet meer konden vrijpleiten. Alle anderen veranderden in slachtoffers. Alle overlevenden waren winnaars. Zonder daders bleven er alleen ideeën over om de schuld te geven. Het communisme werd als een visie gezien die zo kansloos was voor sommigen, zo moorddadig voor anderen, dat alleen al het noemen van het woord kon rekenen op minachting of haat. Deze revolutie, de fluwelen revolutie, was er een van mensen tegen gedachtegoed.

Toen mijn familie besloot dat het tijd werd om te stemmen, sloten de stembureaus al bijna. We haastten ons naar buiten, waar veel mensen elkaar begroetten door met hun vingers een V-teken in de lucht te maken, het nieuwe symbool van vrijheid en democratie. Mijn broer en ik vonden het verrassend gemakkelijk om de geheven vuist te vervangen door twee vingers. Mijn moeder had duidelijk al eerder geoefend. Mijn vader leek eerst nog een beetje te aarzelen. Mijn oma, die haar deftige manieren nooit helemaal was kwijtgeraakt, vond het waarschijnlijk allemaal beneden haar waardigheid. Of misschien had het V-teken, evenmin als de geallieerden die het hadden bedacht, Albanië in 1946 nooit bereikt.

Campagnevoerders op straat gaven ons stickers met het logo van de oppositiepartij, een blauwe P, die voor Partij stond, gekruld in een D, die voor Democratisch stond, alsof hij daar beschutting had gevonden. Ik had nog nooit stickers gezien. Ik plakte er een paar op mijn borst en liet er ook een paar op winkelruiten achter, waarmee ik de welkome optische illusie creëerde dat de winkels iets te verkopen hadden. Ik plakte er ook een of twee op de portieren van de zeer weinige auto's die langs de weg stonden geparkeerd. Toen we het stembureau binnenkwamen probeerde mijn broer een sticker naast de stembus te plakken. Dat mocht niet, dus plakte hij hem maar stiekem onder de tafel.

De resultaten werden de volgende morgen bekend. De oppositie was verpletterend verslagen. De socialisten zegevierden met meer dan zestig procent van de stemmen. Mijn moeder verklaarde dat de verkiezingen niet vrij en niet eerlijk waren geweest. De hele campagne was georganiseerd door de Partij, zei ze. Het was absurd om van ze te verwachten dat ze zowel een verkiezingsstrijd tussen zichzelf en andere partijen regelden en tegelijkertijd de verkiezingen probeerden te winnen. Het was allemaal bedrog.

Het bleek een hard gelag te zijn, in elk geval naar de maatstaven van de toeristen die intussen in ons land waren neergestreken, gewapend met notitieboekjes en televisiecamera's, en die nu de 'internationale gemeenschap' heette. Hun officiële verklaring, die een precedent schiep voor officiële verklaringen die alleen als gezaghebbend werden beschouwd als ze afkomstig waren van de internationale gemeenschap, was anders. Ze voerden aan dat de oppositiepartijen weinig tijd hadden gehad om zich voor te bereiden en moeite hadden gehad kandidaten te werven op het platteland, en omdat de oude dissidenten in de gevangenis hadden gezeten en pas kortgeleden waren vrijgelaten, was het voor hen te laat geweest zich te kandideren.

In de maanden erna zag je overal de protesten en onlusten toenemen. In het noorden werden vier activisten van de oppositie gedood door onbekende kogels tijdens een van de vele demonstraties. De overgang naar het liberalisme was nu besmeurd met bloed. De democratie had zijn martelaren. Enkele weken later gingen mijnwerkers, georganiseerd in recentelijk onafhankelijk geworden vakbonden, in hongerstaking. Hun eisen waren eerder economisch dan politiek van aard. Zowel de Partij als de oppositie waren het intussen eens over de noodzaak van hervormingen, ze verschilden alleen van mening over de manier waarop ze moesten worden doorgevoerd. In de plaats van de oude socialistische strijdkreten kwam er een nieuwe formule, een die tot doel had om uit te leggen en gerust te stellen, om te waarschuwen en richting te geven, om de geest wakker te schudden en de nadelen af te zwakken. Die formule omvatte alles, van de tragische voedseltekorten en fabriekssluitingen tot aan de vermeende noodzaak van politieke hervormingen en een vrije markt. Hij bestond uit één woord: shocktherapie.

De term kwam uit de psychiatrie, bij shocktherapie worden stroomstootjes door de hersenen van een patiënt gevoerd om de symptomen te verlichten van een ernstige mentale aandoening. In dit geval werd onze planeconomie beschouwd als het equivalent van gekte. De behandeling bestond uit een monetair hervormingsbeleid: de inkomsten en uitgaven in balans brengen, het loslaten van de prijzen, het elimineren van overheidssubsidies, de staatsbedrijven privatiseren en de economie openstellen voor buitenlandse handel en rechtstreekse investeringen. De marktwerking zou zich dan vanzelf aanpassen en de kapitalistische instellingen die opkwamen zouden efficiënt worden zonder veel behoefte aan centrale coördinatie. Er werd een crisis voorzien, maar de mensen brachten hun hele leven al offers omwille van betere tijden die eraan zaten te komen. Dit zou hun laatste offer zijn. Met drastische maatregelen en goede wil zou de patiënt gauw herstellen van de shock en genieten van wat de therapie had opgeleverd. Snelheid was geboden. Milton Friedman en Friedrich von Hayek waren bijna van de ene op de andere dag in de plaats gekomen van Karl Marx en Friedrich Engels.

'Vrijheid werkt,' zei de toenmalige Amerikaanse minister van Buitenlandse Zaken, James Baker, tegen een menigte van meer van 300.000 mensen die zich spontaan in de hoofdstad hadden verzameld om het eerste Amerikaanse staatsbezoek welkom te heten. De geest van de nieuwe wet, benadrukte Baker, die de steun van de Verenigde Staten toezegde voor de transitie naar vrijheid, was even belangrijk als de letter van de wet. Zowel zijn regering als Amerikaanse particuliere organisaties zouden helpen om alles goed op de rit te krijgen. Ze zouden ons helpen bij het opbouwen van 'democratie, handel en een constitutionele orde'.

De nieuwe regering was geen lang leven beschoren. Druk uit de internationale gemeenschap, toenemende plunderingen en geweld op straat en verslechterende economische omstandigheden dwongen de Partij nieuwe verkiezingen uit te schrijven. Binnen een jaar stond het land weer in campagnemodus. Deze keer hadden de krachten die voor snelle veranderingen pleitten meer tijd om zich voor te bereiden.

Op een middag klopte Bashkim Spahia, een plaatselijke arts en voormalig Partijlid die kandidaat voor de oppositie was geworden, zichtbaar geagiteerd op onze deur. Hij droeg een antracietgrijs jasje in de stijl van Leonid Brezjnev met daaronder een paars T-shirt voorzien van een roze opschrift op zijn borst, boven een bijpassende, paarse broek. Het opschrift was in het Engels en luidde: *Sweet dreams, my lovely friends.*

Bashkim vroeg of mijn vader in het bezit was van een paar grijze sokken die hij een paar maanden kon lenen. Hij had al bij iedereen aangeklopt, zei hij. Hij legde uit dat het ministerie van Buitenlandse Zaken van de VS brochures had verspreid met belangrijke adviezen voor wat mensen die parlementslid wilden worden moesten aantrekken. 'Naar het schijnt zijn alleen donkere sokken acceptabel, grijs of zwart, maar grijs is het beste,' voegde hij eraan toe, zichtbaar uit zijn doen. ‘Ik heb alleen maar witte sokken. Ze zeggen ook dat ik een *sponsour* nodig heb voor mijn campagne. Over wat voor sponsour hebben ze het? Ik heb niet eens sokken om aan te trekken!’ riep hij wanhopig uit.

Mijn ouders noodden hem op de koffie. Ze probeerden hem uit te leggen dat het advies onmogelijk van het ministerie van Buitenlandse Zaken kon komen, hooguit van de ambassade van de VS. En zelfs in dat geval zou de ambassade best flexibel kunnen zijn. Bashkim schudde zijn hoofd. Hij was ontroostbaar. Zijn zoon had de folders vertaald, beklemtoonde hij, en had hem verzekerd dat ze het stempel van het ministerie van Buitenlandse Zaken droegen. Zonder de juiste kleur sokken zou hij nooit in staat zijn om zijn zetel terug te winnen van die vuile communistische honden.

Op de avond dat zijn overwinning werd aangekondigd zagen we hem in een televisiedebat verschijnen met de dikke, grijze wollen sokken aan zijn voeten, die mijn oma voor mijn vader had gebreid. Mijn familie was er beretrots op dat ze had bijgedragen aan Bashkims overwinning. Ze waren niet haatdragend, ze zagen probleemloos het feit door de vingers dat zijn vrouw, Vera, bij het wijkbestuur van de Partij eens had geklaagd dat mijn ouders de straat niet schoonveegden op zondag. En ze namen het Bashkim ook niet kwalijk dat hij mijn vaders sokken nooit meer teruggaf. In korte tijd groeide onze dokter niet alleen uit tot een charismatisch politicus maar ook tot een zeer succesvol zakenman. Hij verruilde *Sweet dreams* voor een Rolex-horloge en het Brezjnev-jasje voor een Hugo Boss. Ik durf te wedden dat hij ook zijden sokken ging dragen.

We zagen hem nog zelden, en zelfs dan was het alleen op afstand, als hij omringd door kolossale bodyguards het portier van zijn glanzende, donkere Mercedes Benz dichtsloeg.

Het zou onvoorzichtig zijn geweest, ongeloofwaardig ook, om hem te benaderen en ervan te beschuldigen dat hij zich mijn vaders sokken wederrechtelijk had toegeëigend.

12

Een brief uit Athene

Ergens in januari 1991, voor de eerste vrije en eerlijke verkiezingen, ontving mijn oma een brief uit Athene van ene Katerina Stamatis, iemand van wie ze nog nooit had gehoord. Voordat we hem openmaakten gingen we de envelop aan de buren laten zien. Er verzamelde zich een kleine menigte in het huis van de Papas. De brief werd overhandigd aan Donika, die haar hele leven op het postkantoor had gewerkt. Ze stond midden in haar woonkamer, omringd door nieuwsgierige gezichten, hun blikken gericht op het dunne, roomkleurige papier, waarop in inkt geschreven Griekse lettertekens naast elkaar stonden als hiërogliefen van de toekomst.

Ik wist dat Donika geen Grieks kon lezen. Nog maar enkele weken eerder had ze mijn oma gevraagd de lijst met ingrediënten op de achterkant van een fles met gele vloeistof te vertalen. Die was als cadeautje voor haar meegenomen door een neef die onlangs naar Athene was gereisd. Ze had haar haren gewassen met de vloeistof, ervan uitgaand dat het buitenlandse citroenshampoo was, en voelde toen een ongewone tinteling die haar hoofdhuid deed jeuken. Mijn oma's vertaling bracht aan het licht dat de oorzaak een exotische, onbekende substantie betrof, die afwasmiddel heette.

Donika bestudeerde minutenlang zwijgend de envelop en

inspecteerde de voor- en achterkant. Door haar plechtige manier van doen viel er een verwachtingsvolle stilte in de kamer. Alleen het geluid van het hout dat in de kachel knisperde en brandde was te horen. Ze hield de envelop onder haar neus en snoof er op verschillende plekken aan, telkens gevolgd door een diepe zucht. Ze schudde haar hoofd en klakte toen afkeurend met haar tong. Daarna stak ze haar wijsvinger onder de overslag van de envelop en hield haar duim aan de buitenkant. Ze trok de twee vingers langs de randen van de envelop in een trage, langzame beweging en met een geconcentreerde frons op haar gezicht, alsof deze handeling haar een pijn berokkende die ze moest verbergen. Toen de inspectie was voltooid keek ze op met een misnoegde uitdrukking op haar gezicht die, toen ze begon te praten, langzaam maar zeker in woede overging.

'Hij is open geweest,' verkondigde ze, in de richting van de deur kijkend. 'Ze hebben hem opengemaakt.'

De stilte in de kamer ging over in collectief gemompel.

'Hufters,' barstte mijn moeder ten slotte los.

'En niet één keer, meerdere keren,' verklaarde Donika.

'Ja, nogal wiedes,' antwoordde haar man Mihal vinnig. 'Ze hebben geen nieuwe mensen aangenomen op het postkantoor. Ze doen gewoon wat ze altijd hebben gedaan.'

Sommige buren knikten. Anderen waren het niet met hem eens. 'Postbeambten moeten geïnstrueerd worden dat ze geen brieven meer mogen openen,' zei Donika. 'Privacy,' zei mijn moeder. 'Privacy is zo belangrijk. We hebben nog nooit privacy gehad.' Daarna beweerde ze dat er pas iets zou veranderen als het postkantoor werd geprivatiseerd. Alleen privatisering kon privacy respecteren.

Iedereen was het erover eens dat privacy belangrijk was. 'Niet alleen belangrijk, je hebt er recht op. Het is je recht,' legde Donika uit, in haar stem klonk alle wijsheid en gezag door die ze had vergaard in de vele jaren waarin ze enveloppen had opengemaakt.

Daarna werd mijn oma uitgenodigd om de brief hardop voor te lezen en woord voor woord te vertalen. De afzender, Katerina Stamatis, beweerde dat ze de dochter was van Nikos, een zakenpartner van mijn overgrootvader. Nikos, schreef ze, was bij mijn overgrootvader geweest toen hij halverwege de jaren vijftig in Thessaloniki overleed. De vrouw vroeg zich af of mijn oma er misschien voor voelde juridische stappen te ondernemen om de eigendommen en het land dat aan haar familie in Griekenland had toebehoord terug te vorderen en bood haar hulp aan om de kwestie ter hand te nemen. Mijn oma zei dat de achternaam haar vaag bekend voorkwam. Het was geen zwendel.

Nini had haar vader voor het laatst gezien op haar bruiloft in juni 1941 in Tirana. Na de oorlog 'waren de wegen dicht', stelde ze, en hoewel ze zich nog herinnerde dat ze een telegram had ontvangen waarin het overlijden van haar vader in Athene werd medegedeeld, werd haar geen paspoort toegekend om de begrafenis bij te kunnen wonen en er was haar ook niets bekend over de omstandigheden van zijn dood. Ze wist nog dat ze bijna veertig jaar geleden van zijn dood had gehoord toen ze overdag op de velden werkte en in de avonduren Franse les gaf aan het zoontje van een vooraanstaande Partijfunctionaris. Op de dag dat ze het nieuws over haar vaders overlijden had ontvangen, behandelde ze de bezittelijke voornaamwoorden, en toen ze het jongetje vroeg een zin te maken met 'jouw' erin, zei hij: 'Jouw ogen zijn rood.' Dat jongetje werd later zelf ook een prominente Partijfunctionaris: hij was de kameraad Mehmet die zitting had gehad in de commissie die mij toestemming verleende om vervroegd met de lagere school te beginnen.

In haar brief schreef Katerina op een ontroerende manier over de loyaliteit van haar vader Nikos aan mijn overgrootvader. Ze beschreef hoe ze Nikos op zijn sterfbed had beloofd contact op te nemen met mijn oma als de omstandigheden in Albanië ooit mochten veranderen. De zaak zou heel lucratief zijn voor beide families, voegde ze er minder emotioneel aan toe. Ze was bereid om mijn grootmoeder bij haar thuis in Athene te laten logeren, haar te vergezellen naar archieven die van belang waren en haar te assisteren bij haar contacten met juristen die zouden helpen bij het uitzoeken van de kwestie.

Mijn oma reageerde op het nieuws alsof ze haar leven lang had geoefend op deze rol en ook wist dat het niet meer was dan dat: een rol die ze op enig moment zou moeten spelen. Haar gedachten gingen naar een financiële overweging op een ander vlak. Sinds mijn ouders van de Partij toestemming hadden gekregen om een particulier huis te bouwen in de straat waar ik opgroeide, zaten ze diep in de schulden. Ze waren iedereen geld schuldig: mijn oom, mijn moeders collega's en enkele verre familieleden in andere plaatsen. Die dag gingen Nini en mijn ouders met de buren om de tafel zitten om te bespreken of mijn oma kans maakte op de visa en om te berekenen hoeveel schulden ons gezin nog steeds had uitstaan, wat mijn ouders aan het eind van elke maand overhielden, hoeveel mijn oma's pensioen bedroeg en of ze zich de reis naar Griekenland kon veroorloven. Ze gaven zo veel mogelijk gedetailleerde informatie en het werd algauw duidelijk dat ons spaargeld nauwelijks de kosten dekte van één dag in Athene, laat staan de kosten van een visumaanvraag en de reiskosten voor twee weken.

Vroeger had mijn oma me eens een document laten zien

uit de tijd dat ons land nog een koninkrijk was, met een zwart-witfoto van haarzelf op karton geniet, boven een paar regels met gegevens over haar uiterlijk, lengte, kleur ogen, plaats en datum van geboorte en moedervlekken. Het paspoort werd in dezelfde la bewaard als de ansichtkaart van de Eiffeltoren en mijn opa's brieven aan Enver Hoxha, na diens vrijlating uit de gevangenis. Het gezicht van mijn oma op de foto had een ernstige uitdrukking die pompeus zou zijn overgekomen als ze ouder dan zeventien had geleken. Haar haar was extreem kort geknipt, in een stijl die bedoeld was om de indruk te wekken dat er überhaupt geen stijl aan ten grondslag lag. Haar lippen waren stevig opeengeklemd in wat een opzettelijke poging leek om een glimlach te onderdrukken. Haar hele houding straalde uit dat ze de kijker ervan probeerde te overtuigen dat het antwoord 'vrouw', na de vraag over het geslacht, geheel toevallig was, misschien zelfs een administratieve fout.

'Dit hebben we nodig,' had mijn oma vaak gezegd. 'Dit wordt een paspoort genoemd.' Paspoorten, zo had ze uitgelegd, bepaalden of wegen open of gesloten waren. Als je een paspoort had, kon je reizen. Had je het niet, dan zat je vast. Slechts weinig mensen in Albanië konden een paspoort aanvragen, en meestal alleen om te kunnen reizen voor hun werk. En aangezien de Partij besloot wat als werk telde, zat er niets anders op dan te wachten. 'Je kunt een foto van een kind toevoegen,' had ze gezegd. 'Als ik er ooit een krijg om op reis te gaan, neem ik jou mee.'

In december 1990 werd duidelijk dat het niet de goedkeuring van de Partij was waar mijn familie op had gewacht, maar of de paspoorten de aftakeling van de Partij zouden overleven, zoals ze vroeger de ballingschap van de koning hadden overleefd. Maar toen de brief uit Athene arriveerde en ik de volwassenen in Donika's woonkamer geduldig berekeningen hoorde maken of mijn oma en ik ons de reis konden veroorloven, werd ik overvallen door een nieuw soort verwarring. Ik ontdekte dat het bezit van een paspoort nooit had volstaan, dat het paspoort alleen het eerste en meest directe obstakel was in een reeks die almaar abstracter werd en steeds verder van ons af kwam te staan. Wilden de wegen zich echt voor ons ontsluiten dan hadden we een visum nodig waarvan de uitgifte, zo bleek, niet kon worden gegarandeerd door de oude Partij, die op haar laatste benen liep, noch door de nieuwe partijen die recent waren ontstaan. Nog schokkender was het feit dat we, zelfs als we erin slaagden een paspoort en een visum te bemachtigen, geen van tweeën geld hadden voor de reis. Hoe zouden we dan naar het buitenland moeten reizen? Het duurde verrassend lang voordat we tot de enig logische conclusie kwamen: het kon niet.

Er gingen een paar dagen voorbij en de brief uit Athene, zorgvuldig opgevouwen en teruggestopt in de envelop, vond een plekje op de salontafel in onze woonkamer, naast een vaas en een pakje sigaretten dat daar lag voor onze gasten. Niemand vond de moed om hem in de la te leggen, want in die la leefde alleen ons verleden en we dachten graag aan de brief uit Athene, niet in het verleden maar het heden, de toekomst zelfs, al was dat een verre toekomst. Mijn moeder paste erop alsof het een nog maar net getemd dier was dat nog steeds kon bijten. Ze stofte voorzichtig de tafel af en zorgde ervoor dat er geen waterdruppels uit de bloemenvaas op de brief vielen, die we nu 'Keti' noemden, naar zijn afzender. De rest van ons kwam er niet bij in de buurt. We liepen er op onze tenen omheen, wierpen er nu en dan een steelse blik op, maar meestal deden we alsof we de aanwezigheid ervan niet opmerkten. Een paar keer werd hij de aanleiding voor onenigheid binnen het gezin over de vorm waarin het antwoord zou moeten worden gegoten om niet meteen de mogelijkheid van een toekomstige reis uit te sluiten, en de aanleiding tot reprimandes over wat we in het verleden hadden kunnen doen of laten om onze financiën nu beter op orde te hebben en de bron van speculaties of er nog iemand was die ons geld kon lenen, bij wie we nog niet in het krijt stonden.

Net toen we alle hoop hadden laten varen, kwam de oplossing van mijn andere oma, Nona Fozi. Ze was gekomen voor de verjaardag van mijn broer en toen ze Keti op tafel zag liggen, vroeg ze hoe het stond met de voorbereidingen voor onze reis naar Athene. Nini zuchtte. ‘Het is moeilijker voor ons om naar Athene te gaan dan het voor Gagarin was om een baan om de aarde te maken,’ schertste mijn vader. ‘Kameraad Stamatis heeft beloofd dat ze het ticket zal betalen,’ legde ik gretig uit. ‘We hebben geld kunnen vinden voor de visa. Maar we kunnen niet helemaal naar Griekenland reizen zonder geld op zak, voor het geval er iets misgaat.’ ‘Mevrouw Stamatis,’ corrigeerde mijn moeder me. ‘Niet kameraad. Ze is je kameraad niet. De rest klopt.’ Toen keek ze haar moeder aan.

Nona Fozi verliet gehaast het huis, nog voordat ze de tijd had genomen om haar koffie op te drinken en haar punt verjaardagstaart op te eten. Een halfuur later kwam ze terug, haar rechterhand stevig tot een vuist geklemd, ze zwaaide er al van een afstandje mee alsof ze de communistische groet bracht. Bij de tafel aangekomen waarop Keti lag, opende ze haar hand en met een trotse blik liet ze, heel precies, vijf gouden napoleontische munten neerdalen op de envelop. Ze vielen met een tinkelend geluid op de tafel, een heel ander geluid dan onze leks maakten als ze op de grond vielen, een geluid dat even vreemd was en even ver van ons af stond als de mogelijke herkomst van de munten. Niemand had geweten dat Nona Fozi nog steeds goud bezat. Mijn moeder had zich wel eens afgevraagd of haar ouders goud hadden verstopt voordat de familiebezittingen waren onteigend. Ze betwijfelde het, zei ze, want zelfs toen ze bijna stierven van de honger werd er alleen puur hypothetisch over de goudreserves gepraat, alsof louter het idee volstond om hun magen te vullen. Nona Fozi zei dat het haar was gelukt om wat goud te redden van inbeslagname en het veilig had bewaard voor de dag waarop de wegen weer zouden opengaan. 'Alsjeblieft,' zei ze tegen Nini, met de zichtbare tevredenheid van iemand die gelijk had gekregen met haar vooruitziende blik. 'Nu kun je reizen. Insjallah zal je goud zich vermeerderen.'

Mijn vader ging met de munten naar de bank om ze te laten wisselen voor papiergeld. Hij kwam algauw terug met een honderddollarbiljet dat hij ervoor in ruil had gekregen. Er volgden verhitte discussies over waar het biljet moest worden verborgen, zodat het niet kon worden uitgegeven of kwijtraken. Op een zeker moment stonden er vijftien buren op elkaar gepropt in onze woonkamer, die aanboden om ons portefeuilles te lenen uit verschillende periodes en van verschillende afmetingen, die na zorgvuldige inspectie allemaal onveilig werden verklaard 'want iedereen weet dat het in het Westen wemelt van de zakkenrollers'. Na diverse mogelijkheden te hebben verworpen – de bodem van de koffer, tussen de pagina's van een boek, in een amulet – kwamen ze unaniem tot het besluit om het biljet in de zoom van mijn oma's rok te naaien, met het advies de rok alleen voor het slapengaan uit te trekken en nooit te wassen.

Op de dag van ons vertrek kwam de hele straat afscheid van ons nemen, iedere buurfamilie kwam aanzetten met een item dat we voor de reis nodig zouden kunnen hebben: byrek verpakt in krantenpapier, knoflookbollen om ons geluk te brengen, de namen (maar niet de adressen) van lang geleden uit het oog verloren familieleden om naartoe te gaan, mocht de familie Stamatis niet komen opdagen. In de auto verschikte mijn oma de hele tijd haar rok om zich ervan te vergewissen dat het honderddollarbiljet er nog steeds in zat. Dat deed ze met een waardige uitdrukking en een halfslachtig, gemaakt lachje op haar gezicht, waarmee ze wilde zeggen: ik weet heus wel dat een dame niet sjorrend aan haar rok een luchthaven in loopt. Op een zeker moment, in de vertrekhal, leek onze grootste angst bewaarheid te zijn geworden: 'Ik voel niets meer,' zei Nini, ze klonk paniekerig. We haastten ons naar de toiletruimte, en omdat zij zich niet kon bukken om door het minuscule gaatje in de zoom te kijken, moest ik plat op de grond gaan liggen om te zien of het biljet er nog in zat; het zat er nog, alleen een beetje verfomfaaid, alsof het z'n teleurstelling wilde laten blijken over het feit dat het de valutawinkel had verlaten om te eindigen in mijn oma's rokzoom.

De vertrekhal van de luchthaven was zo goed als verlaten. Er waren alleen een paar buitenlanders die op hun vlucht wachtten en artikelen kochten in het winkeltje dat naast de ingang was gevestigd en dat er hetzelfde uitzag als de valutawinkels, met het verschil dat je hier zelf voorwerpen uit de schappen kon pakken. Mijn oma merkte op dat de winkelbediende glimlachte als een spion. 'Hoe lachen spionnen dan?' vroeg ik. 'Zo,' antwoordde ze, en ze vertrok haar mond tot een grimas zonder haar tanden te tonen. 'Het ziet eruit als een normale glimlach,' zei ik. 'Precies,' zei mijn oma. 'Dat is juist het punt.'

Verspreid in de ruimte stonden politiemensen in blauwe uniformen. Eén agent keek naar de sticker op het paspoort die, wist ik nu, van ons visum was, en stempelde die af. Andere wachtten op ons toen we onze koffer afgaven om te controleren. 'Hufters!' fluisterde ik, me mijn moeders reactie herinnerend toen ze erachter kwam dat de brief uit Athene geopend was geweest. Nini keek onthutst. 'Niemand geeft in dit land een zier om privacy, of wel soms?' zei ik toen de controle achter de rug was. 'Ik denk dat ze geen nieuwe mensen hebben aangenomen voor het werk op de luchthaven.'

In het vliegtuig zag ik voor het eerst van mijn leven een gekleurde plastic zak. De stewardess vroeg ons of we voor het eerst vlogen en gaf hem aan mij met de instructie die te gebruiken als ik moest overgeven. De rest van de reis vroeg ik me af of ik al moest overgeven, en aan het eind maakte ik me zorgen dat het niet was gebeurd. We kregen een lunch geserveerd in plastic bakjes, maar we hadden onze eigen byreks om te eten. We bewaarden de lunchdoosjes voor het geval we later trek zouden krijgen, maar ook omdat het plastic bestek en de borden er zo ongewoon uitzagen dat we ze wilden meenemen naar huis voor speciale gelegenheden. 'Zo mooi,' vond mijn grootmoeder. 'Die maakten ze voor de oorlog niet. Ik kan me dit materiaal niet herinneren.'

Toen we in Athene aankwamen, spoorde mijn oma me aan om een dagboek bij te houden. Ik maakte een lijst van alle nieuwe dingen die ik had ontdekt en schreef ze nauwgezet op: de eerste keer dat ik airconditioning op mijn handpalmen had gevoeld; de eerste keer dat ik een banaan had geproefd; de eerste keer dat ik verkeerslichten zag; de eerste keer dat ik een spijkerbroek droeg; de eerste keer dat ik niet in de rij hoefde te staan om een winkel binnen te komen; de eerste keer dat ik werd geconfronteerd met grenscontrole; de eerste keer dat ik rijen auto's zag in plaats van rijen mensen; de eerste keer dat ik op een wc ging zitten in plaats van neer te hurken; de eerste keer dat ik mensen achter honden aan een lijn zag aanlopen in plaats van zwerfhonden die mensen volgden; de eerste keer dat ik kauwgom kreeg in plaats van alleen de wikkel; de eerste keer dat ik gebouwen zag waarin meerdere winkels zaten, met etalages die barstensvol speelgoed stonden; de eerste keer dat ik kruisen op graven zag staan; de eerste keer dat ik naar muren keek die waren overdekt met advertenties in plaats van anti-imperialistische slogans; de eerste keer dat ik de Akropolis bewonderde, maar alleen van de buitenkant omdat we ons geen toegangskaartjes konden permitteren. Ik schreef ook uitgebreid over mijn eerste ontmoeting met toeristenkinderen, nu zelf als toeristenkind, toen ik tot mijn verbazing ontdekte dat ze de namen van Athena en Odysseus niet herkenden, en zij lachten omdat ik het tekeningetje van een blijkbaar beroemde muis die Mickey heette niet herkende.

Onze gastvrouw, Katerina, en haar man woonden in een penthouse in Ekali, een welvarende buitenwijk in Noord-Athene, waar door de spijlen van de hekwerken die hun villa's scheidden van de buitenwereld grote tuinen met keurig gemaaid gras en zwembaden te zien waren. Het echtpaar Stamatis had geen zwembad, maar ze hadden wel iets nog excentriekers: vijf koelkasten in diverse formaten, verdeeld over verschillende kamers, en niet één ervan was een Joegoslavische Obodin. Twee van de vijf bevatten drank en één uitsluitend frisdrank, waaronder Coca-Cola, die niet gewoon in de blikjes zat die ik kende, maar ook in plastic flessen. Ik ontwikkelde de gewoonte om 's nachts op te staan om de koelkast open te trekken en cola te drinken, deels omdat ik de smaak verslavend vond, maar vooral omdat ik niet kon beslissen of de frisdrank uit een blikje precies zo smaakte als uit een fles en zo ja, waarom ze dan alle twee werden verkocht. Onze gastvrouw en -heer hadden ons aangemoedigd om eten en drinken te pakken wanneer we maar wilden, maar mijn oma had me dat streng verboden en drukte me op het hart nooit om snoep te vragen. Ze kneep me onder tafel in mijn bovenbeen als ze merkte dat ik op het punt stond om nog een banaan of glas frisdrank te vragen of, als ik verder van haar af zat, mompelde ze iets in het Albanees, achter opeengeklemde tanden en een zogenaamde glimlach die ze opzette om de anderen te misleiden omtrent de aard van onze woordenwisseling. Net als een spion, dacht ik. Wat haar betrof, zij at nauwelijks. Dat ontlokte Katerina's man Yiorgos, de grootste man die ik ooit had gezien, eigenaar van een fabriek die luffasponzen maakte en die zelf ook de vorm van een luffaspons had aangenomen, tijdens het eten regelmatig de uitroep: 'Vijfenveertig jaar onder het regime van Hoxha heeft jullie magen doen krimpen tot het formaat van een olijf!'

We brachten een bezoek aan Thessaloniki en vonden het lyceum terug waar mijn oma haar opleiding had genoten. In het gebouw huisden nu bedrijfskantoren. In mijn ogen zag het eruit als een bankgebouw, zoals ik wel in westerse films had gezien. Nini herinnerde zich een voor een de namen van de populairste jongens in haar klas, met wie ze in de pauze sigaartjes had gerookt. Ze herinnerde zich ook haar vroegere leraren, met name monsieur Bernard, die haar had voorspeld dat er een schitterende toekomst op haar lag te wachten, mits ze niet te veel lachte en haar haar altijd kort droeg. Ze had beide adviezen strikt opgevolgd, zei ze, maar de voorspelling van monsieur Bernard had er een beetje naast gezeten.

We brachten een bezoek aan haar vaders graf en ze verdroeg de pijn die ze moet hebben gevoeld met een stoïcijnse waardigheid die alleen zij kon opbrengen. Ze zweeg de hele tijd. Alleen toen ze vertrok boog ze zich voorover om een tedere kus op de foto op de grafsteen te geven en ze spoorde me aan hetzelfde te doen. Ik had er geen zin in; ik had die man nooit ontmoet en hij mij ook niet. Toch gehoorzaamde ik, om haar niet teleur te stellen. Ze stond erop om het graf van haar kindermeisje te zoeken, Dafne, die ze voor het laatst aan het eind van de oorlog had gezien. Toen ze stijfjes naast het witte kruis stond, met halfgeloken ogen en haar handtas omklemmend, oogde ze bleek en mager, alsof de tussenliggende jaren haar vlees hadden uitgedroogd en slechts de botten hadden overgelaten. Er rolden een paar tranen uit haar ogen op het marmer, waar de winterse zon ze vlug droogde. Dat zag ze. 'Zie je dat?' Ze draaide zich naar mij om met een melancholiek glimlachje. 'Dafne droogde altijd mijn tranen. En dat doet ze nog steeds.'

We vonden haar oude huis terug in het Ottomaanse deel van de stad, een groot wit gebouw met een tuin waarin fruitbomen in bloei begonnen te komen. Een van Nini's eerste herinneringen, als tweejarige, was dat het huis in brand stond. Ze wist nog dat ze haastig naar buiten werd gedragen, gewikkeld in verschroeide dekens. Het was bijna of ze het gegil nog kon horen, zei ze. Ze herinnerde zich dat ze het haar van haar moeder vlam zag vatten. Op de voorgevel van het huis waren nog steeds sporen van de brand zichtbaar en ze wilde me graag laten zien hoe het er vanbinnen uitzag. We liepen dichter naar de voordeur toe en er verscheen een vrouw op de veranda, die vroeg of ze ons kon helpen. Mijn oma legde uit waarom we er waren en vroeg of ze een kijkje binnen mocht nemen. De vrouw antwoordde dat ze ons graag wilde geloven, maar dat zij daar alleen was om het huis schoon te maken en het niet voor haar verantwoording kon nemen vreemden binnen te laten. Mijn oma zei dat ze daar begrip voor had. 'Maken buren ook elkaars huizen vanbinnen schoon?' vroeg ik. 'Ze wordt ervoor betaald om schoon te maken,' antwoordde Nini. Daarna richtte ze zich weer tot 'de werkster' en riep op zelfverzekerde, familiaire toon, alsof ze de vrouw al eerder had ontmoet, 'dank je wel' in het Grieks.

Mijn oma wist dat het niet waarschijnlijk was dat ze haar eigendommen ooit zou terugkrijgen. Ze had ingestemd met de reis omdat ze enerzijds de hoop van anderen de grond niet in wilde boren en anderzijds om herenigd te worden met haar verleden en het aan mij te laten zien. Ze was hartelijk en vriendelijk voor de mensen die we ontmoetten, maar minder geïnteresseerd in het verwerven van het geld dan ze misschien hadden verwacht. Verschillende advocaten legden de problemen uit die gepaard gingen met het terugeisen van de eigendomsrechten van de flatgebouwen en het terrein dat eens van haar familie was geweest, en beschreven de bevolkingsuitwisseling die op de ineenstorting van het Ottomaanse Rijk was gevolgd, ze benadrukten dat de wetgeving met betrekking tot onroerend goed was gewijzigd, dat het heel lastig zou zijn om een groot deel van de vereiste documentatie terug te vinden en dat onze twee landen technisch gezien al sinds de jaren veertig nog steeds met elkaar in oorlog waren, de erfenis van het kolonelsregime in Griekenland, en zo meer. Ze knikte. We werden rondgereden naar een heleboel verschillende kantoren voor allerlei afspraken. Het echtpaar Stamatis zat steeds naast ons en luisterde oplettend, ze maakten notities. Soms reageerden ze met woorden die ik niet begreep en soms met geagiteerde gebaren, ze zwaaiden met hun arm in de lucht, staken hun wijsvinger op en klakten met hun tong.

Tijdens de laatste afspraak van die dag werd Yiorgos zo boos op een van de advocaten dat hij iets in het Grieks schreeuwde en met zijn vinger naar mij wees, alsof hij zijn argument wilde illustreren. Daarna kwam hij nog steeds luidkeels pratend naar me toe, greep me bij mijn arm en begon daarmee in de lucht te zwaaien, precies zoals hij daarnet met zijn eigen arm had gedaan, terwijl hij bleef schreeuwen. Ik verstond niet wat hij zei. Ik keek naar mijn oma. Ze knikte steeds, zowel als de advocaat iets uitlegde als wanneer Yiorgos reageerde. Ik besloot dat het verstandiger was om mijn arm niet terug te trekken.

'Het ging over een document dat "testament" wordt genoemd,' zei mijn oma die avond tegen me, 'daarin schrijven mensen op aan wie ze hun bezittingen willen nalaten na hun dood.'

'Hebben we dat?' vroeg ik.

'Het testament?' Mijn oma lachte. 'Er waren wel belangrijkere documenten die ik niet van confiscatie door de politie heb kunnen redden.'

In de vijftig jaar dat mijn oma buiten Griekenland had gewoond, had ze alleen Grieks gesproken met Cocotte, als ze niet wilde dat ik hun discussies over de politiek verstond. Onze gastvrouw en -heer in Athene, die soms het woord tot me richtten in gebroken Frans, veel slechter dan dat van mij, of in gebroken Engels, veel beter dan dat van mij, merkten op dat ze haar Grieks helemaal niet was verleerd. Alleen sprak ze het op een vermakelijk deftige manier uit, die nu ouderwets aandeed, zeiden ze, en haar stem klonk veel lager dan de gemiddelde stem op de Balkan, ontdekte ik later. Toen ik haar de hele tijd zag communiceren in een taal waar ik geen woord van verstond, was het of ik met twee personen reisde: de Nini die ik het meest vertrouwde en bewonderde van alles en iedereen, en nog iemand, een mysterieuze vrouw uit een andere tijd.

Mijn oma had altijd nadrukkelijk beweerd dat ze niet veranderd was. Vóór onze reis naar Athene had ik haar geloofd.

Ik had haar woorden geruststellend gevonden, haar aanwezigheid troostend, vooral in die winter van 1990 toen alles om me heen onbestendig was, inclusief mijn ouders, die met hun reacties heen en weer schoten tussen angst en enthousiasme, met weinig ertussen. Bij mijn oma was dat anders. Zij was altijd rustig en beheerst, in staat zich aan te passen aan de meest veeleisende omstandigheden, ze overwon moeilijkheden met een gemak dat de indruk wekte dat de grootste hindernissen die er bestaan, hindernissen zijn die we zelf opwerpen en dat de wil om te slagen de enige vereiste was om ze te overwinnen. Ze had me ervan overtuigd dat ons heden altijd een voortzetting is van ons verleden en dat je in alle schijnbaar toevallige omstandigheden rationele kenmerken en motieven kunt ontdekken. Haar uiterlijk, haar houding, haar manier van praten droegen stuk voor stuk bij aan het overbrengen van deze indruk.

Tijdens die reis naar Athene was er iets wat anders voelde. Als we oude foto's bekeken van mensen die allang dood waren en van wie zij had gehouden, deed mij dat niets. Die mensen, die blijkbaar mijn bloedverwanten en voorouders waren, zeiden me weinig. Op een dag gaf Katerina mijn oma een oude pijp die van mijn overgrootvader was geweest, en toen ik hem pakte om mee te spelen, ontstak Nini opeens in razernij. Ze rukte hem uit mijn handen met een heftigheid die ik nog nooit had gezien en riep uit: '*Ce n'est pas un jouet! Tu ne penses qu'à toi-même!*'* Ik begreep niets van de verering die ze aan de dag legde voor het voorwerp of waarom het zoveel voor haar betekende dat ze het had teruggekregen. 'Toe zeg,' zei ik. 'Het is maar een pijp. Je rookt niet eens meer.'

* 'Dit is geen speelgoed! Jij denkt alleen maar aan jezelf!'

Nini had altijd gezegd dat mijn broer en ik het belangrijkst waren in haar leven. Maar we wisten maar weinig van dat leven. Als ze zich liet gaan, zoals ze deed toen ze bij het graf van Dafne stond of aan haar schoolvrienden dacht of met onze gastvrouw en -heer herinneringen ophaalde aan haar vader, leek haar geruststelling niet te kloppen. Ik voelde afstand, vervreemding. Ik besefte dat ik het product was van gebeurtenissen die haar hadden weggeleid van haar vroegere leven, haar hadden veroordeeld tot jaren van ontberingen, isolement, verlies en verdriet. Als ze nooit uit Thessaloniki was vertrokken zou ze nooit mijn opa hebben leren kennen. Als ze mijn opa nooit had ontmoet, was mijn vader niet geboren en zou ik er ook niet zijn. Deze gebeurtenissen maakten allemaal deel uit van een logische reeks. Dat had ze altijd gezegd. Als ik het verband tussen oorzaak en gevolg kon begrijpen, op de manier zoals zij alles aan me had uitgelegd, zou ik accepteren dat beslissingen gevolgen hebben. Dan zou ik continuïteit zien, waar anderen slechts een breuk zagen. Ik zou het product zijn van vrijheid in plaats van onvermijdelijkheid.

Toen we in Griekenland waren, kon ik moeilijk geloven dat ze de consequenties van alle beslissingen die ze had genomen altijd had voorzien, dat ze een manier had gevonden om zich te verzoenen met alles wat er was gevolgd op haar terugkeer naar Albanië. Het was niet te begrijpen hoe ze ervoor had kunnen kiezen om niet te emigreren toen die gelegenheid zich voordeed aan het einde van de oorlog. Misschien had ze niet kunnen zien aankomen wat er ophanden was. Maar ze moet toch op zijn minst diepe rancune hebben gevoeld, als het al geen haat of wraakzucht was. Welke nieuwe liefde kon ze nog ervaren nadat ze haar verleden had moeten uitwissen? In dat vreemde land, vreemd voor mij maar al te vertrouwd voor haar, vereenzelvigde ik me niet met de trots en de liefde die ze, naar ze altijd zei, voor mij voelde, maar met haar verlies. Ik wilde weg. Ik wilde naar huis. Ik wilde me veilig voelen.

13

Iedereen wil weg

Op mijn laatste avond in Athene vulde ik een plastic tasje met een halve Milka-reep, gewikkeld in aluminiumfolie, een stuk kauwgom dat eruitzag als een sigaret en een luffaspons in de vorm van een aardbei uit Yiorgos' fabriek. Ik had Elona beloofd dat ik een cadeautje voor haar zou meebrengen van mijn eerste reis naar het buitenland en ik was er trots op dat ik woord had gehouden.

Ze was er niet toen ik terugkwam in de klas. Ze zeiden dat ze ziek was en een paar dagen school moest verzuimen. Er ging een hele week voorbij, maar ze kwam niet terug. Toen nog een week. Toen was het voorjaarsvakantie.

Toen eind april de school weer begon, was Elona nog steeds niet terug. Ik besloot naar haar toe te gaan om te kijken hoe het met haar ging. De Milka-chocolade had ik opgegeten, maar de sigaretvormige kauwgom en de spons die op een aardbei leek, had ik bewaard. Ik klopte bij haar huis aan. Haar vader deed open. 'Ik kom voor Elona,' zei ik. 'Ik heb gehoord dat ze ziek is. Mag ik naar haar toe?'

'Elona?' vroeg hij alsof hij zijn dochters naam niet herkende. 'Elona is een stout meisje. Een heel stout meisje.' Hij gooide de deur voor mijn neus dicht. Ik bleef nog een poosje staan en vroeg me af wat ik moest doen. Hij moet me door het raam hebben gezien of hebben gemerkt dat ik nog steeds op de stoep stond. Hij deed de deur weer open. 'Wilt u dit aan haar geven?' vroeg ik met onvaste stem, terwijl ik hem de plastic tas gaf die trilde in mijn hand. Hij griste hem weg, slingerde hem een paar meter verder de straat op en schreeuwde: 'Ze is er niet. Begrepen? Ze is er niet.'

Niet lang na deze confrontatie werd Elona's naam uit het schoolregister geschrapt. De docenten ontkenden dat ze ooit ziek was geweest; ze was naar een andere school gegaan, zeiden ze. In de klas speculeerden we over waar ze kon zijn. Sommige kinderen zeiden dat ze bij haar grootouders was gaan wonen in een ander deel van de stad. Anderen zeiden dat ze net als haar zusje naar een weeshuis, maar dan voor oudere kinderen, was gestuurd. Weer anderen dat ze het land uit was. Toen we niets meer konden verzinnen, was ze geen gespreksonderwerp meer. Ik vroeg het aan mijn ouders. Ze haalden hun schouders op. 'Arm kind,' merkte mijn oma op. 'Haar moeder was zo'n goede vrouw. Wie weet wat er van dat arme meisje is geworden?'

De waarheid hoorden we op een dag aan het einde van oktober in hetzelfde jaar, toen Nini en ik terugkeerden van een wandeling. Ik herkende Elona's grootvader op straat. Hij was een jaar eerder op 5 mei bij ons in de klas geweest, om ons te vertellen over zijn heldhaftige strijd als partizaan in de bergen vlak bij Griekenland. Zijn naam wist ik niet meer. Elona had hem altijd 'opa' genoemd, daarom riep ik naar de overkant van de weg: 'Kameraad! Kameraad!' Hij draaide zich niet om. 'Meneer! Meneer!' riep mijn oma, wat luider dan ik. Hij bleef staan en herkende me. Ik zei tegen hem dat ik Elona miste en graag wilde weten waar ze was. Hij ademde een keer diep in en zuchtte. 'Elona,' zei hij. 'Dat rotkind. We hebben onlangs een brief van haar gekregen. Welke kant gaan jullie op?' Hij ging naast ons lopen en begon te vertellen.

In de ochtend van 6 maart 1991 ging Elona van huis om naar school te gaan, ze had haar uniform aan en haar schooltas bij zich, die zwaar was door de leerboeken en schoolschriften die ze nodig had voor de lessen van die dag. In die weken ging ze vroeger dan gewoonlijk van huis om een jongen te zien die ze had leren kennen, een jongeman van een jaar of achttien die Arian heette, zei hij.

Ik kende Arian wel. Hij woonde bij mij in de straat. We spraken bijna nooit met hem, zelfs Flamur was bang om in zijn buurt te komen. Toen we haar zusje in het weeshuis gingen opzoeken, had Elona eens laten vallen dat ze hem kende, maar ik had niet de indruk gekregen dat ze elkaar regelmatig zagen. Nu bleek dat ze elkaar elke ochtend ontmoetten in een van de stille zijstraatjes van de hoofdweg die van haar huis naar school liep. Ik wist wel waar dat was; er was een beschut plekje bij de achteringang van een klein flatgebouw, waar stelletjes elkaar ongezien konden ontmoeten. Alleen 'slechte meisjes' gingen erheen. Het was raar om me Elona en Arian samen voor te stellen. Ik vroeg me af waarom ze het nooit tegen me had gezegd. Ze was kortgeleden dertien geworden, maar ik was er altijd van uitgegaan dat ze mijn totale onverschilligheid, minachting zelfs, voor oudere jongens deelde. Misschien was ze met Arian gaan afspreken toen wij naar Griekenland waren.

Op die ochtend van 6 maart, vertelde haar opa, waren er heel veel mensen op de been. Zelfs het achterafplekje waar Elona en Arian elkaar ontmoetten stond vol met families die met vreemde accenten praatten en daar blijkbaar de nacht hadden doorgebracht, als tussenstop voor een volgende reis. Ook plaatselijke bewoners haastten zich de straat op, ze zwermden in de richting van de haven: jongelui, arbeiders in fabrieksuniformen, mannen en vrouwen met in dekens gewikkelde kinderen in hun armen.

Elona wachtte op Arian totdat ze de schoolbel hoorde. Ze wilde net weggaan toen hij kwam opdagen. 'De haven wordt niet meer bewaakt,' zei hij. 'Alle containerschepen zitten vol met mensen. Iedereen probeert weg te komen. De soldaten schieten niet. Ze hebben zich bij de mensen op de boten gevoegd. Ik ga weg. Ga je mee?'

'Waarheen?' vroeg Elona.

'Naar Italië,' zei Arian. 'Of een ander buitenland – ik weet het niet. Waar het schip ons brengt. Als we het niks vinden, kunnen we altijd teruggaan.'

Het was inmiddels te laat om naar school te gaan. Elona volgde Arian naar de haven, eerst alleen om te kijken. Hoe dichter ze bij het gebied kwamen waar de containerschepen waren aangemeerd, hoe dichter de mensenmenigte op straat werd. Ze baanden zich een weg naar de ligplaatsen, vlak bij een van de grootste boten, een cargoschip dat *Partizani* heette. Een man riep dat de *Partizani* ging vertrekken. Arian sprong aan boord en trok Elona achter zich aan. De ladder werd opgehaald.

De reis duurde zeven uur, schreef Elona in haar brief, maar ze moesten op officiële toestemming wachten om van boord te mogen. Die kwam na vierentwintig uur. Eerst werden de nieuw aangekomenen ondergebracht in een plaatselijke school die was omgetoverd in een vluchtelingenkamp. Enkele dagen later werden ze over het land verspreid. Elona en Arian waren in het noorden van Italië ondergebracht. Ze woonden in een klein flatje, samen met een paar mensen die ze op het schip hadden leren kennen. Zij was te jong om te werken, maar Arian had werk gevonden, hij bezorgde koelkasten voor een lokale winkel. Hij verdiende niet veel, schreef ze, maar ze konden ervan rondkomen. Als bewijs had ze een paar bankbiljetten, die samen 20.000 lire waard waren, in de envelop gedaan. Ze had ook haar postadres opgeschreven, maar vroeg om de brieven aan Arian te richten, omdat zij zich voordeed als zijn zus.

Het was haast niet te geloven dat mijn vriendin, die nog maar een paar maanden geleden samen met mij zonnebloempitten had gekocht en met poppen had gespeeld, en die vrijwel nooit buiten onze stad was geweest, de moed had gehad om het land te verlaten. Hoe had ze haar ouderlijk huis, de school, haar familie en zelfs haar zusje zomaar achter kunnen laten?

'Ik heb geprobeerd om er zelf heen te gaan,' zei Elona's opa tegen mijn oma. 'Ik wilde haar zoeken. Terugbrengen. Ik ben in augustus vertrokken. Ik zat op de *Vlora*. We werden er als honden behandeld.'

Ik herinnerde me nog de dag waarop de *Vlora* was uitgevaren. Die ochtend had Flamurs moeder wanhopig op elke deur in de straat geklopt om te vragen of we haar zoon hadden gezien. Hij had zich ingescheept zonder het haar te zeggen. Mijn vriendin Marsida en haar ouders vertrokken ook. Haar vader was bezig met het repareren van een paar schoenen, toen de eigenaresse ervan zijn werkplaats binnenstormde en ze onmiddellijk terugvroeg. Ze zou ze wel dragen zoals ze waren, zei ze. De haven was open, er was geen tijd te verliezen. Marsida's vader liet zijn naaimachine in de steek en rende naar de school om zijn dochter op te halen en zijn vrouw te zoeken in de fabriek waar ze werkte. Ook zij sprongen aan boord van de *Vlora*.

Tienduizenden mensen krioelden in de haven. De *Vlora* was net terug van een reis naar Cuba met een lading suiker aan boord. Het schip werd gevorderd terwijl het aan de kade lag te wachten op reparatie aan de hoofdmotor. De menigte drong naar binnen en dwong de kapitein naar Italië te varen.

Vrezend voor zijn leven besloot hij te varen met een hulpmotor, maar zonder radar. De *Vlora* had een capaciteit voor drieduizend personen, maar vervoerde er die dag bijna twintigduizend. Het leek een eeuwigheid te duren voor de boot de haven van Brindisi bereikte, dezelfde haven waar in maart duizenden mensen met succes van boord waren gegaan. Deze keer kreeg de kapitein echter het bevel de steven te wenden en koers te zetten naar de naburige haven Bari, op zo'n honderdtien kilometer van Brindisi. Het kostte het schip nog eens zeven uur om de reis te voltooien.

De beelden van de aankomst van de *Vlora* liggen me nog vers in het geheugen. Op het beeld van de kleine kleurentelevisie die we pas hadden gekocht, zag ik tientallen mannen die erin waren geslaagd in de top van de mast te klimmen, halfnaakt, zweetdruppels liepen in hun nek, hun gezichten vies en slecht geschoren, het haar volgens de toenmalige mode geknipt in een matje, lang van achteren. Zoals ze daar op hun onveilige plek stonden en zich vastklampten aan de mast, zagen ze eruit als de zelfbenoemde generaals van een leger dat zijn moreel al had verloren, nog voordat de strijd was begonnen. Ze zwaaiden zinloos met hun armen naar de televisiecamera en riepen: 'Amico, laat ons eraf!', 'Laat ons van boord gaan!', 'We hebben honger, amico!', 'We hebben water nodig!'. Boven hen hingen twee of drie helikopters. Onder hen, op het dek, bevond zich een zee van mensen; duizenden mannen, vrouwen en kinderen, verbrand door de zon, geblesseerd geraakt door het wachten in de krappe ruimte, die elkaar verdrongen, jammerden, wanhopig probeerden om van het schip af te komen. Opeengeperst in de hutten hingen andere passagiers uit de ramen te gebaren en instructies te roepen naar de anderen aan dek, om ze aan te moedigen het water in te duiken. Sommigen volgden het advies op en werden opgepakt. Anderen slaagden erin te ontsnappen. De rest bleef schreeuwen: dat ze uren geleden de laatste suikerklonten uit de lading in het ruim hadden opgegeten, dat veel mensen ernstig waren uitgedroogd en zeewater dronken, dat er zwangere vrouwen aan boord waren.

De daaropvolgende gebeurtenissen werden eerst verteld door degenen die ze hadden meegemaakt om anderen te waarschuwen niet dezelfde fouten te maken. Een reis van ongeveer zeven uur duurde zesendertig uur. Toen eindelijk het bevel kwam om van boord te gaan, werden de mensen in bussen gedreven en opgesloten in een niet meer gebruikt stadion, bewaakt door de politie. Degenen die probeerden te ontsnappen werden opgepakt en in elkaar geslagen. Voedselpakketten en flessen water werden door een helikopter gedropt. Binnen vochten mannen, vrouwen en kinderen om bij het eten te komen. Sommigen hadden messen meegenomen en gebruikten die om anderen toe te takelen.

In het stadion verspreidde zich het gerucht dat, omdat ons land technisch gezien geen communistische staat meer was, verzoeken om politiek asiel waarschijnlijk zouden worden afgewezen. In plaats daarvan zouden de nieuw aangekomenen beschouwd worden als economische migranten. Dit was een nieuwe, onbekende categorie. Ze was van toepassing op dezelfde mensen, maar had andere, enigszins onduidelijke implicaties, die al enkele dagen erna duidelijk zouden worden. Na bijna twee weken in het stadion werd de mensenmassa opnieuw in bussen geladen. Er werd hun verteld dat ze naar Rome zouden worden gebracht om de papieren in orde te maken. Ze merkten algauw dat de bussen naar de haven reden. Ze werden ingescheept op veerboten om teruggevaren te worden. Degenen die protesteerden werden afgetuigd.

'Ik wilde niet in Italië blijven,' legde Elona's opa uit aan Nini. ‘Ik wilde alleen Elona vinden en haar mee terug nemen. Maar ze gaven ons niet de kans iets uit te leggen. Ik wilde ze vertellen dat ik geen papieren nodig had om te blijven, dat ik alleen maar mijn kleindochter probeerde te vinden. Ze luisterden niet. Ze gaven ons ieder 20.000 lire en dwongen ons aan boord te gaan van een van de boten. Ze wilden niet naar me luisteren,’ herhaalde hij.

‘Misschien kun je het nog een keer proberen via de ambassade?’ zei mijn oma. ‘Misschien kun je een visum aanvragen?’

‘Een visum?’ snoof hij. ‘Heb je gezien hoe het eraan toegaat op de ambassade? Je kunt niet eens in de buurt van de deur komen. Het is een militaire zone. Er staan overal bewakers. Er is bewaking op vijf niveaus. Binnen. Buiten. Overal.’

‘Heeft u al geprobeerd om te bellen voor een afspraak?’ vroeg ik. Ik herinnerde me dat wij een afspraak hadden gemaakt op de Griekse ambassade voor onze visa.

‘Bellen?’ Hij lachte. ‘Bellen?’ Hij lachte weer, harder nu. ‘Je kunt nog beter op je dood wachten dan de ambassade bellen.’

‘Wij zijn naar Griekenland geweest,’ zei ik. ‘We hebben een visum gekregen. We hadden een afspraak gemaakt op de ambassade.’

‘Wanneer zijn jullie geweest?’

‘Begin van het jaar,’ antwoordde mijn oma. ‘Vlak voordat Elona is vertrokken,’ voegde ik eraan toe. ‘Ik heb haar niet meer gezien toen ik terugkwam.’

‘Dan is dat het,’ antwoordde hij. ‘Intussen hebben ze de wegen afgesloten. Allemaal geblokkeerd. Je kunt geen kant meer op, alleen nog voor je werk.’

‘Onze regering...’ stak mijn oma van wal.

‘Nee, niet de regering,’ viel hij haar in de rede. ‘Onze regering zou blij zijn als iedereen vertrok. Misschien hebben ze zelf wel die boten geregeld om van de mensen af te komen. Dan hoeven ze ze niet te eten te geven of werk voor ze te zoeken, nu alle fabrieken dichtgaan. Ik bedoel de ambassades, de buitenlandse staten. Ze zeggen dat ze niet meer immigranten kunnen opnemen. Maar ik zal het nog eens proberen. Ik vind wel een manier. Ik heb aan het zuiden gedacht,' verklaarde hij. 'De landsgrens. Ik ga het proberen via de landsgrens met Griekenland. Het is gevaarlijk. Er kan op je geschoten worden. Ik ken het gebied. Ik heb er in de oorlog gevochten. Maar ik ben niet meer zo vlot ter been als toen. Ik ben geen partizaan meer.'

Hij glimlachte flauwtjes.

'Sommige mensen is het gelukt om te vertrekken,' zei ik. 'Zoals Elona en Arian – hun is het gelukt.'

Hij schudde in gedachten verzonken zijn hoofd. 'In maart zeiden ze dat we allemaal slachtoffers waren. Ze namen ons op. In augustus bekeken ze ons alsof we een bedreiging vormden, alsof we hun kinderen wilden opvreten.'

Mijn oma knikte. Ik dacht eraan dat mijn ouders nooit hadden overwogen om te vertrekken. Toen Marsida en haar ouders bij ons waren langsgekomen om afscheid te nemen voor ze op die vrachtboot naar Italië voeren, had Nini ze nog proberen over te halen het risico niet te nemen. 'Het is gevaarlijk,' waarschuwde ze. 'Het is gevaarlijk, zelfs als het lukt. Ik ben als immigrant geboren. Ik weet hoe het is om als immigrant te leven.'

'Zij had het al moeilijk in het Ottomaanse Rijk, toen de pasja's en de beis van haar familie het bestuurden,' plaagde mijn vader. 'Het kan nooit zo slecht zijn als hier,' zei mijn moeder, die het graag zelf had willen proberen. Nini bleef nee schudden.

Ik wilde ook niet weg. In het begin had ik het fijn gevonden in Athene, voordat het lastig werd met mijn oma, maar uiteindelijk kreeg ik heimwee. Het frustreerde me dat ik de taal niet begreep. Ik werd boos als mensen naar me keken en naar me wezen, en ik was niet in staat te begrijpen wat ze zeiden. Als toeristen ons land bezochten, was dat tenminste nog wederzijds. Wij gaapten hen aan en zij ons. Onze werelden waren gescheiden. Nu waren we niet meer gescheiden. Maar we waren niet gelijk.

'Misschien doen ze de wegen weer open,' zei ik.

'Ik denk van niet,' zei Elona's opa. Hij keek mijn oma aan. 'Ze proberen de oversteek moeilijker te maken. Ze hebben de marinepatrouilles uitgebreid. Ze wachten niet tot je aan de overkant bent. In het begin waren ze onvoorbereid. Nu weten ze wat hun te wachten staat. Ik voorspel je dat ze geen controles gaan opheffen, ze maken ze efficiënter.'

Hij sprak als iemand die de organisatorische aspecten van grenscontrole begreep, die ze op dezelfde manier ontleedde als hij in zijn jeugd guerrillastrategieën had ontleed. 'Als ze je betrappen terwijl je de grens probeert over te steken, zetten ze je in een kamp. Dan kun je de rest van je leven vastzitten.'

'Je hebt ook geld nodig,' merkte mijn oma op.

'Toen we naar Athene gingen was alles zo duur,' zei ik. 'We hadden geen geld. Het was verschrikkelijk. Er lag zoveel in de winkels. Er waren geen wachtrijen. Maar we konden niets kopen.'

'Geld,' zei hij, met zijn hoofd meer bij zijn plan dan bij onze opmerkingen. 'Ja, geld is ook nog een manier. Als je geld hebt zitten de wegen natuurlijk niet dicht. Als je het op een bank zet en je laat de bank een verklaring opstellen dat je een waarborgsom hebt, dan is het een stuk makkelijker.'

'Het gaat vast goed met Elona,' zei mijn oma. 'Als ze heeft geschreven dat het goed met haar gaat, dan vindt ze het vast fijn in Italië. Tieners. Zulke grote beslissingen nemen helpt je volwassen te worden. Toen ik jong was werden meisjes van die leeftijd naar een kostschool gestuurd.'

'Of uit werken,' zei Elona's opa.

Mijn oma knikte. 'Het zal vast niet lang duren eer ze op bezoek komt,' probeerde ze hem gerust te stellen. 'Waarschijnlijk moet ze eerst haar papieren in orde hebben. Zolang ze contact blijft houden...'

In mijn oren klonk het allemaal absurd. Hoe kon iemand gelukkiger zijn in het buitenland dan thuis? dacht ik. Ik kon me niet voorstellen hoe je beter af kon zijn als je samenwoonde met Arian, zelfs niet in Italië. Hoe meer ik erover nadacht, hoe onaannemelijker het leek.

'Iedereen wil weg,' schreef ik in mijn dagboek, als commentaar op de gebeurtenissen in maart en augustus 1991. 'Iedereen, behalve wij.' De meeste van onze vrienden en verwanten waren dagen-, weken- of zelfs maandenlang aan het plannen hoe ze zouden weggaan. Er was een breed scala aan mogelijkheden: documenten vervalsen, boten kapen, de landsgrens oversteken, een visum aanvragen, iemand in het Westen zoeken die je kon uitnodigen, borg kon staan voor je verblijf en je geld leende. De mensen dachten nauwelijks na over het doel. Weten hoe je ergens zou komen was belangrijker dan weten waarom.

Voor sommigen was vertrekken een noodzaak die met de officiële naam 'transitie' werd aangeduid. We zijn een samenleving in transitie, werd er gezegd, we stappen van het socialisme over op het liberalisme, van een eenpartijstelsel naar pluralisme, van de ene plek naar de andere. Kansen komen niet naar jou toe, je moet ze zelf zoeken, zoals de halve haan in het oude Albanese volksverhaal die naar verre oorden reist, op zoek naar zijn kismet, en uiteindelijk beladen met goud terugkeert. Voor anderen was het land verlaten een avontuur, een kinderdroom die uitkwam of een manier om hun ouders te behagen. Er waren er die weggingen en nooit meer terugkeerden. Die weggingen en al vlug weer terugkwamen. Die van het organiseren van verplaatsingen hun beroep maakten, die reisbureaus openden of mensen op boten smokkelden. Die het overleefden en rijk werden. Die het overleefden en bleven worstelen om het hoofd boven water te houden. En er waren er die stierven toen ze probeerden de grens over te steken.

In het verleden zou je zijn gearresteerd als je wilde vertrekken. Nu niemand ons meer tegenhield om te emigreren, waren we niet meer welkom aan de andere kant. Het enige wat er veranderd was, was de kleur van de politie-uniformen. We liepen het risico te worden opgepakt, niet in naam van onze eigen regering maar in naam van andere staten, dezelfde die ons in het verleden hadden aangespoord onszelf te bevrijden. Het Westen had het Oosten tientallen jaren bekritiseerd vanwege het sluiten van de grenzen, ze betaalden campagnes om bewegingsvrijheid te eisen, ze veroordeelden de immoraliteit van staten die het recht op vertrek inperkten. Onze ballingen werden altijd als helden ontvangen. Nu werden ze behandeld als criminelen.

Misschien was bewegingsvrijheid wel nooit echt belangrijk geweest. Het was gemakkelijk om die te verdedigen als iemand anders het vuile werk van de gevangenschap opknapte. Maar welke waarde heeft het recht om te vertrekken als het recht om elders binnen te komen ontbreekt? Waren grenzen en muren alleen maar verwerpelijk als ze dienden om mensen binnen, in plaats van buiten te houden? De grensbewaking, de patrouilleboten, de opsluiting en onderdrukking van immigranten die in die jaren als eersten naar het zuiden van Europa waren getrokken, zouden in de tientallen daaropvolgende jaren de norm worden. Het Westen, dat aanvankelijk niet was voorbereid op de komst van duizenden mensen die een andere toekomst wilden, zouden algauw een systeem perfectioneren om de kwetsbaarste mensen buiten te sluiten en de meer capabele aan te trekken, terwijl ze intussen de grenzen verdedigden om 'onze levenswijze te beschermen'. En toch werden degenen die wilden emigreren juist aangetrokken tot die manier van leven. In plaats van een bedreiging voor het systeem te vormen, behoorden ze juist tot zijn vurigste voorstanders.

Vanuit het oogpunt van ons land was emigratie een zegen op de korte en een vloek op de lange termijn. Emigratie fungeerde als een probate veiligheidsklep om de druk van de werkloosheid af te halen. Maar het beroofde het land ook van zijn jongste, meest capabele en vaak meer geschoolde inwoners, en het verscheurde gezinnen. Onder normale omstandigheden zou het wenselijker zijn geweest dat onder bewegingsvrijheid ook de vrijheid om te blijven werd verstaan. Maar dit waren geen normale omstandigheden. Met duizenden fabrieken, werkplaatsen en staatsbedrijven die gesloten of ingekrompen dreigden te worden, was vertrekken te vergelijken met het vrijwillig nemen van ontslag omdat je ontslagen dreigde te worden.

Toch probeerde niet iedereen het. En niet iedereen die het probeerde slaagde erin weg te komen. Van de mensen die bleven moesten velen zich afvragen hoe een leven zonder werk eruitzag. Mijn ouders zouden daar al vlug bij horen.

14

Competitieve spelletjes

Mijn vader raakte zijn werk kwijt vlak na de eerste meerpartijenverkiezingen. Op een dag kwam hij thuis en kondigde aan dat zijn kantoor in de komende weken voorgoed zou sluiten. Met zijn opleiding als bosbouwer had hij de eerste helft van zijn leven besteed aan het ontwerpen, aanplanten en verzorgen van jonge bomen, met name laurierbomen. De staat had nu andere prioriteiten. Niet alleen werden er geen nieuwe bomen aangeplant, ook werden de bestaande omgehakt. Stroomstoringen en de behoefte aan stookhout enerzijds en de gloednieuwe ontplooiing van vrije particuliere initiatieven anderzijds, hadden tot gevolg dat er elke nacht meer bomen uit de bossen verdwenen. Je had het ook diefstal kunnen noemen, ware het niet dat een individu dat zich gemeenschappelijke middelen toe-eigent, juist de basis vormt van privébezit. Privatisering van onderaf zou een betere beschrijving zijn.

Mijn vader kondigde de sluiting van zijn kantoor aan op dezelfde toon als waarmee hij in het verleden andere organisatorische veranderingen in zijn werkende leven had aangekondigd, bijvoorbeeld dat hij van het ene naar het andere dorp werd overgeplaatst of dat de huidige directeur zou worden vervangen door een nieuwe. Hij zei dat hij zijn biografie, waarin hij zijn familiegeschiedenis verklaarde, niet meer zou hoeven overleggen. Daar maakte niemand zich nog druk om.

Het enige wat je nog nodig had was een Latijnse tekst, die curriculum vitae heette, of cv in het kort.

'Wie gaat die schrijven in het Latijn?' vroeg ik.

'We hoeven niet in het Latijn te schrijven, brigatista,' antwoordde hij. 'Alleen de eerste regel. Maar een Engelse versie zou wel nuttig zijn. Die kan van pas komen bij sollicitaties in de particuliere sector.'

Iedereen leek de berichten over de ontslagen luchtig op te nemen. Ze reageerden erop alsof ze tientallen, veel leukere banen voor het uitkiezen hadden die als zelfgebakken koekjes in de oven wachtten om verorberd te worden – zodra het cv was overhandigd.

'Begin je volgende week?' vroeg ik, denkend aan de planning van zijn overplaatsingen in het verleden.

'Nee!' riep mijn moeder uit, alsof alleen al die gedachte een belediging was voor mijn vaders waardigheid. 'Zo makkelijk krijgt niemand werk!'

'We zullen zien,' zei hij. 'Dit is het kapitalisme. Er is concurrentie voor banen. Maar op dit moment ben ik vrij!'

Het was vanwege het gevoel van vertrouwen dat in de lucht hing vanaf het ogenblik waarop zijn ontslag was aangekondigd dat het me verbaasde, verontrustte bijna, toen ik op een dag thuiskwam uit school en hem liggend op de bank aantrof. Hij had zijn pyjama verruild voor een geel met groen oversized trainingspak dat mijn moeder onlangs voor hem had gekocht op de markt met tweedehandsspullen. Hij klemde de afstandsbediening van onze kleine nieuwe Philips-televisie met beide handen vast en zwaaide er met een uitdrukking van intense concentratie op zijn gezicht mee door de lucht, alsof hij de rotatie van de planeten om de aarde dirigeerde.

'Dit is zo deprimerend,' zei hij, toen hij me in het oog kreeg en de televisie uitzette, zijn gefocuste uitdrukking maakte plaats voor een bedroefde. 'Het is zo verdrietig. Ik kan het niet verdragen. Ik weet niet wat ik moet doen.'

'Het wordt beter,' antwoordde ik vaag, zonder te weten wat ik ermee bedoelde. 'Het zal vast gauw beter worden.'

Hij schudde zijn hoofd. 'Ik probeerde Europese kampioenschappen te kijken, maar het lukt me niet,' vervolgde hij. 'Mijn hart breekt. Joegoslavië staat op het punt om zijn vijfde kampioenstitel te veroveren. Vorig jaar wonnen ze de Wereldbeker.'

'Dat is toch goed nieuws?'

'Dit zou heel goed de laatste keer kunnen zijn dat ze samenspelen,' zei hij met een grimmige uitdrukking op zijn gezicht. 'Slovenië heeft zich al onafhankelijk verklaard. Kroatië zal binnenkort ook weg zijn. Het is alsof je iemand met keelkanker een zangwedstrijd ziet winnen. Het is zo triest. Wat mij betreft is het basketballen dood.'

Op de keper beschouwd raakte mijn moeder haar baan niet kwijt. Ze mocht met vervroegd pensioen, op de leeftijd van zesenveertig jaar, en daar maakte ze gebruik van. Ter gelegenheid daarvan kocht mijn vader, die net zijn laatste salaris had ontvangen, Amstel-biertjes in een pas geopende minimarkt. Het was een heel gezellige familieavond, tot mijn moeder aankondigde waarmee ze zich wilde gaan bezighouden na haar jeugdige pensionering. Ze verklaarde dat ze lid was geworden van de oppositiepartij. Op de dag dat die was opgericht.

Nini en ik verstijfden. Mijn vader keek verbijsterd op van zijn bord, iets wat heel gauw zou omslaan in een enorme woede-uitbarsting, wist ik. Het was de blik die hij mijn moeder toewierp als ze belangrijke beslissingen nam zonder met hem te overleggen. Wat begon met zo'n verbijsterde blik ging over in een nieuwsgierige ondervraging, reprimandes, woede, wederzijdse agressie en daarna stilte, een stilte die wekenlang kon aanhouden. Als volgende fase restte nog slechts de dreiging van een scheiding.

Het was twee keer eerder gebeurd. De eerste keer was toen mijn moeder illegaal vijftig kuikens kocht van iemand die op een collectieve boerderij werkte, om in onze tuin groot te brengen, zodat we niet meer in de rij hoefden te staan voor eieren. Toen ze het tegen mijn vader zei, was hij des duivels. We zouden worden gearresteerd, zei hij. Onze tuin was klein en vijftig kuikens kon je onmogelijk verbergen. Mijn moeder antwoordde dat we ze in onze badkamer konden houden en dat ze verwachtte dat er niet veel van in leven zouden blijven. Er zouden er op zijn hoogst tien overleven. Dat had de man van de coöperatie zelf gezegd. Hij en mijn moeder hadden allebei gelijk, bleek later. Maar dat gegeven verhoogde de spanning alleen nog maar. Als er één ding was waar mijn vader nog minder tegen bestand was dan het gevaar van arrestatie, was het wel het verdriet dat de massasterfte van de kuikentjes veroorzaakte. Telkens als hij in de badkamer was en een dood kuiken vond, kwam hij diepbedroefd naar buiten en was hij nog bozer op mijn moeder. Pas maanden later werd er een wapenstilstand bereikt, toen het sterftecijfer daalde en Nini dreigde dat ze haar intrek in een verzorgingstehuis zou nemen als mijn ouders zich niet met elkaar verzoenden.

De tweede keer deed zich voor toen mijn moeder me aanmoedigde om luffasponzen te verkopen op het trottoir langs de hoofdweg, naast de zigeunermeisjes die lippenstift en haarspelden aan de man brachten. In Athene had Yiorgos ons een extra tas vol meegegeven om uit te delen aan familie en kennissen; het was onduidelijk of ze als cadeau bedoeld waren of als reclame voor zijn fabriek. Mijn moeder herinnerde zich hoe haar eigen vader een familiefortuin had vergaard door met iets veel trivialers te beginnen, namelijk houthakken in het dorp waar hij woonde en dit vervolgens naar de stad brengen om te verkopen. Wij konden ook onze eigen handel beginnen, zei ze, maar we moesten snel zijn. Iedereen zou binnenkort proberen geld te verdienen met het kopen en verkopen van spullen op de vrije markt. Maar zij voelde zich er ook wel ongemakkelijk onder om naast de zigeunermeisjes te gaan zitten; misschien zouden er leerlingen langslopen die haar herkenden, en dat zou haar gezag in de klas ondermijnen. Dus maakte ze een prijslijst en beval mij op de stoep te gaan zitten en te roepen: 'Mooie Griekse luffasponzen! Heel veel kleuren, heel veel vormen!' En dat deed ik. Aan het eind van de middag was de hele voorraad uitverkocht.

Ik had niet verwacht dat mijn vader zo woedend zou worden toen ik thuiskwam met al het geld dat ik had verdiend. Eerst dacht hij dat het idee van mij was. Hij stond op het punt om me naar mijn kamer te sturen om na te denken over wat ik had gedaan, tot ik uitlegde dat ik alleen maar had gedaan wat mijn moeder had gevraagd. Toen wendde hij zich tot haar, zijn ogen schoten vuur. Hij schreeuwde dat omdat iedereen nu de straat op mocht om te verkopen wat hij wilde, dit niet betekende dat je zomaar je eigen kind mocht exploiteren. In eerste instantie negeerde mijn moeder hem. In plaats daarvan vroeg ze aan mij: 'Wilde je het zelf dan niet?' Dat bevestigde ik met een krachtig knikje. Mijn vader trilde van woede. 'Natuurlijk wilde ze het zelf!' brulde hij. 'Anders zou het geen exploitatie zijn. Maar regelrechte mishandeling.' Mijn moeder bleef rustig. Ze verklaarde dat ik geen kind meer was, dat ik binnenkort twaalf zou worden, en dat het voor tieners in het Westen doodnormaal was om mee te helpen in een goedlopende familiezaak. 'Maar wij hebben geen familiezaak!' schreeuwde mijn vader terug. 'Niet goedlopend en ook niet noodlijdend!' 'En die zul je ook nooit hebben,' mompelde mijn moeder.

Mijn vader zou mijn medewerking aan de sponzenhandel waarschijnlijk hoe dan ook verboden hebben, ook al had mijn moeder hem van tevoren om toestemming gevraagd. Maar het feit dat ze er niet eens aan dacht om met iemand te overleggen versterkte zijn boosheid. Over het algemeen deed mijn vaders vastberadenheid om zijn mening kenbaar te maken niet onder voor mijn moeders vastbeslotenheid om die te negeren. Mijn ouders bekvechtten de hele tijd. Maar ze maakten bijna altijd ruzie als gelijken. Als mijn moeder een besluit nam zonder overleg met mijn vader, werd de symmetrie verbroken en voelde mijn vader zich gekwetst. De relatie van mijn ouders was gebaseerd op het uitdelen van wederzijdse plaagstootjes, maar met het verstrijken van de jaren werd de scheidslijn tussen speelse en en verbitterde verwijten steeds onduidelijker. Hun huwelijk leek op een rotsachtige bergketen; als ervaren klimmers wisten ze precies hoe ze de gevaarlijke toppen moesten bereiken en de afgronden, waarin vele anderen waren gevallen, konden vermijden. Maar er waren periodes waarin ik vreesde dat ook zij erin zouden storten. De derde keer vond plaats toen mijn moeder aankondigde dat ze de politiek in ging.

Mijn vader wist dat hij nooit zo zou zijn als veel van zijn vrienden, van wie de vrouwen de toestemming van hun man nodig hadden om lippenstift op te doen. Mijn moeder gebruikte nooit lippenstift en ze had een ijzeren wil. Telkens als zijn wens om ergens over geraadpleegd te worden op mijn moeders koppigheid stuitte, zag hij zich voor een dilemma gesteld. Hij kon net doen alsof hij controle uitoefende over haar daden, waarmee hij zou reageren zoals er van hem werd verwacht: woedend. Of hij kon zijn nederlaag toegeven en doen alsof het niet echt van belang was. Hij hield te veel van haar om het niet van belang te vinden. Hij kon het niet laten passeren zonder ruzie. Hij werd nooit gewelddadig tegen haar; hij reageerde zijn woede af op het vaatwerk, maar als zijn hele lichaam trilde en zijn stem beefde van woede, kon je je nauwelijks voorstellen dat de enige slachtoffers zouden vallen bij de borden en schotels.

Toen mijn moeder aankondigde dat ze lid was geworden van de oppositiepartij, ging ik ervan uit dat de scène zich net als anders zou voltrekken. Ik had het mis. Mijn vader keek mijn moeder aan met de verbijsterde blik die ik kende. Maar toen trok hij bleek weg. Hij stond niet op. Hij ging niet naar haar toe en hij zwaaide ook niet dreigend met zijn vinger. Hij schreeuwde niet. Hij bleef haar ongelovig aanstaren, met een bevroren grimas op zijn gezicht, zijn lichaam als verlamd op de stoel.

Mijn moeder zag het. Ergens moest ze het met hem te doen hebben gehad. Zij reageerde ook anders dan anders. Ze keek niet strak langs hem heen, zoals anders, om aan te geven dat mijn vaders bedreigingen haar koud lieten. Ze voelde zich verplicht om het uit te leggen. Ze zei dat alles nog steeds werd gecontroleerd door spionnen. Overal waren voormalige communisten, zowel in de regering als bij de oppositie. Mensen met een biografie zoals zij moesten erbij betrokken raken. Iemand moest de moed opbrengen. Anders zou er nooit iets veranderen. Anders zouden we altijd worden vertegenwoordigd door dezelfde mensen. We moesten het heft in eigen hand nemen, onszelf vertegenwoordigen. Misschien was het beter geweest om raad te vragen en samen te beslissen. Ze wist dat mijn vader misschien sceptisch zou zijn; hij stond niet hetzelfde tegenover de politiek als zij. Maar ze moest het doen. Nu hij geen werk meer had, hadden ze ook de contacten nodig om uit te kijken naar mogelijkheden voor de toekomst. Ze leek er goed over te hebben nagedacht.

Mijn vader luisterde zwijgend. Hij slikte zijn woede in. Toen ik later aan deze episode terugdacht, kwam het in me op dat hij het verlies van zijn baan misschien erger had gevonden dan hij liet blijken. Misschien bestond er in zijn hoofd een belangrijk verschil tussen ontslag krijgen en met vervroegd pensioen gaan. Misschien voelde hij zich als man wel minder waard nu hij afhankelijk was van het pensioen van twee vrouwen. Hij kon niet meer doen wat andere mannen deden: schreeuwen, dreigen, trillen van woede en vaatwerk tegen de muur gooien. Of misschien was alles om hem heen zo sterk veranderd dat alle gebruikelijke reacties misplaatst voelden, alsof ze bij een ander tijdperk hoorden, of alleen pasten bij een ander persoon, een oudere versie van hemzelf die hij niet meer herkende. Nu alle vertrouwde ijkpunten waren weggevallen, was hij zijn oriëntatie kwijt. Hij had geen verklaring voor zijn hachelijke situatie. En ook geen oplossingen. Het enige wat hij kon doen was zwijgend knikken, zoals het knikken dat hij gewoonlijk bewaarde voor zijn meerderen op zijn werk.

Mijn moeder stopte niet met werken na haar pensionering. Een van de drukste periodes van haar leven brak aan. Kort nadat ze bij de Democratische Partij was gegaan, werd ze benoemd tot een van de leiders van de nationale Vrouwenbond. Ze woonde partijvergaderingen bij, selecteerde kandidaten voor verkiezingen, organiseerde bijeenkomsten, stuurde hervormingscampagnes aan, werd lid van nationale commissies, ontmoette buitenlandse delegaties. De rest van haar tijd bracht ze door in archieven en op de rechtbank om de teruggave af te dwingen van familiebezittingen die in het verleden waren geconfisqueerd.

'Je moet wat vaker thuisblijven en voor de kinderen zorgen,' zei Nini tegen haar. 'Ik vind het niet erg,' zei ik dan meestal, omdat ik allang blij was dat mijn driemaandelijkse wiskundeoverhoring uit mijn moeders agenda was verdwenen. 'Mami, je moet je rijbewijs halen,' opperde ik als alternatief. 'We hebben geen rijbewijs nodig,' interrumpeerde mijn vader, die zich zorgen maakte dat als hij niet meteen korte metten maakte met dit voorstel, hij door zijn langdurige werkloosheid wellicht tot gezinschauffeur zou worden gepromoveerd. 'Het is niet goed voor het milieu.'

Dat onderwerp leidde meestal tot een volgend meningsverschil. Mijn moeder zei dan: 'Iedereen koopt een auto. Het is noodzakelijk. Tsjernobyl was veel erger voor het milieu!' 'Wat heeft Tsjernobyl met een auto te maken?' zei mijn vader. Mijn moeder ging, zo te zien, onverstoorbaar door: 'De metallurgische fabriek die de Chinezen voor ons hebben gebouwd, wat heeft die voor goeds gedaan voor het milieu? Ons probleem is niet het milieu, maar dat we niet genoeg spaargeld hebben om een auto te kopen!' 'Dat zijn drogredenen,' verklaarde mijn vader.

Deze schijnbaar onschuldige woordenwisselingen over of we al dan niet een auto moesten kopen, leidden bijna altijd tot wijdlopige disputen waar de hele wereldgeschiedenis bij werd gehaald: van de schade aan het milieu die de Industriële Revolutie had veroorzaakt, tot aan de kennisvoorsprong die de ruimtewedloop mogelijk had gemaakt; van eurocommunisme tot aan de verantwoordelijkheden van China; van wie het recht had om te vervuilen tot wie waar wapens verkocht; van de Golfoorlog tot aan het uiteenvallen van voormalig Joegoslavië. 'Het een heeft niets met het ander te maken! Het klopt gewoon niet!' zei mijn vader tegen mijn moeder als hij niet meer wist wat hij moest zeggen. Ze veranderde zelden van gedachten. 'Zeg je dit ook tegen de mensen op de bijeenkomsten?' vroeg hij, toen hij het eindelijk opgaf. 'Bereid jij zo je toespraken voor?'

Mijn moeder bereidde haar toespraken nooit voor. Ze gaf er honderden. In mijn puberteit aanbeland, was het waarschijnlijker dat ik haar op een podium van een politieke bijeenkomst op haar spreekbeurt zag wachten, dan om haar thuis te treffen voor het eten. Ze stond rechtop, hoog op dat podium, en sprak tienduizenden mensen toe, ze laste regelmatig stiltes in en paste haar stem aan de omstandigheden aan, soms dwong ze haar toehoorders tot een angstaanjagende stilte, soms ontlokte ze een donderend applaus aan de menigte. Ze sprak altijd zonder aantekeningen. Ze hield haar toespraken alsof ze ze vele jaren geleden in haar hoofd had gegrift, alsof ze elke dag van haar leven de zinnen had gerepeteerd die ze later zou uitspreken. Maar haar woorden kwamen niet over alsof ze uit het verleden dateerden. Ze waren nieuw, al klonken ze een beetje buitenlands: particulier initiatief, transitie, liberalisering, shocktherapie, opofferingen, bezit, contract, westerse democratie. Behalve het woord 'vrijheid', dat was oud. Maar ze sprak het anders uit, altijd met een uitroepteken erachter. En dan klonk het nieuw.

Als mijn moeder niet op politieke bijeenkomsten was, was ze ofwel in de stadsarchieven aan het spitten naar de eigendommen van haar familie en plattegronden en grensafscheidingen aan het raadplegen, ofwel ze was in de rechtbank om te proberen de eigendomsrechten terug te krijgen; ze ging voorop in de strijd van haar broers en zussen om de duizenden vierkante kilometers land terug te vorderen, de honderden flats en tientallen fabrieken die ooit van hun grootvader waren geweest, de houthakker die miljonair was geworden vlak voor het einde van de oorlog. Mijn vader en oma toonden nooit enige belangstelling, enerzijds omdat ze dachten dat de eigendommen toch niet teruggevorderd konden worden, anderzijds omdat ze betwijfelden of dat wel moest.

'Het is zo'n tijdverspilling,' merkte mijn oma af en toe hoofdschuddend op. Het was vaak onduidelijk of ze bedoelde dat de politiek tijdverspilling was of het terugvorderen van mijn moeders legendarische eigendommen, of allebei. 'Je moet het verleden laten rusten,' zei ze eens tegen een buitenlandse journalist die haar kwam interviewen over haar verleden als dissident en informeerde naar haar eigen familiebezittingen. 'Iedereen is tegenwoordig een dissident. Die grond in Griekenland? Dat is gewoon een modderpoel.'

Mijn moeder liet het daarentegen nooit rusten. Het ging haar niet alleen om de noodzaak een inkomstenbron te vinden, het was een principekwestie. Die twee waren in haar ogen onlosmakelijk verbonden. Voor haar was de wereld een plek waar de natuurlijke strijd om het bestaan alleen kon worden beslecht door het reguleren van particulier bezit. Iedereen leverde van nature strijd, mannen en vrouwen, jong en oud, de huidige generaties en de toekomstige. In tegenstelling tot mijn vader, die vond dat mensen van nature goed waren, meende zij dat ze van nature slecht waren. Het had geen zin om ze goed te willen maken; je moest eenvoudigweg die slechtheid in banen leiden om de schade te beperken. Daarom was ze ervan overtuigd dat het socialisme nooit kon werken, zelfs niet onder de beste omstandigheden. Het druiste in tegen de menselijke natuur. De mensen moesten weten wat van hen was en de vrijheid hebben om ermee te doen wat ze wilden. Dan zouden ze op hun bezittingen passen en zou er niet meer gevochten worden; het zou gezonde concurrentie worden. Ze geloofde dat als je erin slaagde precies te weten te komen wie de eerste eigenaar was van wat dan ook, alle daaropvolgende interacties konden worden gereguleerd, zodat niet alleen onze familie, maar ook ieder ander, de kans zou hebben om even rijk te worden als haar voorouders ooit waren geweest.

Het was net als het hervatten van een schaaktoernooi dat halverwege was afgebroken, zei ze. Alle spelers waren op gelijke posities begonnen, en sommige hadden een voorsprong behaald. Daarna werden ze gedwongen een ander spel te spelen. Dat was het socialisme. Toen de Koude Oorlog werd beeindigd, konden de wedstrijden hervat worden. Maar de oude spelers waren gestorven en in hun plaats konden alleen hun legale opvolgers terugkeren naar het schaakbord. Het zou oneerlijk zijn geweest, vond mijn moeder, om een nieuwe partij te beginnen. Het enige wat de nieuwe spelers hoefden te doen, was de zetten van hun voorouders te herleiden, zich bij dezelfde stukken houden, spelen volgens dezelfde regels.

Voor haar was het vinden van de waarheid over het familiebezit net zo goed een kwestie van rechtzetten van historisch onrecht als van het reguleren van eigendomsrechten. Het enige nut van de staat was in haar ogen dat hij de afwikkeling daarvan mogelijk maakte en de contracten beschermde die nodig waren om iedereen te laten houden wat van hem was. Al het andere, alles wat daarbuiten viel, moedigde de toename aan van parasieten die geld en middelen verspilden. Dat was socialisme onder een andere naam. De staat was als de coördinator van een schaaktoernooi, die ervoor zorgde dat de regels werden gevolgd en nu en dan de klok controleerde. Maar hij kon nooit tips geven aan de spelers of hun zetten veranderen, of stukken op het bord terugzetten of een speler laten meedoen die gediskwalificeerd was. Dat zou een verkeerde invulling van zijn rol zijn. Uiteindelijk zouden er winnaars en verliezers zijn. En wat zou dat? Iedereen wist dat; iedereen had ingestemd met de regels. Dat hoorde bij de aard van het spel. Het was tenslotte een competitie, ook al was het een gezonde competitie.

15

Ik had altijd een mes op zak

Op een dag, aan het einde van de zomer van 1992, kondigde een groep Franse vrouwen van een organisatie die gelieerd was aan die van mijn moeder aan dat ze graag bij ons op huisbezoek wilden komen. We bereidden hun bezoek voor alsof het oudejaarsavond was. We sausden de muren, haalden de gordijnen af om ze te wassen, luchtten onze matrassen, schrobden de kasten vanbinnen schoon en stoften alle boeken op de boekenplank af. In de paar uren voor hun komst veranderde het huis in het slagveld van een gedisciplineerde, strak georganiseerde militaire eenheid, gewapend met bezems, vaatdoeken, sponzen, tobbes, emmers, mops en alle andere huishoudelijke artillerie die voor de operatie vereist was. Mijn moeder deelde als een generaal luidkeels scherpe bevelen uit aan mijn vader, terwijl ze zelf onvermoeibaar rondrende, tafels en stoelen op hun kop zette om te inspecteren wat er overgeslagen was en vuile plekken onthulde die bij eerdere schoonmaakrondes onopgemerkt waren gebleven. Toen het huis eenmaal glanzend schoon was, pakte ze in het laatste beslissende halfuur voor de komst van het bezoek mijn broer en mij bij de arm en bracht ons naar de badkamer om ons schoon te maken. Ze had geen tijd om de temperatuur van het water te controleren dat ze over ons uitgoot en schrobde onze gezichten met hetzelfde fanatisme als ze bij de vloeren aan de dag had gelegd. Toen dat gebeurd was, ging ze zichzelf voorbereiden.

Mijn moeder raadpleegde mijn oma over de kleding die het geschiktst zou zijn om de vertegenwoordigsters te ontvangen van een organisatie die opkwam voor vrouwenbelangen. Nini adviseerde een jurk en mijn moeder koos een kledingstuk uit dat ze pas op de markt met tweedehandsspullen had gevonden – een keus die deels werd ingegeven door alle vrouwen die ze in zeepadvertenties, die ze associeerde met westerse vrouwenemancipatie, had gezien en deels omdat er 'Gloria' op het rugpand stond (dat, meende ze, de naam van een luxe modemerk was). Een jurk op knielengte van donkerrode zijde, aan de zoom afgezet met zwart kant, strikken aan de mouwen en een v-hals met een opstaand boordje. In die tijd kwam het vaak voor dat westerse nachtkleding die op de plaatselijke tweedehandsmarkt terechtkwam, werd verward met normale kleding en overdag werd gedragen. In diezelfde periode verschenen verschillende van mijn leraressen op school in een nachtjapon of peignoir. Mijn moeder had het nog niet eerder gedaan, niet omdat ze het verschil zag, maar omdat kantjes en strikjes haar doorgaans niet konden bekoren. Ze droeg broeken, verafschuwde make-up en borstelde haar haren zonder voor de spiegel te staan. De enige linten en kantjes die zij kende waren die welke Nini en zij aan mij opdrongen bij wijze van publiekelijke uiting dat vijftig jaar dictatuur van het proletariaat er niet in was geslaagd hun wens om mij op te voeren als de Balkan-versie van de Infanta Margarita Teresa van Velázquez, de kop in te drukken.

De vijf bezoekers kwamen opdagen in geklede, donkere broekpakken – als een maoïstische delegatie, becommentarieerde mijn vader in de keuken. We gingen in onze woonkamer om hen heen zitten en serveerden koffie, raki en Turks fruit. Onze bezoekers vertrokken geen spier bij het zien van mijn moeders nachtjapon; ze moeten hebben aangenomen dat het een uiting was van onze cultuur of van onze pasverworven vrijheid. 'Wij waren diep onder indruk van de reactie die uw toespraak uitlokte op de recente bijeenkomst,' zei een van hen, die madame Dessous heette, tegen mijn moeder. 'Het was geweldig om zo'n lang applaus te horen van het publiek. Wij konden het natuurlijk niet verstaan in het Albanees,' liet ze er met een verontschuldigend lachje op volgen. 'We zouden heel graag willen horen wat u over de vrijheid van de vrouw heeft gezegd.'

Mijn oma, die assisteerde met het Frans, vertaalde wat madame Dessous zei. Mijn moeder keek verschrikt, als iemand die examen doet en tot de ontdekking komt dat ze zich heeft voorbereid op de verkeerde vragen. 'Over welke toespraak heeft ze het?' fluisterde ze in het Albanees tegen mijn oma. 'Ik heb nooit iets gezegd over vrouwen.' Toen kreeg ze zichzelf langzaam maar zeker weer onder controle, ze richtte zich tot het bezoek en verklaarde vol zelfvertrouwen: 'Ik vind dat iedereen vrij moet zijn, niet alleen vrouwen.' 'Doli vindt dit een heel ingewikkelde kwestie,' vertaalde Nini.

De bezoekers knikten. 'Ja, dat is het zeker,' stemde madame Dessous van harte in. 'We weten dat er onder het socialisme veel retoriek was over de gelijkheid van vrouwen,' vervolgde ze. 'Maar wat was de realiteit? Hadden Albanese vrouwen last van seksuele intimidatie?'

Er volgde een korte stilte waarin mijn oma opnieuw aarzelde over de vertaling. Het woord zette zich vast in mijn hoofd, maar ik begreep destijds niet precies wat ermee werd bedoeld. Ik herinner me het onthutste gezicht van mijn moeder, het lepeltje waarmee ze de suiker door haar koffie roerde stopte in de beweging en ze staarde haar ondervraagster aan, terwijl ze nadacht over de gevolgen van wat ze zou gaan zeggen. Het scherpe contrast tussen de speelse sensualiteit van de jurk die ze droeg en de ernst van de houding die ze aannam, had wel iets grappigs, maar ook iets verontrustends. Ze zette haar koffiekopje op tafel, maar toen, omdat ze zenuwachtig was, pakte ze een stukje Turks fruit en propte dat in haar mond. 'Zeker weten,' antwoordde ze, nog steeds met volle mond. Toen schraapte ze haar keel. 'Ik had altijd een mes op zak.'

Madame Dessous was geschokt. Ze zakte terug op de bank alsof ze de afstand tussen mijn moeder en haarzelf wilde vergroten. De andere vrouwen wisselden onbehaaglijke blikken. 'Het was maar een keukenmes,' liet mijn moeder er haastig op volgen toen ze de reactie zag die haar bekentenis had uitgelokt, vastbesloten om het uit te leggen. 'Niets bijzonders.' Terwijl de bezoeksters nog verder ineen leken te krimpen, begon ze te vertellen. De woorden kwamen er snel en zonder haperen uit, als kiezelstenen die van een steile heuvel rollen.

'Ik was nog jong, hooguit vijfentwintig. Ik moest elke dag heen en weer reizen naar een verafgelegen school in een stad in het noorden. Voor de terugweg was ik afhankelijk van een lift van toevallig passerende vrachtwagenchauffeurs. 's Winters wordt het al vroeg donker. Dan kon je niet zonder een mes op zak liften. Ik heb het maar één keer gebruikt. Niet om iemand mee te vermoorden of zo.' Toen glimlachte ze in zichzelf, alsof er uit een uithoek van haar geheugen plotseling een grappig detail omhoog was gekomen. 'Alleen maar een tikje op zijn hand, begrijpt u wel? Die lag op mijn dij. Dat vond ik niet prettig.'

Mijn oma vertaalde het woord voor woord. Mijn moeder haalde opgelucht adem, duidelijk tevreden met haar uitleg, vooral met de luchtigheid waarmee ze erin was geslaagd verslag te doen van wat een traumatische gebeurtenis moest zijn geweest. Maar haar woorden hadden niet het beoogde effect. De bezoekers bleven verstard zitten. Mijn moeder keek hulpeloos naar mijn vader. Tot op dat moment was hij stil geweest, maar het verhaal was duidelijk niet nieuw voor hem en hij reageerde alsof elke zin hem opnieuw met trots vervulde. Hun ogen ontmoetten elkaar en hij wierp haar een samenzweerderige glimlach toe, alsof hij haar zelf het mes had gegeven. Toen wendde hij zich tot het bezoek, overtuigd dat hem wel zou lukken wat mijn moeder niet gelukt was: 'Deze vrouw is voor de duvel niet bang!' zei hij. 'Ze is me er een. Neem nog wat raki. Doli maakt het zelf.'

Die inmenging hielp ook al niet. De vrouwen pakten hun glas en maakten timide goedkeurende geluidjes toen ze de sterkedrank aan hun mond zetten, maar vermeden zorgvuldig een slok te nemen. Bestormd door nieuwe twijfels, met het gevoel dat ze de grens had bereikt van haar vermogen om het verder nog uit te leggen, strekte mijn moeder haar arm uit en pakte nog een blokje Turks fruit. Halverwege dit gebaar veranderde ze van gedachten, legde de zoetigheid terug op de schaal en besloot een andere strategie te volgen.

'In het land van de vrijheid,' stak ze van wal, alsof ze op het punt stond om een van haar toespraken te houden, 'in de Verenigde Staten van Amerika, mogen mensen wapens dragen. Dat maakt het natuurlijk gemakkelijker om jezelf te verdedigen. In Albanië hadden we maar weinig keus. Het socialisme keurde het persoonlijke gebruik van vuurwapens niet goed. We wisten natuurlijk wel hoe we ze moesten gebruiken; op school kregen we vanaf de leeftijd van zestien jaar verplicht militaire training. Maar over die wapens hadden we geen zeggenschap. In tegenstelling tot het Amerikaanse volk, stond het ons niet vrij om ze te gebruiken wanneer we dat zelf wilden.'

In zijn algemeenheid kun je stellen dat als mijn moeder de vrouwen in haar organisatie zou hebben kunnen trainen om zichzelf te beschermen tegen seksuele intimidatie door een mes te gebruiken, ze dat zeker niet zou hebben nagelaten. Omdat dit niet mocht, beperkte ze haar leidersrol tot het coördineren van hulp bij het aanvragen van visa door moeders die hun geëmigreerde kinderen wilden bezoeken. Ze verzamelde namen, maakte lijsten, zamelde fondsen in voor degenen die financiële steun nodig hadden, hielp ze met het invullen van formulieren en maakte afspraken met de betrokken ambassades. Officieel waren dit reizen om zusterorganisaties in diverse hoofdsteden van Europa te bezoeken: Athene, Rome, Wenen, Parijs. In werkelijkheid verspreidden de delegaties zich over diverse steden zodra ze de grens waren gepasseerd. Alleen zijzelf en een of twee collega's woonden de geplande bijeenkomsten bij; de andere vrouwen verspreidden zich over het land om bij hun kinderen en kleinkinderen te zijn en logeerden de hele duur van hun reis bij hen. Op de laatste dag kwamen ze weer samen om eetstalletjes en winkelcentra te verkennen. Niet om iets te kopen, want zelfs de goedkoopste artikelen waren onbetaalbaar. Alleen om, zoals zij het noemden 'hun de ogen te openen'.

Mijn moeder was zich bewust van de tol die het zou eisen als ze het echte doel van de reizen openbaarde. Ze had zich vlug de formuleringen eigen gemaakt die ze moest opdreunen om te slagen voor een visumaanvraag: het overbrengen van kennis, het ontwikkelen van teambuilding en trainingsvaardigheden, het opstellen van visieverklaringen, het leren van strategisch plannen en dat soort dingen. Ze vertelde eens dat een diplomaat in de loop van het gesprek had gevraagd of de vrouwenorganisatie die ze leidde zich ook bezig zou houden met feministische campagnes. 'Ik vroeg wat "feminisme" betekende,' vertelde ze. 'Ik begreep niet waar hij het over had.' Hij zei iets over quota en positieve discriminatie. Ze had hem verzekerd dat dit precies was waarom die bezoeken aan het Westen van onschatbare waarde waren: haar organisatie had hun actiepunten tot een goed einde gebracht en hoopte nog meer bagage op te doen door kennisuitwisseling met meer ervaren zusterorganisaties. 'Quota! Gelijkheid!' zei ze smalend, toen ze die dag thuiskwam. 'Ik moest overal ja op zeggen. Het was de enige manier om de visa te krijgen. Ik durf te wedden dat zijn vrouw een werkster inhuurt om de boel aan kant te maken. Ik durf te wedden dat ze afgeeft op vrouwenrechten als ze buiten aan het joggen is.'

Als mijn moeder vertelde hoe de gesprekken voor het verkrijgen van een visum waren verlopen, verschenen er grote rode vlekken op haar wangen en in haar nek. 'Positieve discriminatie!' riep ze uit. 'Feminisme! En de moeders en hun kinderen dan? Mijn vrouwen hebben hun kinderen in geen jaren gezien. Sanie, die op de lijst staat voor Rome, heeft geen flauw idee hoe haar dochter leeft. Het enige wat ze heeft is een straatnaam op een stukje papier gekrabbeld. Ze vertelde me dat ze 's nachts ligt te piekeren. Denk je dat zij zich druk maakt over quota? Als ik dat tegen de ambassade zou zeggen, zouden ze me meteen de deur wijzen. Ze zouden zeggen dat ze geen visum kan krijgen. Ze heeft geen werk en er is geen garantie dat ze terugkomt. Ze zouden niet eens het geld van de visumaanvraag teruggeven. Daar zou ik weleens positieve actie voor willen zien. Maar nee, het mogelijk maken dat deze moeders hun kinderen bezoeken, is niet wat ze bedoelen. Het gaat erom dat wij ons leren representeren of participeren of een andere, soortgelijke fantasie. Natuurlijk. Dat kost ze niks.'

Daarna wendde ze zich opeens tot mijn vader. 'Hoe zou jij staan tegenover positieve discriminatie?'

Hij haalde zijn schouders op. 'Goed,' zei hij. 'Ik denk dat het ervan afhangt hoe het wordt gedaan en door wie, het kan ook een excuus zijn en het kan zwarte mensen stigmatiseren.' Hij probeerde erover uit te weiden met een verwijzing naar de enige autoriteit die hij erkende op het gebied van burgerrechten. 'Ik zag kortgeleden een interview met Muhammad Ali...'

Mijn moeder onderbrak hem. 'Ik heb het over vrouwen, niet over zwarte mensen. Heb je wel gehoord wat ik zei? Die westerse vrouwen, die kunnen niet eens meerdere taken tegelijk uitvoeren, weet je, het zijn zulke sneue figuren. Ze kunnen het niet aan om te studeren en te werken, of te werken en voor de kinderen te zorgen, of voor de kinderen te zorgen en te koken. En ze gaan ervan uit dat iedereen hier hetzelfde is als zij en dat dit op de een of andere manier het probleem van de staat zou moeten zijn. Zodat een andere sneue figuur een dwaze lijst met criteria kan bedenken voor hoe vrouwen een kans kan worden gegeven.'

'Wat is positieve discriminatie?' vroeg ik.

Mijn moeder begon het uit te leggen, maar haar zenuwen kregen de overhand. 'Stel je voor dat iemand op school je cijfers opkrikt alleen maar omdat je een meisje bent,' begon ze. 'Wat zou je daarvan vinden? Dan zou je toch beledigd zijn?' Met elke vraag nam haar stemvolume toe. Ik probeerde iets te zeggen, maar ze gaf zelf al antwoord. 'Er zou geen verschil bestaan tussen jou, die hard heeft gewerkt voor de hoogste cijfers, en je vriendinnen, die hogere cijfers hebben gekregen alleen maar omdat ze op jou lijken, omdat ze ook meisjes zijn. Wat vind je daarvan?'

Ik probeerde me voor te stellen hoe ik me daaronder zou voelen. Maar mijn moeder had geen belangstelling voor mijn mening. Ze stelde retorische vragen. Ze wilde gewoon stoom afblazen. 'Stel je voor dat dit gold voor alles wat je deed,' zei ze. 'Hoe zou je dan nog het verschil weten tussen iemand die op eigen kracht de beste cijfers had behaald en iemand voor wie dat niet gold? Wat zou je doen, als mensen er altijd van uitgingen dat je was gekomen waar je was met behulp van vriendjespolitiek?'

Mijn moeder had net zo'n grote hekel aan positieve discriminatie en genderquota als medelijden met degenen die deze propageerden. Als iemand had durven insinueren dat wat zij had bereikt te danken was aan het feit dat ze een vrouw was, in plaats van dat het haar eigen verdienste was, dan zou haar keukenmes tevoorschijn zijn gekomen om een tikje uit te delen. Wanneer in vergaderingen met vrouwen van zusterorganisaties het erfgoed van het communistische verleden ter sprake kwam, benadrukte ze vaak dat er maar één ding was om trots op te zijn. Dat was de manier waarop de Partij, niemand uitgezonderd, strikte gelijkheid tussen de seksen had opgelegd; het feit dat van iedereen, man of vrouw, werd verwacht dat hij of zij werkte en dat elke baan niet alleen toegankelijk was voor beide seksen, maar dat beide ook actief werden aangemoedigd om de baan te aanvaarden. Zelfs de kledingrestricties waren gelijk verdeeld. Gedurende de Culturele Revolutie, geïnspireerd door onze Chinese bondgenoten, zou je door het dragen van een westerse regenjas in de problemen zijn gekomen, of je nu man of vrouw was.

Ze had gelijk, maar slechts gedeeltelijk. In het verleden werd van alle vrouwen verwacht dat ze werkten. Er werd van ze verwacht dat ze overal werkten. Alle vriendinnen van mijn moeder werkten. Niet een bleef er thuis. Ze stonden bij het krieken van de dag op om het huis schoon te maken en de kinderen klaar te maken voor school, daarna gingen ze hun werk doen als treinmachinist, de kolenmijnen in, elektrische kabels repareren, lesgeven op scholen of verplegen in ziekenhuizen. Sommigen waren urenlang onderweg naar het kantoor, de boerderij of de fabriek waar ze werkten. Ze kwamen laat en uitgeput thuis. Dan moesten ze nog eten koken, de kinderen helpen met hun huiswerk en de afwas doen. 's Avonds moesten ze maaltijden bereiden en klaarzetten voor de volgende dag. 's Nachts moesten ze hun baby voeden of de liefde bedrijven met hun echtgenoot. Of allebei.

De mannen rustten thuis uit. Ze lazen de krant en keken televisie, of ze spraken met hun vrienden buiten de deur af. Veel mannen verwachtten dat hun overhemden gestreken waren en maakten sarcastische grappen als de koffie niet helemaal gloeiend heet werd geserveerd. Als de vrouwen het huis uit gingen omdat ze ook met vriendinnen hadden afgesproken, hadden hun mannen het recht om te weten waarom. Soms vonden ze de opgegeven reden niet dwingend genoeg of keurden ze het doel van het bezoek af. Ze bevalen hun vrouw binnen te blijven of verboden haar een bepaalde vriendin nog te zien. Dat deden ze uit liefde, zeiden ze altijd. In hun beleving was houden van een vrouw en de baas over haar spelen vrijwel een en hetzelfde. Dat hadden ze van hun vaders geleerd, die het van hun vaders hadden geleerd, die het weer van die van hen hadden geleerd. En zoals zij het hadden geleerd, gaven ze het weer door aan hun kinderen.

Sommige vrouwen hadden er geen zin in om bevelen op te volgen. Nu en dan kon de scheidslijn tussen het uitoefenen en het verliezen van controle poreus worden, net als tussen liefde en overheersing. Daaruit kon een ruzie voortkomen die gepaard ging met een gebroken pols of een bloedneus en snikkende kinderen die alles vanuit hun geheime schuilplaats zagen gebeuren en die de volgende dag hun vriendjes op school nauwkeurig, tot in detail, verslag uitbrachten. Het nieuws bereikte het onderwijzend personeel en soms werd de

Partij erbij gehaald. Als de toestand verergerde werd er een vergadering gehouden op de werkplek of in de wijkraad. Kameraden spraken zich dan uit om de handeling te veroordelen, die in wezen werd toegeschreven aan de beperkingen van de menselijke natuur, gemeenschapsnormen of de erfenis van de religie. Het socialisme was erin geslaagd de sluier van de hoofden van de vrouwen te trekken, maar niet uit de hoofden van hun mannen. Het slaagde erin de kettingen met kruisen van de borst van de vrouwen te rukken, maar ze ketenden nog steeds het brein van hun echtgenoten. Er viel weinig anders te doen dan wachten tot de tijden veranderden of, in de zienswijze van mijn moeder, jezelf te verdedigen.

Mijn vader wilde anders zijn, precies zoals zijn vader had geprobeerd. In de gevangenis had mijn grootvader Olympe de Gouges vertaald en daarna de Albanese tekst van de *Déclaration des droits de la femme et de la citoyenne* aan Haki laten zien, die hem de vertaling op had laten eten. Wat betreft mijn grootvader, de premier, zijn officiële bijdrage aan de zaak van de Albanese vrouw had bestaan uit een wet om sekswerk te legaliseren, een wet die de Partij kort na het einde van de oorlog terugdraaide. We weten niets over zijn brein. Dat was weggeblazen door een bom, en we mochten sowieso niet aan hem denken. Toch wekte mijn familiegeschiedenis de indruk dat de mannen gedurende meerdere generaties in elk geval in theorie het bestaan van vrouwen hadden erkend als entiteiten die niet geheel en al in dienst stonden van hun eigen mannenleven.

Hoe goed dit zich liet vertalen in alledaagsere dingen, zoals wie er kookte en schoonmaakte en wie de afwas moest doen, was een andere kwestie. De relatie van mijn vader tot huishoudelijke taken was als die van een kind tegenover kool. Hij wist dat het goed voor hem was, maar als puntje bij paaltje kwam, maakte het hem ziek. In zijn voordeel pleit dat hij altijd alleen zijn astma als excuus aanvoerde, nooit zijn chromosomen. Om mijn moeder werk uit handen te nemen, riep hij vaak zijn eigen moeder te hulp. Maar mijn oma had daar op haar eigen manier iets tegen; niet omdat ze vond dat huishoudelijke taken níet alleen door vrouwen gedaan moesten worden, maar omdat zij ze altijd door personeel had zien uitvoeren. Het eindigde ermee dat zowel mijn vader als mijn oma mijn moeder het zware lichamelijke werk lieten doen. Zij waren de stuurlui aan wal.

Het kwam nooit bij mijn moeder op dat het anders voor haar zou kunnen zijn. Als ze op een probleem stuitte, bedacht ze alleen maar hoe ze het zelf kon oplossen, niet of ze een beroep kon doen op anderen. Het charisma en het gezag dat ze uitstraalde maakte haar onafhankelijk van andere mensen, soms te veel. Het enige wapen dat ze andere vrouwen kon aanbieden was haar eigen kracht. De enige verdediging die ze aan mij doorgaf, was haar eigen voorbeeld. Toen ik opgroeide zag ik dat mensen haar met eerbied behandelden, alsof ze door haar werden geïntimideerd. Niet alleen de leerlingen in haar klas, de kinderen in onze buurt en wij, haar eigen kinderen, maar ook aardig wat volwassenen, ook mannen. Ik vroeg me af waar haar kracht vandaan kwam en meende dat ze anderen misschien bang maakte omdat zij zelf nooit of te nimmer ergens bang voor was. Maar toen ik net als zij probeerde te zijn en mijn angst probeerde te onderdrukken, te overwinnen zelfs, kostte me dat moeite. Ik besefte dat zij een onmogelijk rolmodel was. Mijn moeder vocht niet tegen haar angst en overwon die niet. Ze kende gewoon geen angst.

Dit gold ook voor alle vrouwen die ze wilde helpen. Als mannen al door mijn moeder werden geïntimideerd, konden vrouwen haar moeilijk als hun gelijke zien. Ze zou nooit toegeven dat ze een zwakte had, hulp nodig had of een beroep op iemand doen. De steun die zij bood had altijd de vorm van liefdadigheid, nooit van solidariteit. Voor haar waren morele dilemma's, afhankelijk zijn van andere mensen, het samen met hen strijden voor een gemeenschappelijke zaak, afleidingen, zinloze hindernissen om haar eigen doelen te bereiken. Dat is ook de reden waarom ze het moeilijk vond om iemand om raad te vragen. Ze had alleen vertrouwen in zichzelf.

De staat wantrouwde ze nog het meest van alles. Ze had een bloedhekel aan abstracte discussies over gelijkheid of de rol van instanties bij het bevorderen van gerechtigheid. De vraag of beleid de ene of de andere kant uit moest, was het verkeerde uitgangspunt. Je moest je nooit afvragen wat de staat voor jou kon doen, vond zij, alleen wat jij kon doen om je afhankelijkheid van de staat te verminderen. Ze vreesde dat alle discussies over positieve discriminatie en vrouwenquota afleidingen waren om de bureaucratische instanties meer macht te geven om toezicht uit te oefenen, en klaplopers meer kansen bood om te corrumperen. Ze zag de staat nooit als een vehikel voor vooruitgang. Ze geloofde nooit in de macht van het collectief.

Pas vele jaren later viel me een nieuwe gedachte in: wat moet ze eenzaam zijn geweest. Wat in diezelfde tijd ook in me opkwam was dat ze zich misschien wel helemaal niet onderscheidde van anderen, misschien waren er nog wel honderden of zelfs duizenden vrouwen zoals zij. Misschien hadden ze hun leven geleid zonder zich bewust te zijn van elkaars bestaan, tevreden met hun onafhankelijkheid, verbolgen over het gebrek aan moed, ambitie of vastberadenheid om te strijden van de anderen. Het was ofwel een fout van de instanties ofwel een gebrek aan voorstellingsvermogen dat mijn moeder haar hele leven in een socialistische staat woonde in de overtuiging dat je alleen tégen anderen kunt vechten, nooit zij aan zij mét hen. Ik zou haar mijn medeleven hebben betuigd als ik niet had gedacht dat ze zich daardoor beledigd zou voelen.

16

Het hoort allemaal bij een civiele samenleving

Op een middag in oktober 1993 kwam ik thuis uit school en trof daar mijn oma met een zorgelijk gezicht aan op de stoep. Ze volgde me zwijgend door het huis en wachtte tot ik mijn schooltas en boeken had neergelegd, mijn uniform had verwisseld voor mijn eigen kleren en de gehaktballen had opgegeten die ze had opgewarmd. Daarna wees ze op de bank in de kamer en ging op haar vaste plaats in de leunstoel zitten. Ten slotte stelde ze een vraag die even absurd als onverwacht klonk.

'Waar heb je geleerd wat condooms zijn?'

'Waar heb ik wat?' antwoordde ik zo vlug, dat mijn oma de snelheid van mijn reactie als bewijs zag dat ik de waarheid ontkende. 'Ik heb geen idee wat condooms zijn.'

'Dat weet je wel,' zei ze stellig. 'Je vader kwam Kasem tegen op straat. Die waarschuwde hem voor jou. Zijn zoon was erbij toen je zei dat mensen condooms moesten gebruiken. Er waren op dat moment blijkbaar ongeveer twintig jongens in het lokaal, allemaal veel ouder dan jij. Zelfs zij voelden zich opgelaten om een jonge vrouw uit een goede familie zo te horen praten op school. *Ton père est en colère.* Echt heel boos.'

'O, bedoel je de Franse vertaling?' Toen ik haar Frans hoorde spreken, begon het me eindelijk te dagen waar ze het over had. 'Ik zei het tegen niemand in het bijzonder, ik vertaalde alleen het einde van een Franse film.'

Dat maakte de zaak nog erger.

'Waarom vertaalde je een film over condooms op school?' wilde ze weten, haar ondervraging voortzettend.

'Dat vroeg de Muilezel,' antwoordde ik. 'Ik zocht het woord *préservatif* gewoon op in het woordenboek. Ik heb geen idee wat het betekent.'

De Muilezel was de bijnaam van de voormalige lerares marxisme op de middelbare school waar ik net was begonnen. Ze leek altijd op een drafje te lopen. Hijgend torste ze een zware rugzak over haar schouders, alsof ze een mens op haar rug had zitten die ze bijna niet kon houden. Mijn ouders verdachten haar ervan dat ze in het verleden een agent van de Sigurimi, de geheime dienst, was geweest. Als ze haar op straat in het oog kregen gingen ze altijd aan de overkant lopen. De Muilezel was onlangs toegetreden tot de civiele samenleving. Ze vulde haar magere schoolsalaris aan met het verlenen van hand-en-spandiensten aan enkele buitenlandse NGO's die een kantoor in onze stad hadden geopend en ze schakelde haar leerlingen vaak in om te helpen bij het organiseren van evenementen. De overgang van toen ze avondjes organiseerde voor de communistische jeugd en programma's samenstelde om de verjaardag van Enver Hoxha te vieren naar dit werk, was gladjes verlopen. Mijn vader zei spottend dat sommige vaardigheden uitstekend inzetbaar waren op allerlei gebieden.

'Waarom wil de Muilezel dat je een film over condooms vertaalt als je niet eens weet wat een condoom is?' Nini's boosheid trok langzaam weg en maakte plaats voor onbegrip.

'Ze vroeg me niet om de hele film te vertalen, alleen het einde ervan,' praatte ik verder. 'Het gaat over een jonge vrouw die sterft aan aids, een besmettelijke en levensbedreigende ziekte. Aan het einde van de film doet ze haar verhaal. Ik moest het publiek vertellen wat ze zei. Ik moest voor het publiek gaan staan en zeggen: "Doe alsjeblieft een condoom om." Dat zei die vrouw. We hebben niet de hele film gedraaid, alleen dat stukje. Het is heel indrukwekkend, de vrouw heeft tranen in haar ogen en die scène grijpt iedereen aan. De Muilezel is tegenwoordig de baas van een nieuwe NGO die Action Plus heet, die heeft als doel mensen bewust te maken van aids. We organiseren op school zo'n beetje om de maand een middag-evenement en tijdens het laatste evenement vertoonden we het einde van die Franse film als onderdeel van de bewustmakingscampagne, en aan allerlei mensen was gevraagd om dingen te doen – Besa was gevraagd om het gedicht 'If' van Rudyard Kipling voor te lezen en een andere groep om de song 'I Want to Break Free' van Freddy Mercury te zingen, die aan aids is gestorven, en mij hadden ze gevraagd om het einde van deze film te vertalen omdat de Muilezel hem heel ontroerend had gevonden, al begreep ze hem niet goed, en alleen ik kon Frans spreken, en een paar Amerikanen die hielpen met het inzamelen van geld voor Action Plus kwamen naar het evenement kijken, en toen het afgelopen was klapten ze en zeiden dat onze bewustmakingscampagne *fantastically inspiring* was.'

Toen ik klaar was met mijn verklaring, was ik buiten adem. Ik had mijn oma weliswaar weten te overtuigen van mijn onschuld, maar ik begon tegelijkertijd te vermoeden dat er iets smerigs aan de hand was met Action Plus.

Mijn oma zei niets. Ze stond op uit haar leunstoel, kwam naast me op de bank zitten en gaf me mijn eerste seksuele voorlichting. Ze legde uit wat een condoom was en waarvoor dat nodig was. Ik vertelde haar op mijn beurt over hiv en samen ontrafelden we hoe aids, waar ze nog nooit van had gehoord, werd overgedragen. Ik vertelde haar ook over alle beroemde mensen die aan aids waren gestorven, zoals Roedolf Noerejev, die ze kende omdat hij in 1961 van de Sovjet-Unie naar het Westen was overgelopen, en Anthony Perkins, wiens naam ze niet kende maar die ze meteen voor zich zag toen ik vertelde dat hij Norman Bates had gespeeld in *Psycho*.

'Vreselijk,' zei ze en ze schudde vol ongeloof haar hoofd. 'Echt vreselijk. Ik had er nog nooit van gehoord. Maar wie weet komt het hier binnenkort ook naartoe.' Ze beloofde mijn vader ervan te overtuigen dat Action Plus een organisatie was die niet alleen ongevaarlijk, maar ook broodnodig was, en dat er geen reden was om mijn betrokkenheid bij de activiteiten van de Muilezel te censureren. Ze zou uitleggen dat ook al waren er nu geen aidsgevallen in een land waar welopgevoede vrouwen hoogstwaarschijnlijk geen geslachtsgemeenschap hadden voor het huwelijk, deze zich binnenkort toch zouden kunnen voordoen. Net als met drugs en andere westerse perversiteiten kon je er rustig van uitgaan dat aids ons op den duur ook zou bereiken en dat preventieve maatregelen daarom niet alleen juist, maar zelfs verplicht waren.

'Het komt door de vrijheid,' concludeerde mijn oma. 'Dit is wat te veel vrijheid ons brengt. Er zijn goede dingen en er zijn slechte dingen. Het is onmogelijk om de mensen altijd onder controle te houden. Je kunt onmogelijk voorkomen dat mensen het virus oplopen. Ik denk dat we daarom die NGO's nodig hebben. Om ons te beschermen tegen al die nieuwe ziektes, al die rampen die op ons afkomen. We kunnen er niet op vertrouwen dat de staat dat doet. Daarom hebben we een civiele samenleving nodig.'

'Civiele samenleving' was de nieuwe term die onlangs was toegevoegd aan het politieke vocabulaire, min of meer als vervanger voor 'Partij'. Het was bekend dat de civiele samenleving de Fluwelen Revolutie naar Oost-Europa had gebracht. Die had het verval van het socialisme versneld. In ons geval werd de term pas populair toen de revolutie al achter de rug was, misschien om achteraf een reeks van gebeurtenissen te duiden die in eerste instantie onaannemelijk leken en daarna een etiket behoefden om betekenisvol te worden. Het voegde zich bij nieuwe sleutelwoorden, zoals 'liberalisering', dat in de plaats kwam voor 'democratisch centralisme'; 'privatisering', dat 'collectivisering' verving; 'transparantie' dat 'zelfkritisch' verving; 'transitie', dat gelijk bleef maar nu de overgang aangaf van het socialisme naar het liberalisme in plaats van de overgang van het socialisme naar het communisme; en 'strijden tegen corruptie', dat in de plaats kwam van 'anti-imperialistische strijd'.

Deze nieuwe ideeën gingen allemaal over vrijheid, maar niet meer de vrijheid van het collectief, dat intussen een vies woord was geworden, maar van het individu. Er bestond een hardnekkige argwaan, of misschien was het een residu van het cultureel geheugen, dat grotere individuele vrijheid zonder sociale controle zou inhouden dat individuen de vrijheid hadden om zichzelf schade te berokkenen. Men nam aan dat sociale controle niet meer aan de staat kon worden toevertrouwd. Dit maakte de noodzaak om de civiele samenleving te omarmen nog dringender. Er werd aangenomen dat deze los van de staat stond, maar ook dat hij de staat kon vervangen. Dit 'maatschappelijke middenveld' zou organisch ontstaan, dacht men, maar moest wel gestimuleerd worden. Het zou harmonie brengen en tegelijkertijd erkennen dat sommige verschillen nooit konden worden overbrugd. De civiele samenleving bestond uit veel verschillende belangengroepen en organisaties, die opkwamen als vriendschappen in een socialistische wachtrij, sommige als gevolg van lokale initiatieven, maar de meeste met hulp van onze buitenlandse vrienden. Een van de problemen van ons land die vaak werd gehoord, was dat we geen functionerende civiele samenleving hadden. Het was niet duidelijk of we die in het verleden wel hadden gehad en hij door de Partij was opgeslokt, zoals Kronos die zijn kinderen bij hun geboorte verzwolg, of dat we haar van de grond af aan moesten opbouwen. Het voelde hoe dan ook veiliger om op beide paarden te wedden en Kronos zover te krijgen dat hij zijn kinderen weer uitbraakte, en tegelijk een krachtig sociaal leven op poten te zetten zodat individuen niet alleen spontaan dingen konden organiseren, ideeën uitwisselen, op elkaar reageren en de ruimte kregen om van elkaar, alsmede van commerciële interactie te leren, maar ook om zich te beschermen tegen de dreigende gevaren.

In mijn tienerjaren was ik buitengewoon actief voor de civiele samenleving. Net als veel anderen was ik niet blind voor de voordelen ervan. Die lagen zowel op het geestelijke als het materiële vlak. Met de discussiegroepen van het Instituut voor een Open Samenleving kon je bijvoorbeeld debatteren over onderwerpen als 'Is de doodstraf rechtvaardig?' en meer te weten komen over het Achtste Amendement van de Amerikaanse grondwet. Bij het debat 'Open samenlevingen vereisen open grenzen' kon je iets opsteken over de functie van de Wereldhandelsorganisatie. Bij de informatiecampagnes over aids van Action Plus was je een middag onder de pannen in de voormalige pingpongruimte van het Sportpaleis met gratis pinda's en cola. Bij de Vrienden van Esperanto waren er beloftes om naar Parijs te gaan. Bij het Rode Kruis kon je rondhangen als er levensmiddelen werden gedistribueerd aan behoeftige families en een gratis pak rijst krijgen. Die verschilde van de rijst die we van onze buren leenden: ten eerste was het meer, ten tweede kwam het uit het Westen en ten derde stond er een 'houdbaar-tot-datum' op, die je informeerde voor wanneer je de rijst moest opeten, gewoonlijk de week ervoor.

Mijn vriendin Marsida begon met een Koranstudiegroep. Haar familie had Albanië op de *Vlora* verlaten, maar was net als alle anderen teruggestuurd. Toen de schoenmakerij van haar vader werd veranderd in een nachtclub, verloor hij zijn baan en besloot hij een opleiding tot imam te volgen en in de voetsporen van zijn vader te treden. Marsida leerde me de soera Al-Ikhlas: *Bismillah hir-Rahma nir-Raheem / Qul huwa Allahu ahad / Allah hus-samad / Lam yalid wa lam yoolad / Walam yakul-lahoo / kufuwan ahad.** Een van de beste soera's om te leren, zei ze, was de verklaring van de essentiële kenmerken van God: eenheid, gezag en eeuwigheid. Het kostte twaalf seconden om het hardop te zeggen maar volgens de Profeet stond het reciteren ervan gelijk aan het kennen van een derde deel van de Koran. Toen ze het vertaalde en ik hoorde dat Allah degene is tot wie we ons wenden voor steun, besloot ik naar de moskee te gaan om meer te weten te komen over de moslimgod.

'Heb je voor me gebeden dat ik een baan zou vinden?' zei mijn vader gekscherend toen ik hem vertelde dat de moskee was toegevoegd aan mijn lijst met activiteiten voor de civiele samenleving. 'Dat helpt niet,' antwoordde ik. 'Je moet het lettertype op je cv veranderen. Je moet van Times New Roman overstappen op Garamond.'

* In de naam van Allah, de Barmhartige, de Genadevolle / Allah is de Enige en Onzichtbare / Allah is degene tot wie we ons allemaal wenden voor steun / Hij heeft niet verwekt, noch is Hij verwekt / En niet één is aan Hem gelijk.

Het werkte. Ik weet niet of het door het gebed kwam of door het lettertype – of misschien door de nieuwe politieke contacten van mijn moeder – maar rond mijn veertiende verjaardag kreeg mijn vader een baan aangeboden. Hij werd aangenomen om Plantex te managen, een staatsbedrijf dat zich voorheen had beziggehouden met de export van medicinale planten, maar nu als voornaamste doelstelling het verminderen van de gigantische schuldenlast had.

Mijn vader accepteerde de baan nadat hem meerdere keren was verzekerd dat zijn voorganger alle overtollige werknemers al had ontslagen. Hij was blij met het vooruitzicht en popelde om de uitdaging aan te gaan.

Zijn postcommunistische staat van dienst op het gebied van de financiën van onze familie sprak voor zich. Een paar weken voor zijn aanstelling bij Plantex was hij erin geslaagd het geld terug te betalen dat we hadden geleend toen Ronald Reagan op 4 november 1980 Jimmy Carter versloeg. Ik herinner me die datum nog, omdat mijn familie de laatste lening die mijn oom had verstrekt zo te boek stelde.

Als ik er nu over nadenk, over mijn vaders beroepsmatige overstap van het planten van bomen naar het binnenhalen van geld, komt me dat een beetje voor alsof je Pinokkio naar de Tuin der Wensen stuurt. Maar aan het vertrouwen dat hij voelde kleefde niets arrogants of ongewoons, hij deelde zijn houding tegenover financiën met het hele land.

Wij hadden in 1993 geen spaargeld. Lenen van familie en buren begon langzaam te verdwijnen, enerzijds omdat nu de mogelijkheid bestond naar het buitenland te reizen en om uit te geven wat je had gespaard – wat vroeger zelden het geval was geweest. En anderzijds omdat de inkomens van de mensen sterk uiteen begonnen te lopen, waardoor je als je bij iemand om hulp aanklopte, het risico liep te worden afgeschilderd als een loser. De 'werkplaatsloterijen', fondsen bestaande uit vrijwillige bijdragen van salarissen, bedoeld om collega's kredieten te verstrekken voor de aanschaf van een wasmachine of televisietoestel, waren ook aan het verdwijnen. Persoonlijke transacties werden geanonimiseerd; kredietverstrekkers en verzekeringsbedrijven waren in opkomst. Mijn familie vertrouwde die instellingen niet voldoende om er hun eventuele spaargeld in onder te brengen of er een lening af te sluiten. 'Herinner je je nog het hoofdstuk over faillissementen in César Birotteau?' zei mijn oma dikwijls, alsof het citeren van verzonnen personages uit *La Comédie humaine* van Balzac overtuigend bewijs vormde voor de verdorvenheid van het kredietsysteem. Mijn moeder had een genuanceerdere kijk op het onderwerp. Het zou wel hebben gekund, vond ze, als we daarnaast onroerend goed hadden bezeten, zoals haar familie vroeger. Later veranderde ze van mening, maar in de tussentijd bewaarden we het weinige geld dat we spaarden nog steeds in de binnenzak van mijn grootvaders oude jas, die ons 'geluk bracht'.

De jas was een van de weinige dingen die hetzelfde werkte onder het kapitalisme als onder het socialisme. We hielden het hoofd boven water. Mijn oma ging privélessen Frans en Italiaans geven aan kinderen. Het werd algauw bekend dat ze haar talen niet aan de hand van liedjes en films had geleerd, zoals alle anderen, maar was schoolgegaan op een Frans lyceum. Dit had tot gevolg dat er algauw meer vraag was naar haar lessen dan ze aankon. Onze slaapkamer werd veranderd in een klaslokaaltje, compleet met vouwtafels en stoelen, een ezel met een schoolbord, krijt en werkwoordsvervoegingen die permanent op het bord bleven staan, als om de handelingen onsterfelijk te maken die ze beschreven: *je viens d'oublier, tu viens d'oublier, il/elle vient d'oublier.* Ik had het gevoel dat ik permanent op school zat. Mijn vader incasseerde het contante geld aan het einde van elke les en combineerde welwillendheid met gezag indien er sprake was van een betalingsachterstand. Hij beheerde onze financiën gedisciplineerd en sober, iets wat je vroeger nooit achter hem gezocht zou hebben. Mijn oma vond dat hij een aangeboren talent had om zaken te doen, evenveel talent als mijn moeder. In werkelijkheid was hij doodsbang voor schulden. Hij zei vaak dat schuld een beest is dat slaapt onder het socialisme, net als al het andere, maar klaarwakker is onder het kapitalisme. Wij moesten het doden, voordat het ons doodde. Hij gunde zichzelf geen rust voordat al het geld dat we hadden geleend was terugbetaald. Zodra hij één beest een kopje kleiner had gemaakt, stond hij in de startblokken voor het volgende. Vandaar zijn enthousiasme voor zijn volgende heroïsche missie: het redden van Plantex.

Mijn moeder kocht een zwarte das bedrukt met kleine witte olifantjes voor hem op de markt met tweedehandsgoederen en verstelde mijn grootvaders colbert en broek. Op zijn eerste werkdag liet mijn oma, die nog nooit enige religieuze neiging had getoond, hem drie keer de koran kussen voordat hij het huis verliet, 'gewoon, voor de zekerheid'. Tussen onze recente financiële staat van dienst, de olifanten op de stropdas, de gelukbrengende outfit die hij droeg naar kantoor en het respect dat hij aan Allah had betoond, kon het noodlot nog maar op één vlak toeslaan: zijn gebrekkige kennis van het Engels.

Aanvankelijk leek het een onbetekenend punt. Behalve Albanees sprak mijn vader vijf talen vloeiend. Hij sprak Frans, dat hij als kind had geleerd, net als iedereen in de familie; hij had zich het Italiaans eigen gemaakt door binnengesmokkelde exemplaren te lezen van Pirandello's *Novelle per un anno*; en hij had Russische competities gewonnen toen ons land nog goede contacten onderhield met Moskou. Met behulp van zijn Russisch en de visuele hulp van de Joegoslavische televisie, had hij zichzelf ook Servo-Kroatisch geleerd en Macedonisch, dat volgens hem hetzelfde was als Bulgaars. Hij had niet kunnen weten dat geen van deze talen de grootste fout die hij ooit had gemaakt zou compenseren, althans zo zag hij dat nu, namelijk dat hij geen Engels had geleerd. Hij had niet alleen niets aan zijn andere talen, hij begon zijn beheersing ervan zelfs te beschouwen als het manipulatieve werk van boze krachten die hem hadden weggehouden van de enige taal die hij echt had moeten leren, het Engels. 'Had ik nou maar gekeken naar *Vreemde Talen Thuis*,' verzuchtte hij vaak tegen me, met zijn hoofd in zijn handen. 'Had ik nou maar de *Essenshel* bestudeerd.' '

Dat heet *Essential English for Foreign Students*,' wees ik hem terecht.

Dat maakte hem nog meer van streek. 'Jij hebt geluk gehad, brigatista. Jij hebt Engels op school gehad omdat we toen al hadden gebroken met de Sovjets. Ik heb alleen Russisch gehad.' Het Engels werd zijn nieuwe kwelgeest, de nachtmerrie die hem uit zijn slaap hield. 'Ze komen binnenkort al,' zei hij met trillende stem, 'de buitenlandse experts. Ze komen al heel gauw en ik zal niet met ze kunnen communiceren.' En dan weer later: 'Ik word ontslagen zodra er een andere regering komt. Ik weet het zeker. Ik ken geen Engels.'

'Maar Zafo, dat kun je toch leren,' zei mijn oma vriendelijk. 'En je spreekt Frans – Brussel is belangrijk, we staan immers op het punt om ons aan te sluiten bij de Europese Unie. Er zijn nog steeds veel mensen die Frans leren.'

'Ja, de Fransen leren het nog steeds,' spotte mijn moeder. 'Ze leren het twee keer. De eerste keer als hun moedertaal en de tweede keer als vreemde taal.' Ze voelde zich superieur omdat ze een paar woordjes Engels kende dankzij Nona Fozi, die voor de oorlog op een Amerikaanse kostschool voor meisjes uit rijke families had gezeten. 'Maar ze heeft gelijk. Leer het gewoon!' beval mijn moeder. 'Verspil je tijd niet met piekeren.'

Mijn vader 'verspilde zijn tijd' over het algemeen niet met piekeren. Het tegendeel was het geval, hij zweefde van de ene reeks zorgen naar de volgende, ze hielpen hem om de tijd te markeren, ze gaven structuur aan gebeurtenissen en vorm aan verwachtingen. Piekeren was zijn normale zijnstoestand, een toestand die voor hem even natuurlijk was als ademen en slapen. Hij zou ook wel een reden hebben gevonden om te vrezen voor zijn nieuwe baan als er iets veel minder belangrijks in het spel was geweest dan de Engelse taal. Het probleem met het Engels was niet dat hij erover piekerde, maar dat niemand hem gerust kon stellen. Niemand kon zeggen dat het niet belangrijk was.

Eerst pakte hij de zaak aan zoals hij dat vroeger ook had gedaan: hij schafte een woordenboek aan en koos een boek uit om te vertalen. Die poging mislukte al vlug. Misschien omdat hij besefte dat hij niet kon voortborduren op de talen die hij al kende. Of anders omdat het boek in kwestie een negentiende-eeuwse luxe-uitgave betrof van *The Complete Works of Shakespeare* die uitsluitend aan de confiscatie van de familiebezittingen leek te zijn ontsnapt om mijn vader een halve eeuw later te vernederen.

Daarna probeerde ik hem over te halen mee te gaan naar het Engelse middagprogramma waar ik me voor had ingeschreven. Het heette de Cambridge School en ze boden er gratis onderwijs. In ruil daarvoor moest je vijftig of zestig brieven schrijven naar willekeurige adressen in het Verenigd

Koninkrijk. Iedere deelnemer aan de cursus ontving een stapeltje met gekopieerde bladzijden uit een telefoonboek en mocht daaruit geadresseerden kiezen. In de brieven stelden we onszelf en onze familie voor, deden er een of twee foto's bij, spraken de wens uit om vrienden in het buitenland te maken en vroegen om geld om de Engelse les te steunen. Ik kreeg de letter f toegewezen. Ik ben nooit te weten gekomen wat de volgende stap, na de ontvangst van een antwoord, zou zijn, omdat ik nooit iets terughoorde. Het was net of je oogdruppels in de oceaan gooide. Er gingen wel geruchten dat sommige deelnemers financiële steun hadden gevonden en anderen uitgenodigd zouden zijn om het Verenigd Koninkrijk te bezoeken of er te studeren. Maar niemand zag er ooit bewijzen van, omdat de mensen die dergelijke uitnodigingen ontvingen de brieven niet meenamen in de klas, voor het geval iemand die minder succes had 'het adres van de sponsor zou stelen'. In mijn geval bleef de opbrengst beperkt tot het verbeteren van mijn Engels. Elke brief moest anders zijn, en dat hielp me uiteenlopende formuleringen te vinden om uit te drukken wat uiteindelijk dezelfde elementaire feiten waren. Mijn vader was ook enthousiast. Maar toen hij zich wilde inschrijven, kreeg hij te horen dat het programma alleen bedoeld was voor kinderen en tieners. Het was onwaarschijnlijk dat er iemand zou antwoorden op een brief van een Albanese man van middelbare leeftijd. Onnodig te zeggen dat hij hierdoor nog dieper in de put raakte.

De hoop verscheen in de vorm van een toevallige ontmoeting met een groep jonge Amerikanen in de bus. Waarschijnlijk mariniers, zei hij – zo had hij het begrepen toen ze zich voorstelden. Je kon het ook zien aan de discipline waarmee ze hun zwarte rugzakken droegen, hun strakke broeken, de onberispelijk gestreken witte overhemden, de gladgeschoren kaken en het korte, keurig geknipte haar. De mariniers hadden mijn vader de weg gevraagd. Hij probeerde uit te leggen dat hij er geen woord van begreep, maar hij moet er ook in geslaagd zijn over te brengen dat hij erg leed onder die situatie. Ze schreven iets op een papiertje en stopten dat in zijn zak. Ze organiseerden 's avonds gratis Engelse les, zeiden ze, en hij was welkom om mee te doen.

Hij ging bij de eerste de beste gelegenheid naar de les toe. Hij was heel erg blij met deze regeling. Hij kwam mensen tegen die hij kende, onder wie een buurman, Murat de schoenmaker, die nu een opleiding tot imam volgde. Mijn vader maakte snel vorderingen nu hij Engels leerde van mensen die Engels als moedertaal hadden en los daarvan waren de studieboeken die ze gebruikten ook interessant. Hij leerde over iets wat de Kerk van de Heiligen der Laatste Dagen werd genoemd en over een nieuwe doctrine waar hij nog nooit van had gehoord. Die stond polygamie toe, net als de islam. De discussies in de klas waren altijd heel wezenlijk, heel zinvol, vertelde mijn vader, ze gingen nooit over de trivialiteiten die je zou verwachten in een klas waar Engels voor beginners werd gegeven. Verscheidene aanwezigen verdedigden de superioriteit van de profeet Mohammed, die in tegenstelling tot Jezus nooit zo overmoedig was geweest om te beweren dat hij de zoon van God was; hij was slechts een van de vele profeten, maar had het voordeel dat hij de laatste was en daarom het meest gelijk had. Mijn vader koos geen partij. Hij had ergens gelezen dat zaken van rede en zaken van religie niet konden worden beoordeeld met dezelfde criteria. Maar hij genoot ervan te luisteren en als bemiddelaar op te treden. Sommige mensen op de cursus konden nogal fel uithalen tegen de Heiligen der Laatste Dagen, zei hij. Murat nodigde de mariniers uit om de oude moskee te komen bekijken die onlangs met de hulp van moslimvrienden uit Saoedi-Arabië in zijn oude functie was hersteld, na jarenlang in gebruik te zijn geweest als jeugdcentrum.

Mijn vader had intussen begrepen dat ze geen mariniers heetten. Zijn Engels was zo slecht, dat hij het in de bus verkeerd had verstaan. Ze heetten mormonen. Ze zeiden dat ze zendelingen waren, maar in mijn familie bestond er een verschil van inzicht over de precieze aard van hun missie. Mijn vader meende dat ze alleen maar Engels wilden onderwijzen, Nini bracht daartegen in dat als ze alleen maar Engels wilden onderwijzen, ze zich geen zendelingen zouden noemen maar leraren. Zendelingen werden zendelingen genoemd omdat het hun missie was mensen tot hun geloof te bekeren. 'Het hoort allemaal bij een civiele samenleving,' was mijn moeders bijdrage aan het gesprek, alsof alleen al het noemen van die twee woorden een einde kon maken aan alle religieuze disputen.

'Arme jongens,' verzuchtte mijn grootmoeder.

'Zeg dat wel, arme jongens,' reageerde mijn vader. 'Het is helemaal niet fair om te zeggen dat ze mensen bekeren. Ze zijn in de klas in de minderheid en moeten zich de hele tijd verdedigen. Het zijn juist Murat en zijn vrienden die hen proberen te bekeren tot de islam.'

'Dat bedoel ik nou,' zei mijn moeder. 'Dat hoort allemaal bij het debat.'

'Arme jongens,' herhaalde Nini.

Vanaf die dag zei ze altijd dat mijn vader bij 'die arme jongens' was, als hij 's avonds naar Engelse les was vertrokken.

17

De Krokodil

Mijn vader oefende zijn Engels ook met 'de arme man' die aanvankelijk bekendstond als de Krokodil. Hij heette Vincent van de Berg. Hij was geboren in Den Haag, en had het grootste deel van zijn leven in het buitenland gewoond. Hij was ook een soort zendeling. Hij werkte voor de Wereldbank. Hij liep niet met een bijbel in zijn rugzak rond, maar met een roze krant die de *Financial Times* heette. Die zat in een kleine leren tas, waarin hij ook een geavanceerde computer vervoerde, de eerste computer die ik ooit had gezien. Hij was naar Albanië verhuisd om de regering te adviseren over allerlei privatiseringsprojecten. Hij was een 'deskundige', het soort deskundige met wie we volgens de terechte voorspellingen van mijn vader algauw te maken zouden krijgen en voor wie hij zich genoodzaakt voelde Engels te leren.

Vincent was deskundige op het gebied van samenlevingen in transitie. Hij leefde zelf ook op zijn eigen manier in transitie. Hij was altijd onderweg van de ene samenleving in transitie naar de volgende. Hij had in zoveel landen gewoond, dat ik me maar één vraag herinner die hem nog meer in verlegenheid bracht dan toen we vroegen hoeveel hij verdiende, namelijk waar hij hiervoor had gewoond. Hij was niet in staat om zich de namen te herinneren van alle verschillende plekken waar hij was geweest. Hij haalde licht zijn schouders op, kneep zijn ogen tot spleetjes en zweeg, terwijl hij in de verte staarde. Hij staarde naar de horizon alsof hij wachtte tot de wolken zich zouden samenpakken tot een wereldbol en een landkaart zouden vormen, die hem zou helpen alle landen te zien die hij had doorkruist. Hij krabde aan zijn hoofd en bloosde bijna toen hij met een geheimzinnig glimlachje, dat het midden hield tussen spijtig en verontschuldigend, zei: 'O, in heel veel landen. Heel erg veel. In Afrika, in Zuid-Amerika. In Oost-Europa. Nu op de Balkan. Overal. Ik ben een wereldburger.'

Vincent was zo goed als kaal, met hier en daar een plukje kort grijs haar, en droeg een grote bril met een dun, zilverkleurig montuur. Hij droeg donkerblauwe spijkerbroeken en shirts met korte mouwen die een beetje leken op die van de Amerikaanse mariniers, alleen hadden ze in plaats van een borstzakje een krokodilletje. De krokodil was van textiel en keek altijd dezelfde kant uit, hij had zijn bek wijd open en liet scherpe tanden zien die veel te groot leken voor de rest van zijn lichaam. Van de Berg wisselde vaak van shirt en droeg elke dag een andere kleur, maar de krokodil was een vast gegeven. Ik schertste dat hij misschien dol was op krokodillen omdat ze hem deden denken aan alle exotische plekken waar hij was geweest. Mijn vader zei dat het waarschijnlijk eerder was bedoeld als hulp om Vincent te herkennen. Toen Van de Berg in onze buurt kwam wonen noemde iedereen hem de Krokodil, totdat er iets gebeurde wat hem de bijnaam 'de arme man' opleverde.

Flamur was degene die Van de Berg naar onze straat bracht. De twee ontmoetten elkaar op de warenmarkt, waar Flamur werkte als kruimeldief. Hij had dit beroep gekozen toen hij van school moest nadat de fabriek van zijn moeder sloot en meerdere pogingen om het land te verlaten waren mislukt.

Hij probeerde Vincents portemonnee te stelen voordat hij besefte met wie hij te maken had. Van de Berg was net zo ervaren in het signaleren van iemand die iets uit zijn broekzak probeerde te ontvreemden, als in het leiden van transities. 'Ik liet de portemonnee zitten waar hij zat,' vertelde Flamur achteraf, 'en om hem af te leiden vroeg ik of hij hulp nodig had op de markt. Ik leidde hem langs de verschillende kramen. Hij was net aangekomen en zocht naar woonruimte die hij kon huren. Ik bood hem ons huis aan.'

Van de Berg kwam naar het huis kijken en dat stond hem wel aan. Hij vroeg wanneer hij erin kon trekken en Flamur antwoordde dat de huidige huurders hadden toegezegd al heel gauw te zullen vertrekken, op zijn laatst over een week. Gedurende die week hielpen we Flamur en zijn moeder, Shpresa, met het inpakken van al hun spullen en het verhuizen naar een kamer die ze konden huren van hun naaste buren, de familie Simoni, wier huis leegstond na hun emigratie naar Italië. Met het geld dat het gezin overhield aan het verschil in huur en het feit dat Shpresa haar diensten als werkster en kokkin aanbood aan Van de Berg, kon Flamur terug naar school, waar hij in detail verslag deed van de activiteiten van de Nederlandse man. De Krokodil vertrekt al heel vroeg in de ochtend, vertelde hij. De Krokodil nodigt alleen buitenlanders uit om te komen eten, nooit Albanezen. De Krokodil heeft samen met zijn vrienden in de tuin een salade gegeten voor het avondeten. De Krokodil zei dat die hem deed denken aan een Griekse salade. De Krokodil had een afspraakje met een meisje dat voor de Italiaanse katholieke school werkte en daarna met haar vriendin, die vertaalde voor de Soros-stichting. De Krokodil zei dat zijn ondergoed vannacht van de waslijn was gestolen. Dat soort dingen.

Een paar weken nadat de Krokodil in Flamurs huis was

getrokken kreeg hij de bijnaam 'de arme man', na het eerste etentje dat alle buren samen hadden georganiseerd om hem welkom te heten in onze straat. Hij was niet echt arm, dat namen wij tenminste aan. Als hij echt arm was geweest zou hij hebben geprobeerd ons land te verlaten, zoals iedereen, hij zou zich er niet hebben gevestigd. Integendeel, iedereen veronderstelde dat Van de Berg heel rijk was, maar ook heel gierig. Hij bood je nooit iets aan als je hem op straat tegenkwam, geen kauwgom of snoepje, in tegenstelling tot de toeristen die we zagen toen we nog klein waren.

Eerst was het etentje om Vincent welkom te heten een vrolijke bedoening. We zetten tafels en stoelen neer in de tuin van de Papas, net zoals we dat vroeger altijd deden. Er heerste de gebruikelijke drukte, kinderen renden heen en weer om bestek en borden te halen, honden snuffelden onder de tafels en er kwam muziek uit de luidsprekers. Er werden verscheidene gangen mezze uit verschillende huizen gebracht, samen met byrek, gehaktballetjes, gevulde paprika's, geroosterde aubergines, olijven, diverse yoghurtsauzen, lamsvlees op spiesen, Turks fruit, baklava, kataifi, bier, wijn, slivovitz, druivenraki, ouzo, Turkse koffie, espresso, bergthee, Chinese thee en heel veel blikjes, niet alleen cola, maar ook andere frisdranken die in onze winkels hun intrede hadden gedaan. Flamur had de rol van dj op zich genomen en zat boven, op de veranda, onvermoeibaar cassettes te wisselen om alle stijlen en smaken aan bod te laten komen, en droeg jongere kinderen op meer cassettes te halen als hij het gevoel had dat er iets aan het repertoire ontbrak. De dansvloer bleef de hele avond vol: sommigen stonden op om mee te doen aan de traditionele reidansen, sommigen sprongen alleen op als ze het kozakkenlied hoorden, anderen rezen elegant in reeds gevormde koppels op vanachter de tafels toen 'De Blauwe Donau' werd gespeeld, en weer anderen, zoals mijn vader, wilden alleen maar dansen op Bill Haley en Elvis Presley. En als de mensen niet dansten, zongen ze, van 'Ochi Chyornye' tot 'Let It Be', van 'Felicità' van Al Bano en Romina Powers tot 'Luleborë' – wat het enige liedje was waarvan de tekst enige gelijkenis vertoonde met de echte tekst.

Van de Berg zat aan de tafel in het midden van de tuin, op de plaats die voor de bruid en bruidegom zou zijn bestemd als het een bruiloft was geweest. Hij zong of danste niet, maar hij leek het naar zijn zin te hebben, hij tikte de maat mee op tafel en schudde ritmisch zijn hoofd heen en weer, neuriede de liedjes mee die hij kende. Het deed hem denken aan de feesten in Ghana, zei hij. De mannen stelden zich om beurten aan hem voor, ze schudden hem krachtig de hand en klopten hem op zijn rug. 'Welkom, Vincent! Neem nog een glaasje raki! Deze heb ik gemaakt,' zei iemand dan. 'Dit drinken we op jouw gezondheid!' zei de volgende. En dan weer: 'Je zei toch dat je uit Nederland kwam? Dan drinken we op de vriendschap tussen Albanië en Nederland!' En ook: 'Proost, Vincent! Lang leve de Wereldbank! God behoede Amerika!'.

Naarmate de avond verstreek, namen de vrouwen het over. Ze waren minder luidruchtig dan de mannen, maar deden niet onder in hun enthousiasme om Van de Berg ervan te verzekeren dat hij welkom was, betrokken bleef bij de steeds levendiger discussies en, het belangrijkst, voldoende te eten had. 'Vincent, heb je de byrek met vlees en ui al geprobeerd?' 'Die is heerlijk,' antwoordde Vincent. 'Ik heb weleens samosa gegeten, maar die was gekruider.' '*Samovar*? Wat is dat? Dat is toch Russisch? Hier, neem een paar gehaktballetjes in tomatensaus, zo moet je ze eten, nee, die niet, Vincent, die saus is koud geworden, je kunt hem beter eten met deze hier, of met de yoghurtsaus, deze, die is veel beter; Leoesjka, haal de vijzel eens, we zijn vergeten om peper fijn te maken, Vincent moet het met peper proberen...'

Halverwege de maaltijd zag Vincent er moe uit. Hij tikte minder op de tafel en legde zijn hand op zijn maag alsof hij pijn had. De mensen bleven hem vragen waar hij had gewoond, hoe hij werk had gevonden in Albanië en informeerden naar zijn familieomstandigheden: 'Je bent in Den Haag geboren, zei je? Ik heb een neef in Den Haag wonen. Hij heeft het land in de jaren vijftig verlaten, via de Joegoslavische grens. Hij heette Gjergji, Gjergji Maçi. Ik geloof dat hij zich daar Joris noemde, ben je hem ooit tegengekomen – Joris, Joris Maçi? Het kan best zijn dat hij inmiddels dood is...' Van de Berg schudde zijn hoofd. Er was een frons op zijn voorhoofd verschenen, nauwelijks zichtbaar, en hij glimlachte minder, maar het scheen niemand op te vallen.

Na een poosje stond hij op en informeerde waar hij de wc kon vinden. Een groep mannen vergezelde hem het huis in en liep weer mee terug toen hij klaar was. 'Vincent,' vroeg Donika, de gastvrouw van het etentje, toen hij weer op zijn stoel zat, 'je zei toch dat je niet getrouwd was? Hoe komt dat? Je bent nog niet zo oud, hoe oud zei je dat je was? Maak je geen zorgen, misschien kom je wel een leuk Albanees meisje tegen. Albanese vrouwen zijn erg mooi en ze werken heel hard! Hier, neem wat baklava, die heb ik zelf gemaakt, er zitten walnoten in.' 'Walnoten,' herhaalde Vincent en hij bedankte beleefd. 'Die met pinda's heb ik al gehad, die met walnoten nog niet, maar ik heb genoeg gehad, dank je wel.' 'Genoeg? Nee, je hebt niet genoeg gehad! Zo'n grote man als jij, genoeg! Misschien heb je het warm? Waarom trek je je jasje niet uit? Kijk eens hoeveel er over is. Shpresa zal helemaal van slag zijn als je haar kataifi niet proeft, hij is heerlijk. Hier, neem nu wat baklava en hou wat ruimte over voor de kataifi straks.'

De druppel die de emmer deed overlopen was toen Flamur de traditionele muziek draaide voor de Napoloni, een traditionele dans, en het volume van de geluidsinstallatie opdraaide. Al bij de eerste noten herkende iedereen die nog aan tafel zat het lied en spoedde zich zo gehaast naar de geïmproviseerde dansvloer, alsof ze met spoed onderdak moesten vinden na een natuurramp. Toen herinnerde iemand zich dat Van de Berg in zijn eentje aan tafel was achtergebleven. Een delegatie van twee mannen, een jongere en een oudere, werd haastig teruggestuurd, en wijzend naar de plek waar de rest van de groep zong, danste en met zakdoeken zwaaide, schreeuwden ze in zijn oor: 'Vincent, we moeten dansen, dit is de Napoloni, die moet je leren, je kunt niet in Albanië wonen zonder de Napoloni te leren, kom mee!'

Van de Berg gaf met een gebaar te kennen dat hij niet van dansen hield. De mannen trokken zijn stoel naar achteren en schreeuwden nogmaals: 'Vooruit, niet zo verlegen, het is de Napoloni, daar moet je op dansen. Hier, hier heb je een zakdoek!' Van de Berg schudde met zijn schouders om zichzelf te bevrijden uit hun greep. 'Ik kan niet dansen,' zei hij. 'Ik ben geen goede danser. Ik kijk liever. De Napoloni lijkt een beetje op de dans van Zorba.' Terwijl de dans voortging en de muziek bij de laatste noten was aangekomen, drongen de mannen, die een beetje geïrriteerd waren omdat ze hun favoriete nummer dreigden te missen, nog sterker aan.

'Vincent!' riep de jongste van de twee bijna wanhopig uit. 'Vlug, vlug, Vincent, het is bijna afgelopen, de Napoloni is bijna afgelopen. Hoe bedoel je, ik kan niet dansen! Natuurlijk kun je wel dansen, iedereen kan de Napoloni dansen: kijk maar, je houdt gewoon de zakdoek zo vast en zwaait ermee in de lucht, en je spreidt je armen wijd als een vliegtuig, en je houdt ze zo, op, op, op en open, je houdt je armen stil, je hoeft alleen je buik maar te bewegen...'

Om te laten zien hoe dansen als een vliegtuig eruitzag, pakte de oudste van de twee mannen Vincents linkerarm en de jongste zijn rechterarm en probeerden die op te tillen. Van de Berg liep knalrood aan. Zweetdruppeltjes parelden op zijn voorhoofd. Hij duwde de beide mannen weg en ging weer op de stoel zitten en net toen de muziek ophield, sloeg hij met zijn vuist op tafel waardoor er een glas raki op de grond viel. Hij was buiten zichzelf van woede. 'Hoor eens, ik ben vrij!' riep hij uit. 'Snappen jullie dat? *I am free!*'

Iedereen op de dansvloer bevroor. Ze keerden zich om naar de tafels. Donika's man Mihal, die aan de andere kant van de cirkel zat, kon het niet goed zien. Hij kwam overeind en liep erheen om te kijken of er een gevecht was uitgebroken tussen een paar dronkenlappen. Toen zag hij dat er iets mis was met Van de Berg, hij herinnerde zich dat hij alleen maar kon communiceren in zijn eigen taal en vroeg of iemand wilde helpen bij het tolken. Vincent, die zijn emoties weer onder controle had, pakte zijn spullen, kwam overeind en zei tegen Mihal: 'Mijn excuses. Ik moet weg. Ik ben erg moe. Hartelijk bedankt voor het heerlijke etentje.'

Er klonk geroezemoes terwijl de mensen teruggingen naar hun tafels en Mihal met Van de Berg meeliep naar de deur. 'Hij zei wel dat hij genoeg had gehad,' merkte Shpresa op toen hij was vertrokken, 'maar ik dacht dat hij eten voor ons wilde overlaten en zich zorgen maakte om de kosten. Arme man.'

'Arme man,' bevestigde Donika. 'Het zal wel door de muggen komen. Of door de warmte. Die toeristen kunnen daar gewoon niet tegen. Ik heb het heel vaak tegen hem gezegd, maar hij vertikte het om zijn jasje uit te doen.'

'Arme man,' herhaalde mijn vader. 'Hij heeft weleens gezegd dat hij niet goed kon dansen, dat hij er niet van hield.'

'I am free!' herhaalden de twee mannen die Vincent de Napoloni hadden proberen te leren. Ze keken vertwijfeld en haalden hun schouders op. 'Wat bedoelt hij eigenlijk? Alsof iemand je vrijheid probeert af te pakken. We zijn hier allemaal vrij. Als je wilt dansen, prima. Als je niet wilt dansen, ook goed. Zeg het gewoon, het is toch niet nodig om met je vuist op tafel te slaan. Die arme man. Hij moet heel veel last van de warmte hebben gehad.'

Sinds het etentje was men het er stilzwijgend over eens dat, hoe we ons ook uitsloofden om Van de Berg te laten integreren, hij nooit een van ons zou worden. Mijn vader was de enige in de straat die regelmatig contact met hem had, ofwel omdat hij zijn cijfers in het Engels wilde oefenen door over het tuinhek de voetbaluitslagen met hem te bespreken, ofwel omdat ze elkaar regelmatig zagen bij vergaderingen over privatisering. Wat de andere buren betreft, ze groetten hem beleefd van een afstandje, terwijl ze bleven roddelen over 'de arme man', soms over 'de arme Nederlander' en wat minder vaak over 'de Krokodil'. Als hij aan het begin van de straat verscheen, trokken de vrouwen die met elkaar op de stoep stonden te kletsen zich terug in hun huizen, om een paar minuten later weer tevoorschijn te komen. Ze hervatten hun gedetailleerde analyse van de gewoonten van 'de arme man', als een groep therapeuten die een psychoanalytische sessie hielden in afwezigheid van de patiënt. Heb je gemerkt dat hij elke ochtend gaat joggen, bijna alsof hij is opgegroeid in de Culturele Revolutie? Zou hij soms een spion zijn? En is het niet raar dat hij nooit iemand omhelst of de hand schudt? Ik vraag me af of zijn ouders nog leven. Waarschijnlijk zitten ze ergens in een verzorgingshuis, want zo doen ze dat. Hij moet wel hopen geld verdienen dat hij met al die wachtrijen en stroomstoringen wil leven. Honderd per dag misschien? Duizend?

In de weekenden verkende Van de Berg de natuur. De krokodillenshirts bleven, maar zijn laptoptas verwisselde hij voor een rugzak, verder droeg hij een beige korte broek in plaats van een donkere spijkerbroek, hij zette een strooien hoed op waarop 'Ecuador' te lezen was en nam een camera mee, zodat hij eruitzag als de eerste de beste toerist.

'Vincent, ben je al op de Dajtiberg geweest?' vroeg mijn vader bijvoorbeeld, als ze een praatje maakten over het tuinhek. 'Nog niet,' antwoordde Van de Berg, 'maar ik ben van plan om er binnenkort naartoe te gaan, en ook naar die andere plek, ik kan even niet op de naam komen. Ik weet het niet meer precies, het was moeilijk uit te spreken, ik probeer het maar niet eens!'

Van alle hebbelijkheden van Van de Berg, verbaasde deze de mensen nog het meest. Hij slaagde er nooit in zich de exacte namen te herinneren van de plaatsen die hij had bezocht, de mensen die hij had ontmoet of de dingen die hij had gedaan. De verschillende geluiden, smaken en ontmoetingen waren in zijn hoofd allemaal opgeslagen als documenten op een chaotisch kantoor, waarvan alleen de eigenaar de ordening kent. Altijd als we een nieuw gerecht aanbevalen om eens te proberen, een toeristische plek die een bezoek waard was of als we hem een veelgebruikt woord in onze taal wilden leren, accepteerde hij de aanbeveling zonder enige verbazing, dacht meteen terug aan een andere ervaring waarmee hij deze kon vergelijken en liet zich door ons leiden, zonder enig blijk te geven van desoriëntatie. Hetzelfde gold als we hem waarschuwden voor moeilijkheden of probeerden te helpen bij problemen. Vincent was dankbaar voor de tips, maar je kreeg altijd de indruk dat hij ze eigenlijk niet nodig had. Behalve tijdens het etentje, toen hij zijn zelfbeheersing verloor, zag ik nooit een spoor van opwinding. 'Vincent,' zeiden we bijvoorbeeld, 'misschien komt er vanavond een stroomstoring, want we hebben er de hele dag nog geen gehad. Heb je kaarsen in huis?' Of: 'Vincent, het is nu twee uur 's middags, meestal krijgen we rond deze tijd weer water uit de kraan, je kunt maar beter een paar flessen laten vollopen, anders zit je over een halfuur weer zonder.' Waarop Vincent reageerde met: 'O juist, ja! Bedankt voor de waarschuwing. We hadden hetzelfde toen ik woonde in... hoe heette het daar ook alweer, het was in het Midden-Oosten, daar hadden we ook problemen met het water en regelmatig stroomstoringen. Hier zijn tenminste geen bommen!' Herhaling was Vincents geheime wapen, de indruk die hij wekte dat hij alles al eens had beleefd was als een magische kracht, een truc die hem hielp om alles wat nieuw was vertrouwd te maken, om het vreemde terug te brengen tot bekende categorieën.

Op ons had dit het omgekeerde effect. Wanneer Vincent dit soort associaties naar boven haalde met plaatsen waar hij was geweest, en ervaringen uit zijn vorige leven met ons deelde, werd voor ons het bekende vreemd. We voelden ons niet beledigd dat we Vincent niets nieuws konden leren, maar het had iets verontrustends om erachter te komen dat de dingen waarvan wij meenden dat die alleen bij ons hoorden, toch niet zo uitzonderlijk waren; dat alles waarvan we dachten dat het bijzonder was, deel uitmaakte van een patroon waarmee degenen die meer van de wereld hadden gezien vertrouwd waren. De gerechten die we gemeen hadden met andere keukens, de ritmes van traditionele liedjes en dansen, de geluiden van onze taal – het leek allemaal niet alleen aan ons toe te behoren maar ook aan anderen, en dat wij dat niet wisten was een tekortkoming van ons. Onze helden waren doodgewone mensen, er waren miljoenen anderen op de wereld zoals zij; onze taal was een lappendeken van woorden, afkomstig uit alle windstreken. We bestonden niet als een product van onze inspanningen maar bij de gratie van anderen, machtiger vijanden misschien, die hadden besloten ons met rust te laten en die als stempel van hun overwinning wel duizend kleinere plaatsen naar hun eigen beeld hadden achtergelaten, die onderling allemaal op elkaar leken en die allemaal van zichzelf dachten dat ze uniek waren.

Het vermogen van Van de Berg om parallellen te trekken tussen de meest ongelijksoortige ervaringen, overeenkomsten te zien tussen mensen in verschillende delen van de wereld en je duidelijk te maken dat bijvoorbeeld een byrek in Albanië niet anders smaakt dan een niet-pikante samosa, of dat een vuilnisstort in Durrës er precies hetzelfde uitziet als een vuilnisstort in Bogota, deed me soms denken aan mijn juf Nora. De inhoud van hun beweringen overlapte niet, maar hun neiging tot generaliseren vertoonde wel een zekere overeenkomst: hun vermogen om details te abstraheren, de manier waarop ze situaties met elkaar vergeleken en die vergelijking gebruikten om een bredere visie op de wereld uit te leggen en zo hun kennis van een heel systeem te tonen. Nora zei altijd dat we meer gemeen hadden met onze broeders en zusters in andere delen van de wereld dan we beseften. Iedereen, tenzij ze zich net als wij ervan hadden bevrijd, was onderworpen aan dezelfde kapitalistische uitbuiting, legde ze uit, we maakten allemaal deel uit van dezelfde wereldwijde anti-imperialistische strijd. Onderdrukking, vertelde ze ons, heeft overal hetzelfde gezicht.

Van de Berg erkende het kapitalisme niet, althans hij vond het geen passende term om welke vorm van historische ontwikkeling dan ook mee aan te duiden. Het was net zo min een nuttig etiket voor een fenomeen, als de exacte namen van de plaatsen waar hij had gewoond. Het enige onderscheid dat hij onderschreef, was tussen samenlevingen in transitie en de andere, die de overstap al gemaakt hadden; tussen de mensen die onderweg waren en degenen die in het verleden al waren aangekomen. Natuurlijk had hij wel een vaag begrip van de bestemming. Maar de inhaalslag was belangrijker dan de uitleg waar je naartoe ging. En in tegenstelling tot mijn juf Nora van de basisschool, die hamerde op de noodzaak van de wereldwijde strijd van het proletariaat, was Van de Berg er niet voor om enig verzet te mobiliseren, maar om 'transparantie te kweken', 'mensenrechten te verdedigen' en 'corruptie te bestrijden'. Hij had andere instrumenten om verandering teweeg te brengen, zoals 'de internationale gemeenschap' en 'participanten uit de civiele samenleving'. En hij had andere intenties.

18

Structurele hervormingen

'Weet je wat het allermoeilijkste is wat ik in mijn leven heb gedaan?' vroeg mijn vader eens op een stormachtige novemberochtend voordat hij naar zijn werk ging. Hij stond voor de dichtgeschoven gordijnen in onze woonkamer te luisteren naar het raam dat rammelde in de luchtstroom en roerde in zijn koffie.

'Was dat toen je tegen me moest liegen over onze verwantschap met premier Ypi?' vroeg ik. 'Dat moet heel moeilijk zijn geweest.'

Hij schudde zijn hoofd.

'Wacht, ik weet het al,' zei ik. 'Weet je nog toen ik dolgraag een foto van Enver Hoxha op de plank wilde hebben? Jij zei toen dat we er een mooie lijst voor moesten hebben en dat we moesten wachten tot die klaar zou zijn. Daar was ik bijna in getuind.' Ik grinnikte.

Vijf jaar na de val van het socialisme waren voorvallen uit ons leven van destijds deel uit gaan maken van het repertoire van vermakelijke familie-anekdotes. Het maakte niet uit of de herinneringen absurd, hilarisch of pijnlijk waren, of dat allemaal tegelijk. We maakten er grapjes over onder het eten, als dronken zeelieden die een schipbreuk hadden overleefd en elkaar met graagte hun littekens lieten zien. Mijn vader maakte meer grapjes dan wie ook. Hij maakte ze de hele tijd, zo vaak, dat je dikwijls moeilijk kon opmaken uit de toon waarop hij een vraag stelde of die serieus was bedoeld of dat hij anderen aan het lachen wilde maken. Op een bepaald ogenblik in zijn leven was hij tot de slotsom gekomen dat ironie meer was dan een retorisch middel, het was een manier om te overleven. Hij maakte er overvloedig gebruik van en vond het meestal leuk als mijn broer en ik hem probeerden te imiteren.

'Of was het toen ik...?'

'De wereld draait niet altijd om jou, Leoesjka,' onderbrak hij me kortaf. Hij was niet in zijn gebruikelijke speelse stemming.

Hij was onlangs gepromoveerd tot algemeen directeur van de haven, de grootste haven van het land en een van de grootste in de Adriatische Zee. Er werd een telefoonlijn in ons huis aangelegd en het eerste wat hij elke ochtend deed was bellen met het Havenkantoor. Hij maakte zich zorgen over stormen waardoor veerboten niet konden aanleggen, hijskranen die werden bedreigd door de wind, wachtrijen die zich in het douanekantoor vormden. Na twee jaar de leiding te hebben gehad over Plantex, waarmee hij had bewezen kosten te kunnen besparen en schuldenlasten te verminderen, moest iemand op een hoge post hebben gedacht dat hij klaar was om nog grotere verantwoordelijkheden op zijn schouders te nemen. Hij ontving een hoger salaris, kreeg een privéchauffeur die hem elke ochtend in zijn Mercedes Benz ophaalde en naar zijn werk bracht, en verdubbelde de dosis valium die hij toch al nam om te kunnen slapen.

Ik raadde nog een paar keer en paste de toon van mijn reacties aan. Was het die keer dat hij als klein jongetje van zes of zeven zijn moeder probeerde te beschermen tegen de schoppen van een politieman? Of toen hij zijn hondje moest weggeven omdat zijn familie werd gedeporteerd? Of toen hij voor het eerst zijn vader zag, nadat die ontslagen was uit de gevangenis en hij zich afvroeg wie die vreemdeling was die bij hen was komen wonen? Was het toen hij zijn beste vriend ervan verdacht spion te zijn?

Hij schudde zijn hoofd en staarde naar de bodem van zijn koffiekopje, alsof hij verwachtte dat de geconcentreerde zwarte vloeistof zijn nog zwartere gedachten zou wegspoelen.

'Dit is het,' zei hij en hij trok langzaam het gordijn weg om een groep van twintig of dertig Roma te laten zien die zich in de tuin hadden verzameld. Sommige vrouwen hadden peuters op hun rug gebonden, anderen gaven zittend op de grond hun baby de borst. Voor het tuinhek stonden er nog meer, ze drukten hun gezichten tegen het metalen hek als roerloze gevangenen achter tralies. Toen ze mijn vader achter het opengetrokken gordijn zagen staan, kwam er opeens beweging in de tuin; ze wezen allemaal naar ons raam en begonnen te roepen: 'Daar is-ie! Hij is er! Hij is wakker! Hij komt naar buiten!'

Mijn vader sloot het gordijn. Hij ging op de bank zitten en stak zijn hand uit naar zijn astmapompje, hij ademde een paar keer diep in om het medicijn te inhaleren. Zijn handen trilden altijd al: het resultaat van jarenlang medicijngebruik tegen de astma die hij als kind had opgelopen. Nu trilden ze nog meer.

'Ze werken in de haven,' zei hij na een korte stilte. 'Weet je hoe we ze noemen? Structurele hervormingen.'

Zijn gezicht was pijnlijk vertrokken, iets wat hij probeerde te verbergen, zoals iemand die het toneel op moet, nadat zijn vingers net tussen de deur van de kleedkamer bekneld hebben gezeten. Al sinds zijn arbeidscontract met de haven was ingegaan, was hij in onderhandeling met buitenlandse deskundigen zoals Van de Berg over wat de Wereldbank 'structurele hervormingen' noemde. Net als alle andere staatsbedrijven had de haven tekorten en werd erop aangedrongen dat er kosten werden bespaard. Deze keer beloofde niemand dat er geen ontslagen zouden vallen. De deskundigen maakten wat zij een 'routekaart' noemden, waarvan de eerste stap bestond uit een reeks ontslagen van overwegend laaggeschoolde arbeiders. Er werkten honderden zigeuners in de haven: vrachtladers, schoonmakers, vrachtvervoerders, magazijnmedewerkers. Op mijn vader rustte de verantwoordelijkheid om ze allemaal te ontslaan.

Toen de havenarbeiders hoorden dat ze hun werk zouden kwijtraken, begonnen ze in de vroege ochtenduren naar ons huis toe te komen, waar ze geduldig wachtten tot mijn vader vertrok. Eerst waren het er maar vier of vijf, maar naarmate het nieuws van de structurele hervormingen zich verspreidde, groeiden de aantallen. Ze stonden in de tuin totdat mijn vader in de deuropening verscheen en dan riepen ze naar hem en smeekten hem er nog eens over na te denken. 'Goedemorgen, baas. Je bent een goeie man, baas, doe het niet, luister niet naar die dieven.' 'Gaat het om het drinken, baas? Is dat het? Ik kan morgen stoppen met drinken, als dat het probleem is. Morgen kan ik stoppen met drinken en ik kan ook stoppen met roken, als je wilt. Wie heeft er tegenwoordig nog geld voor raki? Ik ben al heel veel geminderd, baas, echt heel veel.' 'Ik hoef nog maar een paar jaar tot mijn pensioen, baas. Nog maar twee jaar. Ik werk al sinds mijn dertiende in de haven.' 'Ik heb nog nooit iets gestolen, baas. Ze zeggen toch altijd dat zigeuners stelen. Misschien heeft iemand tegen je gezegd dat ik iets uit het magazijn heb gestolen. Maar ik heb nog nooit een cent gestolen. Dat zweer ik op het hoofd van mijn kinderen. Ik heb nog nooit iets gestolen.' 'Laat me mijn werk doen. Ik hou van mijn werk. Het is hard werken, maar ik hou ervan. Ik ken iedereen in de haven. De haven is mijn thuis. Ik slaap er, ik eet er, ik doe alles in de haven. Als ik thuiskom liggen mijn kinderen al te slapen.'

'Ik weet niet hoe ik naar buiten moet gaan,' zei mijn vader die ochtend. 'Elke dag zijn er meer mensen. Gisteren heb ik weer een vergadering met ze gehad op kantoor. Ik heb voortdurend vergaderingen. Eerst met de Wereldbank, dan met hen, dan nog een keer met de Wereldbank. Kijk eens naar die mensen die daar staan. Zij denken dat het van mij afhangt. Zij denken dat ik iets kan doen. Ik weet niet wat ik tegen ze moet zeggen. Er zijn nu nieuwe regels. Alles gaat anders, ondernemingen worden anders gerund. Delen van de haven zullen moeten worden geprivatiseerd. Iemand moet het doen. Toevallig ben ik dat, maar als ik het niet was, zou het iemand anders zijn, wie dan ook, maakt niet uit wie, iemand moet het doen.'

'Waarom moet jij het doen?' vroeg ik.

'We kunnen ze niet allemaal op de loonlijst laten staan,' zei hij. 'Van de Berg zegt dat we moeten moderniseren, geld besparen, nieuw materiaal kopen. Hij heeft het over hen vervangen, alsof ze machines zijn. Alsof je een oude machine wegdoet en een snellere koopt. Pats, net zo makkelijk. Ik weet niet hoe ik dat moet doen. Ik ben geen machine. Ik wou dat ik een machine was, zodat iemand me kon programmeren om het te doen. Van de Berg zegt dat ze het in Bolivia ook hebben gedaan. Ik ben nog nooit in Bolivia geweest. Deze mensen weten niet eens waar Bolivia ligt. Wat heeft het trouwens te betekenen dat ze het in Bolivia hebben gedaan – nou en? Kijk naar ze. Het zijn geen machines. Het zijn mensen. Ze hebben tranen in hun ogen en zweet op hun voorhoofd. Ze zouden ook hoop koesteren, als die er nog was. Ga naar het raam toe.

Ga daar staan en kijk goed. Structurele hervormingen, worden ze genoemd. Structurele hervormingen.'

Mijn vader haalde zenuwachtig zijn regenjas van het hangertje, verliet het huis en knalde de deur achter zich dicht. Ik deed wat me was opgedragen. Ik ging terug naar het raam en deed dat open om te luisteren. Toen hij in de tuin verscheen hield de menigte zich stil. Het hek ging open en er kwam een man tevoorschijn; een man met de lengte van een vijfjarige, die op zijn handen over de grond hupte, waarbij zijn bungelende geamputeerde bovenbenen als een vissenstaart uit zwiepten naar links en rechts. Vanuit het raam herkende ik Ziku, de kreupele Roma die ik als kind vaak bij de ingang van de begraafplaats zag, waar hij om geld bedelde.

Ziku glimlachte en zwaaide als iemand die een oude bekende ziet. Het was me nooit opgevallen dat hij behalve zijn benen ook zijn voortanden miste. Ik had hem nog nooit zien glimlachen. Het was een vertrokken glimlach, bijna een grimas.

'Je kent mij nog wel, baas!' riep Ziku uit. 'Ik heb tegen ze gezegd dat je niet het hart zou hebben om het te doen. Je bent deze kreupele nog nooit voorbijgelopen zonder hem iets te geven. De ene keer wat meer dan de andere keer, maar altijd wel een kleinigheid. Ik heb tegen ze gezegd dat je een man van het volk was. Ik weet dat je ze niet in de steek laat. Er zijn niet veel mensen die van zigeuners houden en die van kreupelen houden, maar jij wel. Je hebt me nog nooit zonder brood laten zitten. Jij laat deze kinderen geen honger lijden. Ik heb tegen ze gezegd dat jij dat niet doet. Jij bent een goeie man. Dat heb ik tegen ze gezegd.'

Mijn vader zocht mijn ogen aan de andere kant van het raam. Ziku kan er niets aan doen dat hij kreupel is, hield hij me altijd voor toen ik klein was. Ik kan er niets aan doen, zei zijn gezicht nu. Hij stak zijn hand in zijn rechterbroekzak, alsof hij naar kleingeld zocht. Deze keer vond hij geen munten, alleen een zakdoek, waarmee hij zijn gezicht depte. Ziku zag het en sleepte zich dichter naar zijn voeten toe. 'Hij huilt.' Hij wendde zich tot de anderen. 'Zie je, hij huilt,' herhaalde hij, naar mijn vader wijzend. 'Ik heb het tegen ze gezegd, baas, ik heb tegen ze gezegd dat je alles zou doen wat je kon.' 'We weten dat je een goeie man bent, baas,' vielen de andere mannen hem bij. 'Doe het niet, luister niet naar ze. Ze willen alleen maar zelf geld verdienen. Jij wilt geen geld verdienen, jij wilt het aan de armen geven, jij wilt het niet zelf houden.' Twee vrouwen met peuters wierpen zich snikkend aan zijn voeten en smeekten hem hun mannen in dienst te houden. Toen de peuters hun moeders zagen huilen, gingen ze meehuilen. Het was geen protest, het oogde eerder als rouw. Er was geen woede, alleen wanhoop.

'Niet hier, niet hier, alsjeblieft,' zei mijn vader met een grafstem tegen Ziku. 'Hier woon ik. We kunnen erover praten op kantoor. Als ik... als ik... ik ga niet over het geld. Ik zou iedereen aan het werk willen houden, maar ik ga er niet over, ik beslis niet. Ik bedoel... ja, ik beslis wel, maar het besluit zelf... dat is niet van mij.' Hij merkte dat hij onzin uitsloeg en probeerde zijn gedachten te ordenen. 'Zie je,' hij wendde zich tot de menigte, 'dit is niet te vergelijken met geld geven aan Ziku, dat is niet hetzelfde. We zitten met een "routekaart", snap je? Begrijpen jullie, er zijn regels. We moeten de markteconomie aan de gang houden. Er is een route die gevolgd moet worden. Als we dat goed doen, is het beter voor iedereen, voor ons allemaal. Dit zijn structurele hervormingen. Alles moet veranderen en wij moeten onze aanpak veranderen, we kunnen niet iedereen aan het werk houden, dat is onmogelijk. Straks zal er werk zijn voor iedereen, dan wordt het beter. Maar nu hebben we geen keus, we moeten ons allemaal opofferingen getroosten, we moeten dit gewoon doen. Het moet gebeuren.'

Hij beloofde zijn meerderen wel dat hij het zou doen, maar hij heeft het nooit gedaan. Hij heeft de ontslagen nooit doorgezet. Hij bleef herhalen dat structurele hervormingen onvermijdelijk waren, maar ging ze uit de weg zolang hij kon. 'Het gaat om politiek,' zei hij dan. 'Dit zijn politieke beslissingen, ik ben slechts een uitvoerder, een bureaucraat. Ik kan dingen alleen maar vertragen. Ik kan ze niet tegenhouden.' Hij was lange avonden bezig met het bestuderen van cijfers, tabellen en grafieken, om manieren te bedenken om kosten te besparen zonder mensen te ontslaan. Hij was niet trots op de resultaten. Ergens voelde hij zich opgelaten, beschaamd zelfs, dat hij de moed niet kon opbrengen om de taken uit te voeren die hem waren opgedragen. Hij had zijn hele leven consciëntieus zijn werk gedaan. Mijn oma had ons allemaal geleerd om zelfs voor de meest onbetekenende taken ons beste beentje voor te zetten en altijd de gevolgen ervan te dragen, zelfs als we over de oorzaken niets te zeggen hadden gehad. Hij kon niet toegeven dat hij faalde in zijn rol. 'Binnenkort, heel binnenkort,' zei hij steeds.

Hij vergaderde met de staatssecretaris, daarna met de minister en toen met de premier. Ze herhaalden allemaal de waarschuwing van Van de Berg. 'Structurele hervorming is net als een tandartsbezoek: je kunt het uitstellen, maar hoe meer je uitstelt, hoe pijnlijker het zal worden.' Maar mijn vader had nooit tandarts willen worden, hij wilde iets anders zijn, ook al had hij nooit de kans gekregen om te ontdekken wat dat was. In zijn hart bleef hij een dissident. Hij stond kritisch tegenover het kapitalisme. Hij heeft nooit geloofd in de regels die hij nu moest uitvoeren. In het socialisme had hij ook weinig vertrouwen. Hij verafschuwde alle vormen van gezag. Nu hij zelf dat gezag vertegenwoordigde, verfoeide hij die rol. Hij keurde structurele hervormingen niet goed en belemmerde ze evenmin. Hij verafschuwde het om de levens van anderen te gronde te richten en hij verafschuwde het om het vuile werk aan anderen over te laten.

Aanvankelijk was mijn vader trots geweest op zijn promoties. Na jarenlang aangewezen te zijn geweest op de welwillendheid van zijn meerderen en een leven lang afhankelijkheid van de genade van Partijfunctionarissen, koesterde hij de onafhankelijkheid die de nieuwe rol hem, naar hij veronderstelde, zou geven. Algauw kwam hij tot het besef dat onafhankelijkheid haar grenzen kende; dat hij niet zo vrij was als hij zich had voorgesteld. Hij wilde dingen veranderen maar ontdekte dat er weinig voor hem overbleef om te doen. De wereld had een definitieve vorm aangenomen, nog voordat iemand begreep wat die vorm was. Morele verplichtingen en persoonlijke overtuigingen deden er heel weinig toe. Hij ontdekte dat, hoewel niemand hem voorschreef wat hij moest zeggen en waar hij moest zijn, hij iets moest zeggen en ergens moest zijn voordat hij tijd had gehad om erover na te denken en de voor- en nadelen tegen elkaar af te wegen. In het verleden kon hij het systeem de schuld geven als er dilemma's ontstonden en hij zijn verplichtingen niet kon nakomen. Dat was nu anders. Het systeem was veranderd. Hij had niet geprobeerd om de veranderingen tegen te houden, hij had ze met open armen ontvangen en gesteund.

Of misschien ook niet. Mijn vader ging ervan uit, zoals zovelen van zijn generatie, dat de vrijheid verloren gaat als anderen ons vertellen hoe we moeten denken, wat we moeten doen en waar we naartoe moeten. Hij besefte algauw dat onderdrukking niet altijd zo'n directe vorm hoeft aan te nemen. Het socialisme had hem de mogelijkheid ontzegd te zijn wie hij wilde, fouten te maken, daarvan te leren en de wereld te ontdekken op zijn eigen manier. Het kapitalisme ontzegde dit ánderen, de mensen die afhankelijk waren van zíjn besluiten, de mensen die in de haven werkten. De klassenstrijd was niet voorbij. Dat was hem wel duidelijk. Hij wilde niet dat de wereld een plek zou blijven waar de solidariteit is vernietigd, waar alleen de sterksten overleven en waar de tol voor het welslagen van de een betekent dat de hoop van anderen de bodem wordt ingeslagen. In tegenstelling tot mijn moeder, die meende dat mensen van nature geneigd waren elkaar schade toe te brengen, geloofde hij dat er in ieder mens een kern van goedheid huisde en dat de enige reden waarom die niet naar buiten kwam, was dat we in de verkeerde samenlevingen leefden.

Maar hij kon geen rechtvaardige samenlevingen noemen, hij kon niet met voorbeelden komen van bestaande landen waar alles wel goed ging. Hij wantrouwde grote theorieën. 'Stop met dat gefilosofeer!' vermaande hij me vaak. Hij was opgegroeid met socialistisch-realistische romans en Sovjetfilms die uitlegden wat goed en fout was, hoe rechtvaardigheid ontstaat, hoe vrijheid wordt verwezenlijkt. Hij bewonderde de intenties, maar aarzelde om hun voorschriften goed te keuren. De wereld die hij wilde zien verschilde altijd van de wereld waarin hij leefde. Als hij het begin zag van een beweging die zich kantte tegen de huidige gang van zaken, vond hij dat veelbelovend. Maar zodra die beweging concreet werd, zodra die zijn eigen leiders had, zijn eigen restricties en conventies, zodra het zelf iets werd en zich niet meer uitsluitend afzette tegen iets anders, verloor hij zijn vertrouwen. Hij wist dat alles een prijs had, maar hij was niet bereid om die prijs te accepteren. De mensen die hij bewonderde waren nihilisten en opstandelingen, mannen en vrouwen die hun leven voornamelijk besteedden aan het veroordelen van de wereld waarin ze leefden, maar zonder met alternatieven te komen.

Wanneer zijn collega's te maken kregen met dezelfde besluiten over structurele hervormingen, reageerden ze cynisch. 'Ach,' zeiden ze dan, 'we hebben de Turken overleefd. We hebben de fascisten en de nazi's overleefd. We hebben de Russen en de Chinezen overleefd. Dus we zullen de Wereldbank ook wel overleven.' Hij was doodsbenauwd dat hij zou vergeten wat dit overleven had gekost. Nu hij veilig was, nu onze familie niet meer het risico liep vermoord, gevangengezet of gedeporteerd te worden, was hij bang dat hij zich binnenkort niet meer zou herinneren hoe het was om 's ochtends wakker te worden en je zorgen te maken over wat de dag brengen zou. Hij probeerde zich alle namen in te prenten van de mensen die in de haven werkte, ook al waren dat er honderden. 'Als ik hun namen vergeet, vergeet ik hun levens,' zei hij. 'Ze zullen niet langer mensen zijn, maar nummers. Hun ambities, hun angsten, zullen er niet meer toe doen. We zullen ons alleen de regels herinneren, niet degenen op wie ze werden toegepast. Alleen aan de opdrachten denken, niet aan het doel dat ze dienen. Waarschijnlijk dacht de Muilezel dat toen ze de families van haar leerlingen verklikte. En was dat wat Haki altijd tegen zichzelf zei als hij zijn martelwerktuigen pakte.'

Alleen al de gedachte dat hij net zoals zij was, dat hij zich op dezelfde abstracte en harteloze manier schikte naar regels, volstond om mijn vader 's nachts uit zijn slaap te houden. Hij deelde de opvattingen van Van de Berg niet, dat alles vanzelf goed zou komen zodra de transitie voltooid was. Hij wist dat er iets als een markteconomie nodig zou zijn, maar had nooit echt nagedacht over de vorm die deze zou aannemen. Net als velen van zijn generatie hield hij zich meer bezig met de vrijheid van gedachten, het recht om te protesteren, de mogelijkheid om te leven in overeenstemming met je morele kompas.

Zelfs als hij achter de theorie had gestaan, zelfs als hij overtuigd was geweest van de dingen die iedereen nu als de waarheid zag, dan nog zou hij zich zorgen hebben gemaakt of hij er niet al te veel in geloofde. Hij had te veel mensen meegemaakt voor wie de theorie op de eerste plaats kwam; hij wist dat je anderen kon kwetsen door te handelen in goed vertrouwen. De idealen zagen er nu anders uit, misschien was het zelfs overdreven om ze idealen te noemen, misschien waren het simpelweg verstandige richtlijnen. Er was nog steeds menselijk handelen nodig om ze in praktijk te brengen. In het verleden was hij onschuldig geweest. Hij was slachtoffer geweest. Hoe zou hij opeens dader kunnen worden?

19

Niet huilen

Halverwege de jaren negentig had ik mijn eigen portie beproevingen om mee te worstelen. Mijn tienerjaren werden voornamelijk gekenmerkt door ellende, een toestand die verergerde naarmate mijn familie stelliger ontkende dat er een reden voor die worsteling was. Ze schenen te vinden dat je je alleen ellendig mocht voelen als er objectieve redenen voor waren: als je dood dreigde te gaan van de honger of de vrieskou, of geen slaapplaats had, of onder dreiging van geweld leefde. Hier lag de absolute grens. Zolang je iets kon doen om daarbovenuit te stijgen, verspeelde je het recht om te protesteren. Anders zou het een belediging zijn voor degenen die het minder goed hadden. Het was net zoiets als de voedselbonnen onder het socialisme. Omdat iedereen van alles zijn deel kreeg, kon honger onmogelijk bestaan. Als je zei dat je honger had, was je een vijand van het volk.

Er werd me voorgehouden dat ik dankbaar moest zijn, mijn waardering voor de gezegende vrijheid moest tonen – vrijheid die voor mijn ouders te laat was gekomen om van te kunnen genieten en die daarom van mij verlangden dat ik er des te verantwoordelijker gebruik van maakte. Toen ik er niet in slaagde medeleven op te brengen voor hun situatie, kreeg ik te horen dat ik egoïstisch was, me niets aantrok van het lijden van mijn voorouders, dat ik met mijn luchthartige gedrag de herinnering aan hun benarde situatie uitwiste. Ik voelde me helemaal niet vrij. Vooral 's winters voelde ik me in mijn vrijheid beknot. Het werd vroeg donker en ik mocht niet meer buiten zijn na zonsondergang. 'Dan kom je in de problemen,' zeiden mijn ouders, zonder de noodzaak te voelen om precies te zeggen welk soort problemen ze daarbij voor ogen hadden en ik het evenmin nodig vond om opheldering te vragen.

Problemen konden vele gedaanten aannemen. Je kon doodgereden worden door een auto, zoals mijn klasgenoot Dritan overkwam toen hij op een avond langs het strand liep en werd overreden door een jongeman die zichzelf leerde autorijden in de Audi van zijn oom. Of je kon zonder een spoor achter te laten verdwijnen, zoals Sokrat, Besa's vader, die mank liep en zijn werk deed met een rubberbootje. Elke nacht hielp hij mensen naar Italië smokkelen en keerde dan terug om in zijn eigen bed te slapen, tot de nacht waarop hij niet terugkwam. En er waren ook kleine ongelukjes die je konden overkomen, zoals tegen een kapotte lantaarnpaal aanlopen in een donkere straat, of in een put vallen waarvan het deksel net was gestolen voor het metaal. Of je kon de hele weg naar huis worden belaagd door hongerige zwerfhonden. Of het konden dronken mannen zijn of jongens die weddenschappen hadden afgesloten op hoe meisjes zouden reageren op nagefloten worden. Voor mijn ouders waren dat geen echte problemen. Tenslotte waren we in transitie. We moesten gewoon geduld hebben. En je kon altijd wel iets doen om deze tegenslagen te voorkomen. Je kon gewoon binnenblijven.

En dat deed ik dus. Ik sloot mezelf op in mijn slaapkamer en lag lange middagen op zonnebloempitten te kauwen. Als ik zou zeggen dat ik me verveelde, zou ik het risico lopen dat ik de toestand interessant maakte door hem te kwalificeren, door een omschrijving te hechten aan een enorme hoeveelheid gebeurtenissen waartussen niets zat wat de moeite waard was om er meer aandacht aan te besteden. De tijd was een eeuwige omloop van meer van hetzelfde. De clubs waar ik naartoe ging als kind, voor poëzie, theater, zingen, wiskunde, natuurwetenschappen, muziek of schaken, waren in december 1990 allemaal abrupt gestopt. Op school waren de enige vakken die serieus werden genomen de exacte wetenschappen: natuurkunde, scheikunde, wiskunde. De geesteswetenschappen werden ofwel vervangen door nieuwe vakken, zoals toen markteconomie in de plaats kwam van dialectisch materialisme en we helemaal geen studieboeken hadden, ofwel, zoals bij geschiedenis en aardrijkskunde, we werkten met oud materiaal waarin ons land nog werd beschreven als 'het lichtbaken van de anti-imperialistische strijd voor de hele wereld'. Ik maakte vlug mijn huiswerk en vroeg me daarna af hoe ik de resterende tijd moest doorkomen. We hadden intussen een telefoon en ik praatte met vriendinnen, las daarna romans in bed, vaak rillend onder een deken, met een brandende kaars boven mijn bed. De elektriciteit bleef uitvallen en op sommige winteravonden was de kou venijniger dan mijn treurigheid.

Elke drie kwartier liep mijn oma binnen zonder te kloppen, met een glas melk of wat fruit. 'Gaat het goed met je?' informeerde ze dan. En ik knikte. Ze had over een nieuwe westerse ziekte gehoord waar tienermeisjes aan ten prooi vielen, die anorexia heette. Ze had geen idee hoe het zich verspreidde en waarom, maar meende dat ik ervoor behoed zou zijn als ze me regelmatig dwong om te eten. Toen ik haar probeerde over te halen om haar hapjes te vervangen door mijn eigen voorraad zonnebloempitten, eiste ze dat ze de lege schilletjes te zien kreeg. De pauzes werden opgerekt tot anderhalf uur. 'We hebben zoveel geluk,' zei ze vaak in zichzelf, zomaar, vanuit het niets, als ze mijn kamer verliet. Ik nam aan dat dit op het glas melk sloeg, waarvoor we niet meer in de rij hoefden te staan.

Er waren recent een paar cafés en clubs geopend. De meeste behoorden toe aan mensensmokkelaars, drugsdealers of vrouwenhandelaren. Deze hoedanigheden werden zonder schroom vermeld alsof het normale beroepen betrof, op dezelfde manier als je in het verleden zou hebben gezegd dat iemand bij de coöperatie werkte, fabrieksarbeider was, buschauffeur of verpleegkundige in het ziekenhuis. Vaak sloegen etiketten uit verschillende tijdperken op dezelfde mensen. 'Die daar, de man in die BMW met de geblindeerde ruiten, dat is de zoon van Hafize,' roddelden de buren terwijl ze koffiedronken op het bordes. 'Hij werkte vroeger in de koekjesfabriek. Hij werd ontslagen nog voordat ze voorgoed dichtgingen. Het lukte hem om Zwitserland binnen te komen. Hij zit nu in zaken. Hij doet im- en export. Cannabis, cocaïne, dat soort dingen.'

Ik mocht alleen voor feestjes overdag naar clubs, waar de gordijnen waren neergelaten, zodat we konden doen alsof het donker was, waar punch en sigaretten werden binnengesmokkeld en mijn leeftijdgenoten een nieuw spel speelden dat uit het buitenland was geïmporteerd en 'flesje draaien' heette. Ik ging meedoen en deed net of ik de vertrokken gezichten van de jongens niet zag als de fles mijn richting uit wees en hun gekerm niet hoorde als het eindelijk mijn beurt was om ze te kussen: 'Ik kus geen mannen,' zeiden ze dan. 'Ik ben geen homo!'

Ik wist nog niet wie of wat homo was, maar vond het stom om te vragen. Dat ik eruitzag als een jongen leed geen twijfel. We hoefden op school geen uniformen meer te dragen, we mochten aandoen wat we wilden. Waar de andere meisjes stiekem make-up meenamen naar de schoolwc's en hun rok korter maakten, ontwikkelde ik een voorliefde voor oversized broeken en de geruite socialistische overhemden van mijn vader. Terwijl zij hun haar steil probeerden te krijgen en blond gingen verven, vroeg ik de kapper het mijne kort te knippen. Ze verzetten zich tegen hun families door Madonna in 'Material Girl' te imiteren en ik kwam in opstand tegen de linten en kantjes die mijn familie me had opgelegd, door een modelvoorbeeld van de Culturele Revolutie te worden. Thuis veranderde mijn bijnaam van brigatista in Gavroche. Op school schakelden ze over van Mamuazel op de Vaas (*Qypi*, wat rijmt op Ypi), niet zozeer vanwege mijn figuur, dat nog even slank en tenger was als altijd, maar vanwege de kleren waar ik in zwom.

Ik vroeg me vaak af of alles anders zou zijn geweest als Elona was gebleven. Soms kwam ik haar vader tegen met zijn nieuwe vrouw en zijn nieuwe kind, en dan zag ik dat hij net deed of hij me niet herkende. Misschien zou Elona ook een dikke laag make-up, kunstnagels en minirokjes zijn gaan dragen. Misschien zou zij haar blonde haar nog blonder zijn gaan verven. Misschien had zij wél naar buiten gemogen na zonsondergang. Of misschien had ze kortgeleden *Misdaad en straf* of *De gebroeders Karamazov* ontdekt.

In de winter van 1996 zag ik Arian staan, de jongen – nu een jongeman – die vroeger bij mij in de straat woonde en met wie Elona ervandoor was gegaan. Zijn ouders hadden hun huis uitgebreid door het buurhuis erbij te kopen, dat vroeger van de familie van Marsida was, die op hun beurt waren vertrokken om een kleiner huis terug te huren in een ander deel van de stad. Het was een beetje griezelig om hem te zien staan in de deuropening van hetzelfde huis als waar Marsida en ik als kinderen naar binnen vluchtten als Arian in de straat verscheen. Hij had lang haar tot over zijn schouders en droeg een dikke gouden ketting, een donker leren jack met een doodshoofd op zijn rug gestanst, een leren broek en zware zwarte laarzen behangen met zilveren kettingen. Hij reed in een grote Mercedes Benz, die hij uit Italië had meegenomen om bij zijn ouders achter te laten. De auto sloeg aan met een hard raspend geluid. Er speelden tegenwoordig minder kinderen op straat, maar bij het horen van het geluid van de auto renden ze allemaal naar binnen, precies zoals kinderen altijd al hadden gedaan wanneer Arian verscheen. Elona was nergens te bekennen. Ik durfde het niet te vragen.

Ik miste mijn vriendin. Ik wilde tegen haar zeggen dat de vrouw vlak bij school, van wie we zonnebloempitten kochten, er niet meer stond maar dat haar plek was ingenomen door een grappig joch van een jaar of tien dat bananen en pakjes sigaretten verkocht. Ik wilde tegen haar zeggen dat de valutawinkel dicht was maar dat je de rode beha die ze zo mooi vond nu overal kon kopen; en op de tweedehandsmarkt kon je hem nu kopen voor de prijs van twee bananen en vijf koppen zonnebloempitten. Ik wilde haar vertellen dat zelfs ik nu een beha nodig had en dat mijn grootmoeder gelijk had gehad met haar waarschuwing dat onze lichamen en geesten zouden veranderen, en dat dit al spoedig zou gebeuren. Mijn oma had ook gezegd dat we misschien ook, wat zij noemde, *des amitiés amoureuses* zouden ontwikkelen. Ik wilde aan Elona vragen of zij er intussen achter was gekomen wat een amitié amoureuse was, of zij dat met Arian had, en of ze ooit had gehoord van een veel rauwer, eenzamer en pijnlijker iets, wat in de boeken liefde werd genoemd.

Het leven was 's zomers minder beperkt maar niet minder akelig als er geen school was. In juni 1995, na een week met hetzelfde ritueel van naar het strand gaan, dan naar huis voor de lunch, een siësta in de middag en de obligate wandeling in de vroege avond langs de waterkant, om met mijn vriendinnen te kletsen en ze te zien paraderen in hun nieuwe zomerjurken, gebeurde er een ramp. Mijn oma had me gewaarschuwd dat er één categorie jongens was op wie ik nooit, onder geen enkele voorwaarde, verliefd mocht worden, en dat waren de kinderen van voormalige geheim agenten. Die zomer gebeurde dat toch, twee keer. Ik voelde me er zo schuldig over dat ik besloot vaker de moskee te bezoeken. Ik overwoog een hoofddoek te gaan dragen, maar ook daar stak mijn familie een stokje voor. Er bestaat een verschil tussen religie en fanatisme, zei Nini. Omdat er steeds meer meisjes in de moskee verschenen met een hoofddoek om, wilde ik geen buitenbeentje zijn en stapte ik over op een nieuw geloof, het boeddhisme. Dat ontdekte ik toen ik de Larousse-encyclopedie van mijn opa las toen ik door mijn boeken heen was. Ik laste meditatiesessies in mijn dagprogramma in, maar slaagde er nooit in te mediteren zonder te huilen. Ik werd geplaagd door verhalen over de vervolging die mijn familie had ondergaan door toedoen van Sigurimi-agenten, een gedachte die me niet alleen niet hielp om mijn liefde voor hun zonen kwijt te raken, maar die liefde juist des te wanhopiger maakte.

'Onze Leoesjka is net als de jonge Werther geworden,' schertste mijn vader, die de oorzaak van mijn tranen niet kende. 'Niet huilen,' vermaande Nini me. 'Van huilen is nog nooit iemand beter geworden. Als ik ooit zelfs maar had overwogen om te gaan huilen, zat ik hier nu niet. Dan zou ik mezelf voor de trein hebben gegooid of net als mijn neven in het gekkenhuis terecht zijn gekomen. Doe iets. Ga een ander boek lezen. Leer een nieuwe taal. Zoek een bezigheid.'

Ik meldde me aan als vrijwilliger bij het Rode Kruis en werd ingezet bij een project in het plaatselijke weeshuis. Elke ochtend namen we de kinderen mee naar het strand en hielpen we de verzorgenden om op ze te passen als ze in het zand speelden of in zee spetterden. 'Dat zal je helpen om je eigen leven in het juiste perspectief te zien,' zei mijn oma bemoedigend. 'Je beseft niet hoeveel geluk je hebt. Er is een hoop ellende op de wereld.'

'Vergeet niet,' zei mijn moeder tegen me op de dag dat ik met mijn werk bij het Rode Kruis begon, 'dat het weeshuis niet meer op de vroegere plek zit. Het oude gebouw is aan de eigenaars teruggegeven.'

Altijd als mijn moeder 'eigenaars' zei, bedoelde ze de voormalige eigenaars. In haar ogen kon de staat nooit beschouwd worden als de eigenaar van wat dan ook, maar alleen als een criminele entiteit die was gebouwd op de gewelddadige toe-eigening van de noeste arbeid van anderen. Ik herinnerde me de achternamen van die eigenaren van de kadastrale kaarten van de eigendommen van haar familie die lagen uitgespreid op de vloer in ons huis. 'Die kaarten maken zo'n vreselijke rommel,' klaagde mijn oma als ze schoonmaakte. 'Ze maken Zafo's astma nog erger. Hij is allergisch voor stof. Ik heb het al honderd keer gezegd tegen Doli, al honderd keer. Ze neemt ze mee van het kadaster en laat ze overal slingeren. Als je ze mee wilt nemen naar de rechtbank, prima. Maar die kaarten leveren toch niets op. Het zijn alleen maar lijntjes die op papier zijn getrokken.'

Maar het weeshuis bestond niet alleen uit lijntjes op papier. De vorige eigenaars hadden het gebouw met succes teruggeëist van de staat en het daarna doorverkocht aan een of andere kerk. Het oude weeshuis verhuisde naar een nieuw onderkomen: drie kamers in een aftands gebouw van twee verdiepingen. Er drong maar weinig daglicht binnen, het rook er sterk naar zure melk en er heerste een onnatuurlijke stilte wanneer het uur van het middagslaapje slechts werd doorbroken door het geknaag van muizen op de begane grond. Het aantal in de steek gelaten kinderen was de afgelopen jaren toegenomen, variërend van pasgeborenen tot kleuters. Ze kwamen uit de streek en wanneer ze de leeftijd van zes jaar bereikten en intussen niet waren geadopteerd, werden ze ofwel teruggestuurd naar hun ouders, als die hen wilden terugnemen, ofwel doorgestuurd naar een weeshuis voor oudere kinderen in het noorden.

Veel van de verzorgers die ik me nog herinnerde uit de tijd van mijn bezoekjes met Elona waren ontslagen of hadden het land verlaten. Een van hen herkende ik nog, Teta Aspasia, een montere vrouw van middelbare leeftijd die over de babykamer ging en Elona en mij water met suiker gaf om ons te verwennen als we Elona's zusje gingen opzoeken. 'Wat ben je groot geworden!' riep ze uit. 'Baby Mimi is ook al zo groot geworden. Ze woont nu in een ander weeshuis, in Shkodra. De vader bezoekt haar nooit. Haar grootouders komen zo nu en dan langs. Ze hadden toestemming gegeven voor haar adoptie door een Canadees stel. En toen besloot het Canadese stel de zigeunertweeling te nemen. Herinner je je nog die zigeunertjes in de babykamer, van wie de ouders in de gevangenis zaten? De ouders kwamen vrij na een amnestieregeling in 1990, maar zodra ze vrij waren werden ze ervan beschuldigd dat ze de tweeling probeerden te verkopen. Ze gingen meteen weer achter de tralies. Ze zijn kansloos. Het is heel moeilijk om zigeunerkindjes te plaatsen. Niemand wil ze hebben. De mensen zeggen: "Alsjeblieft, geen zigeuners, die zijn niet in toom te houden, ze stelen alles wat los en vast zit." Een van de tweelingen bleek een handicap te hebben, een mentaal probleem, ik weet niet meer precies wat. De gehandicapten zijn nog moeilijker te plaatsen. De Canadezen kwamen voor Mimi, maar toen werd hun gevraagd of ze de tweeling niet wilden. We hadden het aan iedereen gevraagd en niemand wilde ze. Het was ongelooflijk dat zij akkoord gingen. Waarschijnlijk waren het gelovige mensen. De directeur dacht dat Mimi eenvoudiger te plaatsen zou zijn, maar ze zit nog steeds in Shkodra. Jouw vriendin, haar zus, stuurde haar ook brieven...'

'Elona?' riep ik uit. 'Weet u waar ze is? Wat ze doet?'

'We hebben al een poosje niets van haar gehoord,' zei ze. 'Brieven doen er eindeloos over, als ze al aankomen. Ze heeft een paar keer gebeld. Ja, ik weet wat ze doet. Een van de verzorgsters die nu in Milaan woont herkende haar in de buurt van een treinstation. Ze werkt. Loopt heen en weer over de stoep. Je weet wel wat ik bedoel. Ze vertrok met de exodus, met een jongen van hier. Hij werkt ook. Hij is betrokken bij een of andere smokkel, vrouwenhandel neem ik aan, waarschijnlijk is hij met haar begonnen... Je moet weg, schat, het Rode Kruis-busje staat beneden te wachten. De bus is als nieuw. Het is een gift van de Fransen. De kleintjes vinden het zo spannend. Ze hebben de zee nog nooit gezien. Ze zijn nog amper buiten in de zon geweest, arme kindjes. We hebben geen tuin bij dit gebouw. Je moet oppassen dat ze niet verbranden. Ik heb wat olijfolie meegenomen van thuis. Trek niet meteen hun kleertjes uit, we moeten een paar dagen wachten. Hier, neem Ilir maar mee. Hij is er helemaal klaar voor. Drita komt met je mee.' Ze wees naar haar collega. 'Ilir zit in de ochtendploeg. Je vindt hem vast leuk, hij is heel lief. Zijn moeder is net als je oude vriendin. Ze lijkt ook een beetje op haar, ze doet hetzelfde werk. Ilir, kom eens hier, dit is Lea, ze gaat met jullie naar het strand.'

Ik was het nieuws over Elona nog aan het verwerken, maar had geen tijd om door te vragen. Ilir had zich aan de andere kant van de deur verstopt. Toen hij zijn naam hoorde, kwam hij naar binnen, eerst verlegen, daarna met wat meer zelfvertrouwen. Hij was een mollig jongetje van een jaar of twee, met krullen en grote bruine ogen. 'Mama,' fluisterde hij toen hij dichterbij kwam, alsof hij me in zijn diepste geheim wilde laten delen. Zijn gezicht klaarde op en zijn pupillen verwijdden zich. 'Mama hier... Mama...'

'Nee, niet mama,' Aspasia onderbrak hem. 'Niet mama, schat. Mama is nog in Griekenland. Dit is Lea, ze gaat met je naar het strand.' Ze zei tegen mij: 'Ik ben verbaasd dat hij zich haar herinnert, hij heeft haar alleen vorig jaar gezien, toen is ze een week lang elke dag bij hem op bezoek geweest. Maar ze stuurt hem wel foto's, die hebben we hem laten zien. Je lijkt niet op haar, misschien alleen wat leeftijd betreft. Hoe oud ben je ook alweer? Vijftien, ja, dat dacht ik al, zijn moeder is iets ouder, misschien zeventien. Dezelfde leeftijd als je vriendin. Net als Elona, maar zij werkt in Griekenland, niet in Italië.'

Later die dag kreeg ik het hele verhaal over Ilirs moeder te horen, zoals ze dat eerder aan de verzorgsters had verteld. Ze was verkracht door haar vriendje en daarna de vrienden van dat vriendje. Kort nadat ze van haar kind was bevallen, dat ze per se wilde houden, werd ze naar Griekenland gesmokkeld. Ze liet Ilir gewikkeld in een deken achter onder aan de trap van het weeshuis toen hij ongeveer drie weken oud was, samen met een doos met kleertjes, een paar flessen melk en een brief waarin ze beloofde hem op zijn zesde verjaardag op te halen. Ze belde en schreef regelmatig en stuurde geld om cadeautjes te kopen. De verzorgsters hadden er vertrouwen in dat ze zou terugkomen. Ilir stond niet op de adoptielijst. Hij wist zelf ook dat zijn moeder op een dag zou terugkomen om hem te halen. Toen hij me zag, moet hij gedacht hebben dat die dag was aangebroken.

'Ilir met mama mee,' hield hij vol. 'Ilir met mama strand.'

'Niet met mama, schat. Je gaat naar het strand met Lea. Dit is Lea, niet mama. Mama is in Griekenland. Mama komt gauw terug,' Aspasia corrigeerde hem weer. Toen zei ze tegen mij: 'Je moet hier echt op hameren. Uitleggen dat jij niet zijn mama bent, oké, alleen maar een van ons. Dit doen ze soms, dan noemen ze ons mama. We moeten heel erg strikt zijn. Anders hechten ze zich aan je, laten ze je niet meer naar huis gaan aan het eind van de dag, dat is heel erg moeilijk. Probeer het hem uit te leggen, oké? Zeg tegen hem dat mama in Griekenland is, ze heeft ons geld gegeven om speelgoed voor zijn verjaardag te kopen en voor Nieuwjaar. Dat begrijpt hij wel.'

Maar Ilir heeft het nooit begrepen. Of misschien heeft hij het nooit geaccepteerd. Na een paar bezoekjes, waarbij ik met hem speelde, verhaaltjes voorlas of meenam naar het strand, werd hij nog vasthoudender. 'Mama hier!' riep hij elke keer als hij me zag. 'Mama strand!' En dan, als het tijd was om te vertrekken, klampte hij zich aan mijn benen vast, gooide zich op de grond en schopte zijn verzorgsters, hij stond erop dat ik bij hem bleef of hem meenam. 'Ilir mee naar huis,' huilde hij. 'Mama neemt Ilir mee.' Hij werd steeds onhanteerbaarder als ik erbij was: hij weigerde om het water uit te komen aan het strand, weigerde te eten of te gaan liggen voor zijn middagslaapje. Als ik probeerde weg te gaan, merkte ik dat mijn tas weg was of mijn sandalen waren verdwenen. Het had normaal peutergedrag kunnen zijn, ware het niet dat baby's in het weeshuis nooit huilden en dat peuters nooit driftbuien kregen. Het probleem, verklaarden de verzorgsters, werd veroorzaakt door mijn aanwezigheid, door zijn gehechtheid aan mij. Het was niet nodig om Ilir zo te laten lijden, het zou vanzelf in orde komen als ik me maar niet liet zien. Ik werd verzocht om mijn bezoeken aan de peuterkamer te beperken en verhuisde naar een ander deel van het gebouw, met jongere baby's, die mensen makkelijker vergeten.

Toen liep de zomer ten einde. Het weer veranderde, het geld voor het project raakte op en ik staakte mijn bezoeken. Ik weet niet wat er met Ilir is gebeurd en ik heb ook nooit meer iets gehoord over Elona en haar zusje. Soms vroeg ik me af of Elona nog steeds op straat werkte en of Mimi Canadese ouders had gevonden. Ik keerde terug naar mijn slaapkamer, waar mijn oma om de anderhalf uur zonder te kloppen binnenliep met een glas melk of wat fruit. 'Wij hebben zoveel geluk,' zei ze elke keer in zichzelf als ze de kamer verliet.

20

Net als de rest van Europa

Aanvankelijk zou mijn moeder zich in 1996 kandidaat stellen om parlementslid te worden. Ze was al lid van de partij sinds de dag van de oprichting. Ze kende iedereen binnen de partij en had zelfs het partijprogramma gelezen. We noemden het de partij, hoewel het niet de Partij was: het was de Democratische Partij van Albanië, de voormalige belangrijkste opponent van de communisten tijdens de verkiezingen. Toch begreep iedereen wel wat we bedoelden. Er bestond geen gevaar dat mijn familie de voormalige communisten steunde. Voor ons bestond er maar één partij, net zoals er voor hen ook maar één partij was.

Op dat moment was mijn moeder vijf jaar politiek actief geweest. Ze onderschreef de belangrijkste slogan van de partij, die met zijn ontwapenende eenvoud tientallen jaren van gefrustreerde ambities verborg: 'We willen dat Albanië net zo wordt als de rest van Europa.' Wanneer mijn moeder werd gevraagd waarvoor 'de rest van Europa' stond, vatte ze dat in een paar woorden samen: de corruptie bestrijden, vrij ondernemerschap stimuleren, particulier bezit respecteren, individueel initiatief bevorderen. Kortom: vrijheid.

Toch besefte mijn moeder al spoedig dat het toelichten van de slogan niet voldoende was om parlementskandidaat te worden. Daar waren andere verdiensten voor nodig. Op het podium had ze charisma, maar in vergaderingen verloor ze haar geduld. Ze was bezeten van zendingsdrang en heel ijverig, en ook al enthousiasmeerden haar toespraken de mensen op de korte termijn, op de lange termijn schrikte zij ze af. Door de ernst waarmee ze haar taken opvatte, was ze niet geneigd tot compromissen. Haar gedrag bleef dat van een strenge wiskundedocent.

Ze stelde voor dat mijn vader haar plaats zou innemen. 'Hij is een man. Dat helpt,' verklaarde ze toen ze hem naar voren schoof. 'En de mensen houden van hem alsof hij een vrouw is. Dat helpt ook.' In het algemeen was mijn vader veel populairder dan mijn moeder. Niet veel kandidaten spraken zowel de Roma arbeiders aan die vochten voor het behoud van hun banen in de haven, als de voormalige dissidente families die streden voor teruggave van de eigendommen van hun grootvaders. Zelfs bij zijn communistische opponenten had hij een goede reputatie omdat hij hen niet interrumpeerde tijdens debatten en zijn standpunten naar voren trachtte te brengen zonder de kritiek persoonlijk te maken. 'Vechten kan hij ook, als het moet,' voegde mijn moeder er haastig aan toe, alsof het ineens bij haar opkwam dat de innemende manieren van mijn vader zijn kansen uiteindelijk zouden kunnen ondergraven. 'Hij kan strijden tegen corruptie. Er is overal zoveel corruptie. We hebben eerlijke politici nodig.'

Corruptie was een nieuw modewoord. Het was een algemene verklaring voor allerlei vormen van onheil, zowel in het heden als het verleden, zowel op het persoonlijke als het politieke vlak, het was een probleem van mensen en een mankement van instituties. Het was het punt waarop economische liberalisering en politieke hervorming elkaar vonden en tevens het punt waar het ging schiften in plaats van harmonieus te integreren, zoals beloofd. Soms werd het omschreven als moreel plichtsverzuim, soms als ambtsmisbruik; vaker werd het gezien als een weeffoutje in de menselijke aard, ontstaan door de socialistische transformatiepoging. Bovendien was het uiterst moeilijk te bestrijden. Net als de Hydra, groeiden er voor elke kop die je afhakte twee terug. Corruptie bezat zijn eigen logica, maar die probeerde niemand te ontcijferen, laat staan dat iemand vraagtekens plaatste bij de premisses. Het woord zelf volstond om het probleem te verklaren.

In het begin voelde mijn vader er weinig voor zich kandidaat te stellen. Hij was nooit lid geweest van de partij. Hij maakte zich zorgen dat zijn standpunten te onduidelijk waren, controversieel zelfs. Hij had zo zijn twijfels over privatisering en de vrije markt. Hij wist niet zeker of het land wel lid moest worden van de NAVO. Hij was er niet eens van overtuigd dat ons grootste probleem de corruptie was. Hij wist niet waar zijn opinies hem positioneerden: ter linker of ter rechter zijde. Hij voelde zich 'links' op het gebied van rechtvaardigheid maar 'rechts' op het gebied van vrijheid. Mijn moeder corrigeerde hem. In een voormalig communistisch land, zei ze, bestond er geen links en rechts, alleen 'communisten met heimwee' en 'liberalen met hoop'. Hij paste niet per definitie in de categorie van de hoopvollen. Maar hij was gefrustreerd geraakt door zijn leven als bureaucraat. Elke dag kwam hij bozer en kribbiger thuis uit zijn werk in de haven, met verhalen over inspanningen die waren mislukt, papieren die niet getekend hadden mogen worden. Het viel mijn moeder niet moeilijk om hem ervan te overtuigen dat als hij zich er werkelijk om bekommerde, als hij echt iets goeds wilde doen of het slechte binnen de perken wilde houden, toekijken geen optie was. Dat hij actie moest ondernemen en dat actie betekende betrokken zijn bij de politiek. Politiek is belangrijk, zei ze, want je voert dan niet alleen de beslissingen van anderen uit, je neemt ze zelf. Daar draait het om in een democratie.

Toch zou geen enkele partij structurele hervormingen hebben kunnen voorkomen. Ze waren inherent aan wat intussen met onverbloemde zelfgenoegzaamheid werd genoemd: 'het proces om te integreren in de Europese familie'. Het kan zijn dat er in de geschiedenis van mijn land periodes en plaatsen zijn geweest waarin de politiek een verschil maakte en je beter als activist dan als bureaucraat kon trachten de regels te veranderen door te interveniëren op het niveau waar wetten worden gemaakt, in plaats van uitgevoerd. Dit was niet zo'n periode. Structurele hervormingen waren even onvermijdelijk als het weer. Ze werden overal in dezelfde vorm overgenomen, omdat het verleden was mislukt en we nooit hadden geleerd hoe we de toekomst moesten vormgeven. Er was geen politiek over, alleen beleid. En het doel van het beleid was de staat voor te bereiden op een nieuw tijdperk van vrijheid en de mensen het gevoel te geven dat ze bij 'de rest van Europa' hoorden.

In die jaren was 'de rest van Europa' meer dan een campagneslogan. Het stond voor een bepaalde manier van leven, die vaker werd nagebootst dan begrepen en meer opgezogen dan goedgekeurd. Europa was als een lange tunnel met een ingang die door felle lichten en knippersignalen werd verlicht en met een donker inwendige dat in eerste instantie onzichtbaar was. Toen de reis begon, kwam het in niemand op om te vragen waar de tunnel eindigde, of het licht uit zou vallen en wat er aan de andere kant was. Het kwam bij niemand op om toortsen mee te nemen of plattegronden te tekenen, of om te vragen of iemand er ooit in was geslaagd de tunnel aan de andere kant uit te komen, of er slechts één uitgang was of meerdere, en of iedereen dezelfde weg naar buiten nam. In plaats daarvan liep iedereen gewoon door en hoopten we dat de tunnel verlicht zou blijven, ervan uitgaande dat we hard genoeg hadden gewerkt en lang genoeg gewacht, zoals we ook in de wachtrijen onder het socialisme hadden gewacht – zonder ons te ergeren aan de tijd die verstreek en zonder de hoop te verliezen.

'Net als de rest van Europa,' herhaalde de plaatselijke imam Murat op een zachte middag in mei, toen we bij hem op bezoek gingen om te vragen of mijn vader op zijn steun kon rekenen bij de komende verkiezingen. 'Natuurlijk, natuurlijk zullen we jou steunen, Zafo,' zei Murat. 'Maar je hebt geld nodig. Dit soort dingen kun je niet zonder geld doen.'

Nadat ze hun huis aan Arians ouders hadden verkocht, was Murat met zijn gezin uit onze buurt vertrokken en ze huurden nu een flat bij de begraafplaats. De flat was krap en de meubels waren opgestapeld als een wegversperring. Ik herkende dezelfde groene polyester gordijnen bedrukt met bloemen en vlinders. De boekenkast was weggehaald om plaats te maken voor een kleurentelevisie. Over de vloer verspreid lagen exemplaren van de Koran in verschillende talen, en meerdere paren schoenen gewikkeld in kranten, omdat Murat nog steeds reparaties uitvoerde in zijn vrije tijd.

'Ik zag onlangs een interview met Berlusconi,' ging hij voort. 'Je weet wie Berlusconi is. Wat een man. Hij ziet er zo fit uit. Hij lijkt wel in de twintig. Hij lacht altijd. Ik keek naar een interview waarin Berlusconi zijn levensverhaal vertelde. Hij begon in de bouw. Daarna werkte hij als muzikant op een schip. Daarna kocht hij zijn eigen televisiekanaal. Je moet verschillende dingen proberen, je weet nooit wat werkt. Dat zei hij zelf. Hij is een zakenman. Nu zorgen andere mensen voor zijn zaken, hij zit zelf in de politiek. Omdat hij weet hoe je geld verdient, weet hij ook hoe je de verkiezingen wint. Hij heeft natuurlijk veel vijanden, de mensen zijn jaloers, dat zijn ze altijd. Maar hij kan ze gewoon negeren; hij heeft zijn eigen televisiezenders, zijn eigen kranten. Als je wilt winnen, heb je geld nodig. Je hebt altijd geld nodig. Als je zelf geen geld hebt, kun je het ook niet aan anderen geven. Waar is jouw geld?'

'In de zak van mijn vaders jas,' zei mijn vader lachend.

Murat grinnikte.

'Je hebt een heleboel geld nodig, Zafo, een heleboel geld,' vervolgde hij. 'Ik weet hoe die dingen werken. Ik heb het gezien bij de Arabieren die geld geven voor de moskee.' Hij zweeg even en stak een sigaret op. 'Toen de fabriek waar Flutura werkte dichtging,' hij keek in de richting van zijn vrouw, 'dacht ik, wat moeten we nu beginnen? We komen allemaal om van de honger. Ik dacht, Allah Kerim.* Maar Allah helpt degenen die zichzelf helpen. Toen namen de zaken gelukkig een andere wending. De firma's begonnen. Je weet wat ik bedoel. De firma's...'

'Xhaxhi Murat, ik heb een vraag,' onderbrak ik hem. 'Zingt u elke ochtend en avond "Allahoe akbar" van de minaret of is het een geluidsopname? We hebben op school een weddenschap lopen. Sommigen zeggen dat u het elke dag doet. Ik zei dat het een opname was.'

'Het is een opname, Leoesjka,' antwoordde hij. 'Het is een geluidsopname. Nu ben je me tienduizend lek schuldig.' Hij gaf me een knipoog. Daarna wendde hij zich weer tot mijn vader met een ernstig gezicht. 'Sude, Populli, Kamberi, Vefa. De firma's. Je moet er wat geld in stoppen, zodat je er meer geld uit kunt halen. Wij hadden geen geld om erin te stoppen. Wat konden we doen? We probeerde het land uit te komen.

* 'Allah is de Barmhartigste.'

We zaten op de *Vlora*, weet je nog? Het enige wat we overhielden aan onze reis naar Italië waren een paar blauwe plekken. Op dat moment besloten we ons huis te verkopen. Het deed de kinderen verdriet dat we uit de straat vertrokken. Wij waren ook verdrietig, want we hadden goede buren. Ik heb dat huis met mijn eigen handen gebouwd. Dezelfde handen die al jouw schoenen hebben gerepareerd.' Hij pauzeerde even en hief zijn handen op alsof hij alle schoenen vasthield die hij had gemaakt.

'Een mens moet zich opofferingen getroosten. De Baki's, onze buren, hebben het huis gekocht en ons contant betaald. Daarmee konden we alles doen wat we wilden. We konden het uitgeven of we konden het...' Hij dacht even na. 'Hoe heet dat ook alweer? Investeren. We hebben het geïnvesteerd. We hebben er niets van gehouden. Wat denk je dat de rest van Europa doet met geld? Ze investeren het. Ze investeren het zodat het kan groeien.'

Mijn vader dacht na. Hij had een ietwat schuldige uitdrukking op zijn gezicht. We hadden thuis pas gepraat over de nieuwe firma's. Sude, Kamberi, Populli, Vefa waren de namen van de financiële ondernemingen die begonnen op te komen en hoge rentepercentages beloofden in ruil voor spaargeld. Op het hoogtepunt van hun activiteiten was meer dan twee derde van de bevolking betrokken bij de investeringen die samen de helft van het bnp van het land bedroegen. Sommige firma's bouwden ook hotels, restaurants, clubs en winkelcentra. Maar mijn familie voelde er weinig voor om het contante geld dat we in huis bewaarden in te leggen.

Murat blies de rook uit, drukte de sigaret uit die hij tussen zijn vingers klemde en stak de volgende aan.

'Zafo, luister 's naar me,' zei hij ernstig. 'Je kunt niet al je spaargeld in een jaszak bewaren. De tijden zijn veranderd. Je moet het investeren. Net als de rest van Europa. Waar wacht je op? Wij hadden al ons spaargeld bij Kamberi, maar die gaven maar tien procent per maand, daarom zetten we het geld bij Populli, waar je dertig procent krijgt. Toen ontdekten we Sude, en zij verdubbelen ons spaargeld elke maand. Meer nog zelfs. We nemen het natuurlijk niet allemaal op, we laten het daar staan, zodat het verder kan groeien. Net als de rest van Europa. Je moet sparen en investeren. Sparen en investeren, zodat het geld kan groeien.'

Mijn vader glimlachte en knikte. Altijd als we thuis over de firma's praatten, kregen mijn ouders ruzie. Mijn moeder zei dat we de jaszak moesten vergeten en ons geld in de firma's moesten stoppen. De rest van de familie voelde er niet voor. 'Ik snap niet hoe je zomaar honderdduizend lek in een firma kunt stoppen,' zei mijn vader, 'en dat je na een paar maanden het dubbele terugkrijgt. Het klinkt als gokken.'

'We kunnen het met een klein bedrag proberen,' zei mijn moeder, 'en kijken hoe het gaat. We kunnen het kalm aan doen. Ik zeg niet dat we ons huis moeten verkopen of zoiets.'

'Maar waar komt al dat geld vandaan?' wilde mijn vader weten. 'Er zijn hier geen fabrieken, er is geen productie.'

'Omdat jij er niet aan gewend bent, wil dat nog niet zeggen dat het een smerige zaak is,' kaatste mijn moeder de bal terug. 'De firma's investeren het ook weer. Ze hebben restaurants, clubs, hotels. Het geld circuleert. De mensen sturen geld hierheen uit Italië, uit Griekenland, heel veel emigranten helpen hun ouders. Het meeste is afkomstig van eerlijk werk. Daar komt het geld vandaan. Ze sturen het naar hun ouders, hun ouders brengen het onder in de firma's en de firma's bewaren het allemaal veilig bij elkaar, ze investeren het en keren de mensen rente uit. En als je het nodig hebt, als je iets moet kopen, geven ze het aan je terug of ze lenen je het geld. Zo moeilijk is het allemaal niet. Je hebt je universiteitsdiploma. Wat begrijp je dan niet?'

'Wat ík niet begrijp,' mengde Nini zich in het gesprek, 'is wat er gebeurt als iedereen tegelijk zijn geld terugvraagt. Hoe kunnen de firma's iedereen betalen?'

Deze laatste opmerking irriteerde mijn moeder hogelijk. 'Waarom zouden de mensen allemaal tegelijk om geld vragen?' reageerde ze. 'Waarom zouden ze het allemaal terug willen? Je kunt het toch niet in één keer allemaal uitgeven. Waarom bewaar je je geld liever onder je matras dan bij een firma?'

'Waarom zou je je geld bewaren in de zak van je vaders jas,' herhaalde Murat ook tegen mijn vader. 'Mijn gezin heeft het nu goed. Op een dag kunnen we misschien ons huis terugkopen. *Positive thinking*,' zei hij in het Engels. 'Net als de rest van Europa. Wij hebben nooit positive thinking geleerd, ik geef het je op een briefje, dat is ons probleem.'

Uiteindelijk won positive thinking. Ons huis verkochten we niet, maar we 'investeerden' het grootste deel van ons spaargeld in een van de firma's, Populli, waarvan de naam voluit luidde: Demokracia Popullore (Democratie van het Volk). Mijn oma wende er nooit aan; ze bleef de firma verwarren met Fronti Demokratik (het Democratisch Front), de overheidsorganisatie waarvan we vóór 1990 onze voedselbonnen ontvingen. 'Heb je je rente ontvangen van het Democratisch Front?' vroeg ze aan mijn vader aan het eind van het eerste kwartaal, toen hij terugkwam van het kantoor van Populli met de rente op het spaargeld dat hij had ingelegd. 'Ja, dat heb ik gehad,' antwoordde hij. 'Het zit allemaal in de jaszak.'

Positive thinking won ook wat mijn vaders verkiezing als parlementslid betrof. Hij kreeg meer dan zestig procent van de stemmen. Dit was het enige succes dat hij in zijn korte carrière als parlementariër boekte. De overige maanden die hij in het parlement zetelde waren een regelrechte mislukking. Hij kwam er algauw achter dat hij noch het onverschrokken instinct van een leider bezat, noch het berekenende geduld van een adviseur. Het ontbrak hem aan partijdiscipline. Hij aarzelde om zelf besluiten te nemen, maar was evenmin genegen om die van anderen te steunen. Hij had noch de ambitie om voorop te lopen, noch de neiging om anderen te volgen.

Het was een slechte tijd om volksvertegenwoordiger te worden. De verkiezingen van dat jaar bleken achteraf te behoren tot de meest omstreden verkiezingen in de geschiedenis van het land. De communistische oppositie beschuldigde de zittende regering van fraude. Ze erkenden de uitslagen niet en namen nooit hun zetels in het parlement in bezit. Het land was overspoeld met internationale waarnemers, diplomatieke bemiddelaars en politiek adviseurs.

Het was ook vergeven van financiële experts die waren gespecialiseerd in het populariseren van Engelse termen voor problemen, waarvoor volgens hen dringend een oplossing moest komen: *emerging markets, investor confidence, governance structures, transparancy to fight corruption, transitional reforms*. De enige technische term die ze niet populariseerden was die voor de 'firma's' waaraan de overweldigende meerderheid van mijn landgenoten hun spaargeld had toevertrouwd, de piramidefondsen. Deze waren ontstaan aan het begin van jaren negentig ter compensatie van de onderontwikkelde financiële sector van het land, in de context van een informele kredietmarkt, gebaseerd op familiebanden en ondersteund door geld dat werd overgemaakt door emigranten. Nadat de Verenigde Naties in 1995 de sancties tegen voormalig Joegoslavië opschortten, waren er minder mogelijkheden om te smokkelen en meer mensen met contant geld, waardoor de piramidefirma's steeds hogere rentes voor de inleg konden beloven. De verkiezingen van 1996 verergerden het probleem: meerdere firma's doneerden aan de campagne van de regerende Democratische Partij, waarmee ze hun bekendheid vergrootten en bijdroegen aan de algemene hype dat je moest investeren om te profiteren, 'net als de rest van Europa'.

Een paar maanden later bleek dat deze piramidefondsen de toegezegde hoge rente-uitkeringen niet konden waarmaken. Ze gingen allemaal bankroet. Meer dan de helft van de bevolking, onder wie mijn familie, verloor al hun spaargeld. De mensen beschuldigden de regering ervan dat ze onder één hoedje speelde met de eigenaren van de firma's en gingen de straat op om hun geld terug te eisen. De protesten, die begonnen in het zuiden, met zijn sterke traditionele steun aan de Socialistische Partij, breidden zich al spoedig uit naar de rest van het land. Er volgden plunderingen, aanslagen op militaire garnizoenen en een ongeëvenaarde emigratiegolf. Meer dan tweeduizend mensen kwamen om. Deze gebeurtenissen zijn de geschiedenisboeken in gegaan als de Albanese burgeroorlog. Voor ons is het noemen van het jaartal genoeg: 1997.

21

1997

Hoe schrijf je over een burgeroorlog? Hieronder staat wat ik in mijn dagboek heb geschreven tussen januari en april 1997.

1 januari 1997
Ik weet niet waarom mensen me er altijd van proberen te overtuigen dat een nieuw jaar nieuw leven zal brengen. Zelfs de lichtjes in de boom zijn hergebruikt. Zelfs het vuurwerk is hetzelfde als het vorige jaar.

9 januari
We hadden een proefwerk elektrotechniek.* Ik had een 10.

14 januari
School is zinloos. Ik vind er niets aan. Maar het is het einde van het semester en dit is mijn laatste jaar. Ik moet me concentreren op de cijfers. Ik ben de hele dag met wis- en natuurkunde bezig geweest.

* Een verplicht vak op de middelbare school, gericht op machines en techniek, een overblijfsel van het op de Sovjet-Unie georiënteerde onderwijsprogramma.

27 januari
Sude is ingestort.* De overheid heeft de rekeningen bevroren van alle andere firma's. In het zuiden zijn protesten. Ik mis K. Ik denk dat ik verliefd op hem aan het worden ben. Maar hij kijkt niet naar me.

7 februari
Het is donker en ik lig op bed naar het nieuwe album van Metallica te luisteren. Ik durf te wedden dat er straks iemand komt klagen dat de muziek te hard staat.

10 februari
Gjallica is ingestort.** De mensen vragen hun geld terug. Het is onrustig geweest in Vlora.*** De demonstranten willen dat de regering opstapt.

13 februari
We hadden een evenement op school met de Muilezel, ter gelegenheid van Valentijnsdag. Er waren bezoekers van de Franse ambassade, ik begreep niet waarom. K. droeg een trainingspak, alsof het hem allemaal niets kon schelen. Hij vroeg wat mijn vader van de politieke situatie vindt. Ik vertelde hem dat hij een motie in het parlement had ondertekend waarin de regering werd verzocht af te treden. K.'s vader is dood. Hij stierf begin jaren negentig onder mysterieuze omstandigheden. Hij was vroeger een Sigurimi-agent. Zo vervelend.

* Een van de eerste piramidefondsen (of 'ponzifraudes') die instortte.

** Ook een piramidefonds, vooral populair in het zuiden van het land.

***Een stad in het zuiden van het land, traditioneel links.

14 februari
[Heel lange liefdesbrief aan K., waarvan hij het bestaan nooit zal weten en die hij ook nooit zal ontvangen.]

15 februari
We hebben het nationale Soros-debat gewonnen. De stelling was 'Open samenlevingen vereisen open grenzen'.

24 februari
Vandaag nam ik deel aan de Fysica Olympiade. Ik heb de vragen bekeken, ben drie uur binnengebleven, en heb daarna een gedicht geschreven over verveling.

25 februari
De politieke situatie blijft gespannen. De studenten in Vlora zijn in hongerstaking. De motie die Babi* samen met dertien andere parlementsleden heeft ingediend stond in alle kranten. Het veroorzaakte een hoop rumoer. Ze werden door de partij weggezet als 'rode opportunisten'.

Op 9 maart komt er een stemming in het parlement om de benoeming van Berisha** tot president te bekrachtigen. De Europese Unie had gisteren een vergadering en verklaarde dat ze achter hem stonden. Babi zegt dat de ondertekenaars van de motie hebben geschreven dat ze pro-Europa zijn, wat ze dus in een netelige positie brengt. Aangezien de EU Berisha steunt, zouden ze de openlijke tegenstanders van hem

* Een liefkozend woord voor 'papa' in het Albanees.

** Sali Berisha (1944), cardioloog en voormalig lid van de Communistische Partij, was een van de historische leiders van de studentenbeweging die in de jaren negentig het socialisme ten val bracht. Hij stond aan het hoofd van de Democratische Partij van Albanië, waarvoor mijn vader parlementslid was, die in deze periode deel uitmaakte van de regering.

beschouwen als 'destabiliserend'. Ik heb gezegd dat hij een lafaard is als hij voor Berisha stemt. Hij zegt dat politiek gecompliceerd is. Ik vind dat mensen moeten doen wat ze juist vinden, niet wat de omstandigheden voorschrijven.

26 februari
Ik heb vandaag geen huiswerk gemaakt. Morgen boycotten we de school uit solidariteit met de hongerstaking in Vlora. Iedereen vindt het reuzespannend om weg te blijven van school.

27 februari
Het schoolhoofd maakte geen bezwaar tegen de boycot, maar zei dat we om disciplinaire maatregelen tegen hem persoonlijk te voorkomen, een petitie moesten opstellen die door de hele school was ondertekend. We stelden het volgende op: 'Uit solidariteit met de studenten in Vlora, maar afstand nemend van de gewelddadigheden van de afgelopen weken, verklaren we dat we de school voor onbepaalde tijd boycotten.' Niet iedereen tekende.

Toen ik die middag thuiskwam belde de secretaris van de jongerenafdeling van de Democratische Partij op om te vragen of ik wist wie de staking had georganiseerd. Ik zei dat ik er niets van wist, dat het allemaal spontaan was ontstaan en dat we geen leiders hadden. Toen zei hij dat als we een extra vrije dag wilden, zij dat wel voor elkaar konden boksen, maar dat wat wij hadden gedaan heel onplezierig was. Ik antwoordde dat het ons niet alleen te doen was om een dag vrij van school te krijgen. Hij vroeg of ik namen kende van degenen die het hadden georganiseerd. Ik zei dat het iets van ons allemaal was. Toen wilde hij weten of er andere mensen waren zoals ik, die dicht bij de partij stonden, die de anderen ervan konden overtuigen om weer naar school te gaan. Ik zei dat ik niet van plan was om iemand ervan te overtuigen om weer naar school te gaan. Waarom wil je zo graag protesteren, vroeg hij, je moeder is bij de partij, je vader is parlementslid, je partij zit in de regering, als de premier terugtreedt, wat moet je dan eten, je eigen stront? Ik heb geen namen genoemd. Ik ben toch zeker geen spion!

28 februari
K. baalde ervan dat het artikel over de schoolboycots pas op pagina 5 van *Koha Jonë** stond, hij zei dat het op pagina 2 had moeten staan. Meestal ziet hij me niet staan, maar vandaag hebben we leuk gekletst. Hij zei lachend dat van de mensen die naar school gaan, tachtig procent niet eens fatsoenlijk Albanees spreekt, tien procent spreekt wel Albanees maar leest de kranten niet en vijf procent leest de kranten maar begrijpt ze niet. Hij is leuk om als vriend te hebben. Ik geloof niet dat het een goed idee was om verliefd op hem te worden. Hij is raar.

Er kwamen nog meer telefoontjes van de jongerenafdeling om druk op me uit te oefenen om de partij op school te steunen. Wat heeft het voor zin? De macht is hun ontglipt, die kunnen ze heus niet aan een paar laatste draadjes vasthouden.

1 maart
Er zijn in Vlora negen mensen omgekomen bij de gevechten met de politie. Babi kreeg vannacht om één uur een telefoontje om hem op te roepen voor een buitengewone bijeenkomst in het parlement vanochtend. In andere steden is het ook

* Een linkse krant die kritisch is over de regering.

onrustig geweest. Veel wegen naar het zuiden zijn gebarricadeerd. Ze zeggen dat een 'burgeroorlog' op het punt van uitbreken staat. Ik snap niet wie er tegen wie zou moeten vechten. Iedereen is zijn geld kwijt. We zijn zo verstandig geweest om ons huis niet te verkopen. Mami zegt dat het in orde is als ik voor de school ga posten, maar dat ik mijn mond moet houden en de protesten niet moet aanwakkeren. Ik zag K. en Besa kwam ik ook tegen. Ze ging naar een houseparty. Deze hele schoolboycot is heel gaaf. We kunnen van alles afspreken.

2 maart

20.00 uur

Het is heel raar. De premier heeft ontslag genomen. Berisha heeft een rondetafelgesprek georganiseerd met alle partijen. Gisteren zijn de socialisten akkoord gegaan met een nieuwe regering, geleid door de democraten. Vandaag hebben ze zich teruggetrokken uit het akkoord. In het zuiden heerst chaos. In Saranda en Himarë* werden vijf wapenmagazijnen aangevallen en één magazijn van de marine werd opgeblazen. Alle gevangenen die vastzaten voor moord zijn uit de gevangenis ontsnapt.

22.00 uur

Ik stopte met schrijven om naar het nieuws te kijken. Babi kwam terug uit het parlement, en vertrok toen weer. Onderweg naar Tirana belde hij op om te waarschuwen dat ik binnen moest blijven. Hij zegt dat het op straat niet veilig is en dat de mensen zich op mij zouden kunnen wreken als ze kwaad zijn op hem. De president heeft de noodtoestand afgekondigd

* Steden in het zuiden, vanouds links georiënteerd.

en de macht overgedragen aan de militairen. Militair bewind klinkt vreselijk. Je mag niet in groepjes van meer dan vier mensen buiten zijn, er is een avondklok, er mogen geen georganiseerde activiteiten plaatsvinden, ook geen culturele, en de soldaten mogen het vuur openen als ze zien dat je de wet overtreedt. De mensen van Vlora rukken op naar Tirana om de regering omver te werpen. Iedereen in mijn buurt praat op gedempte toon. Vandaag werd ik gebeld door een paar Italiaanse journalisten die ik op school had ontmoet. '*È grave*,' was het enige wat ik kon zeggen. Ik ben bang. Al is het hier rustig. Misschien komt het alleen door de woorden. Militair bewind. Noodtoestand. Ze klinken doodeng.

3 maart
Vanmorgen zagen we op televisie de schijnvertoning van de presidentiële verkiezing. Van de 118 parlementsleden van de Democratische Partij stemden er 113 voor, één tegen en vier onthielden zich van stemming. Babi behoorde tot die vier. Vanmorgen zijn de kantoren van *Koha Jonë* in Tirana in de as gelegd en één journalist is spoorloos. Ik denk niet dat het leger sterk genoeg is om de opstandelingen uit te schakelen. Vannacht om twee uur beëindigden de studenten in Vlora hun hongerstaking. Ze wisten niet met wie ze moesten onderhandelen. Verschillende bendes hebben militaire barakken aangevallen, wapens gestolen, winkels geplunderd. Onze tanks zijn zo oud. Ik weet niet eens of ze het nog wel doen.

Ik ben bang. Babi zei dat ik onder geen beding het huis mocht verlaten en als ze een manier vinden, sturen ze me naar Italië. Hij hoorde dat je een beurs voor de universiteit kunt aanvragen als je goede cijfers haalt. Bashkim Gazidede, de generaal die de leiding heeft, kondigde vandaag de sluiting van de scholen aan. Hij ziet eruit alsof hij het ook allemaal niet weet. Er geldt een avondklok tussen acht uur 's avonds en zeven uur 's ochtends. De winkels gaan om drie uur dicht. In Durrës is het rustig. Misschien is het wel goed om weg te gaan. Ik zal het hier missen. Alles is naar de knoppen. Ik wil niet weg.

4 maart
13.40 uur
Mami kwam net terug van een partijbijeenkomst. Ze zei dat de partij namen noteert van mensen om wapens aan uit te delen, zodat men zich zo nodig kan verdedigen. Babi zegt dat hij geen wapen in huis wil hebben. Hij zou het toch niet gebruiken. Mami zegt dat het kan afschrikken. Ze zegt dat zij het wel zou gebruiken. Vandaag waren er auto's met kentekenplaten uit Vlora te zien in Durrës. De regering stuurt tanks naar het zuiden. Kennelijk doen de tanks het nog. De demonstranten vluchtten de bergen in en alle journalisten werden door een helikopter geëvacueerd. Ik weet niet wat we moeten doen als de protesten Durrës bereiken. Hier is het allemaal in orde. Ik ben thuis aan het schaken en kaarten. Ik wil niet weg. Ik wil mijn school afmaken.

5 maart
Ik mis K. Ik wil hem nog zien voordat ik wegga. Ik wil niet weg. Als je weggaat vergeet je dingen. Je vergeet mensen.

7 maart
12.30 uur
De president heeft gezegd dat als mensen zich overgeven en hun wapens inleveren, er binnen achtenveertig uur een coalitieregering en een amnestieregeling zal komen. Gisteren was er een rondetafelgesprek tussen de partijen. Ik vond de sfeer

in het parlement beschaafd. Ik mag nog steeds het huis niet uit. Alleen ik niet. Verder gaat iedereen gewoon naar buiten. De mensen van school zien elkaar nog steeds op straat buiten de avondklok om. Ik weet niet waarom ik dat niet mag. Ik snap het niet.

20.40 uur
Europese deskundigen hebben geadviseerd een nieuwe grondwet te schrijven en nieuwe verkiezingen te houden. Ze hebben niet gezegd of de regering alle nodige middelen kan gebruiken om de opstand neer te slaan.

8 maart
Er is een wapenstilstand van achtenveertig uur. De opstandelingen hebben Gjirokastra* veroverd. Het is een komen en gaan van allerlei delegaties.

9 maart
De situatie verbetert. Gisteren zijn ze weer om de tafel gaan zitten en de partijen hebben ingestemd met een coalitieregering, nieuwe verkiezingen in juni, amnestie voor mensen die hun wapens binnen een week inleveren. Misschien hoef ik niet weg. Vanmiddag mocht ik naar buiten. De noodtoestand zal wel gauw voorbij zijn en de school gaat weer open. Ik ben dolblij. Het was ondraaglijk aan het worden. Het was echt bijna oorlog. Ik mis K. Ik hoop maar dat alles goed gaat met mijn examens. Ik kijk ernaar uit om weer te beginnen. Babi is in alle staten. Er valt niet met hem te praten. Ik vind het jammer voor hem dat zijn politieke carrière maar zo kort

*Een linksgeoriënteerde stad in het zuiden, de geboorteplaats van Enver Hoxha.

heeft geduurd. Ik weet niet of hij weer meedoet aan de nieuwe verkiezingen. Ik denk dat het ervan afhangt of ze de partij reorganiseren.

10 maart
Zo saai. Ik heb K. al tien dagen niet gezien. Tien dagen.

11 maart
Ondanks de akkoorden tussen de partijen, ondanks de formele regering met een socialistische premier, ondanks alle 'bilaterale' inspanningen om de crisis op te lossen, duren de protesten voort. Ik hoorde net op het nieuws dat een paar noordelijke steden, Shkodra, Kukës en Tropoja, nu ook in handen zijn gevallen van de opstandelingen. Het parlement heeft ingestemd met amnestie voor mensen die hun wapens inleveren. Ik denk niet dat het een eind heeft gemaakt aan de plunderingen.

13 maart
Ik zie niets meer door mijn tranen heen. Ik ben in mijn slaapkamer. Het enige wat ik behalve mijn eigen gesnik kan horen, is het ratelen van machinegeweren. Ik weet niet eens waar het vandaan komt. Ik hoor het overal. Niemand had gedacht dat de ellende hierheen zou komen. Gisteren hoorden we hier en daar wel ontploffingen en helikopters, maar we stonden er niet echt bij stil. Er gingen geruchten dat de onlusten Tirana hadden bereikt en we namen aan dat de geluiden die we hoorden daarvan de echo's waren. Totdat ik voor het keukenraam ging zitten en allemaal mensen in het wilde weg zag rennen. Alle mannen uit onze straat liepen de heuvel op met wapens, sommigen hadden kalasjnikovs, anderen pistolen, weer anderen droegen vatbommen. Ik zag onze buurman Ismail, hij

is stokoud, hij loopt met een stok. Hij sleurde moeizaam een groot metalen ding op een houten kruiwagen voort. Hij zei dat het een middelgrote RS-82 raket was. De mensen complimenteerden hem: Dat ziet er fantastisch uit, Ismail, heb je het lanceerplatform er ook bij? Hij zei dat hij dat niet had, maar dat iemand anders het misschien nog zou vinden. Je weet nooit wanneer je een raket nodig hebt, zei hij.

Later gingen er geruchten over een nieuwe uittocht, men zei dat de schepen in de haven mensen naar Italië zouden brengen. Sommigen slaagden erin om op de Adriatische passagiersveerboot te springen, ze openden het vuur en dwongen de kapitein weg te varen. Ik liep onze slaapkamer in en trof daar Nini aan, ze beefde. Ze zei dat Babi vastzat in het parlement en dat er hoogstwaarschijnlijk werd gevochten, het parlementsgebouw stond in brand. De telefoonverbinding was verbroken. Ze zag spierwit.

Mami is met mijn broertje Lani naar het strand, daar zijn ze vanmorgen naartoe gegaan voordat alles uit de hand liep. Ze zijn nog steeds niet terug. Ik barstte in huilen uit, toen kwam Besa en zei dat ze met haar moeder ging kijken of ze een schip konden vinden in de haven. Haar moeder vroeg of Nini mij met hen mee wilde laten gaan, maar ze weigerde. Ik huilde nog harder. Toen deed ik mijn mond open om te zeggen dat ik weg wilde, maar er kwam geen geluid over mijn lippen. Ik probeerde het nog een keer. Niets. Ik kon niets zeggen.

Ik ben mijn stem kwijt. Ik heb hem niet meer geprobeerd. Ik weet niet of ik nog kan praten. Ik wil niet huilen voor het geval mijn stem niet naar buiten komt. Er is zoveel lawaai om ons heen. Het enige wat ik kan horen zijn kalasjnikovs. Donika is hierheen gekomen om bij Nini te zijn. Ik snap niet waarom iedereen me vraagt om te praten, om mijn stem te gebruiken. Stel je voor dat die het niet doet? Ik wil het niet proberen. Nini zei dat als Babi terugkomt, ze me naar de dokter zullen sturen. Zodra ze me vragen om te praten, ben ik in tranen, ik kan ze niet tegenhouden. Ze stromen gewoon. Ik probeer ze wel tegen te houden, maar het lukt me niet. Ik kan niet praten. Ik weet niet wat ik moet doen. Ik ben nu op mezelf teruggeworpen en ik wil het wel proberen, maar stel je voor dat hij er niet uit komt. Stel je voor dat hij voorgoed weg is? Misschien komt hij terug als ik huil.

14 maart

9.50 uur

Het enige wat ik hoor zijn machinegeweren. Mami en Lani zijn gisteren naar Italië vertrokken. Een man kwam ons dat vertellen. Ze waren op het strand en zagen een schip aanleggen aan de pier en ze zijn erop gesprongen. De man die het ons kwam vertellen was ook op de pier met zijn familie, maar hij besloot niet te gaan. De mensen in de boot hadden kalasjnikovs en ze waren aan het schieten. Mami probeerde hem ervan te overtuigen dat er overal werd geschoten, dus dat hij net zo goed naar Italië kon gaan, maar hij antwoordde dat zijn familie te bang was. Hij zei dat ze nu waarschijnlijk in een vluchtelingenkamp in Bari zijn. Maar ik weet niet of ze het gehaald hebben, ze hebben niet gebeld. Ik weet ook niet hoe ze de overtocht hebben betaald. Ze hadden geen geld bij zich. Waarschijnlijk mogen ze het kamp niet eens uit. Ze zullen er twee weken worden vastgehouden en dan worden teruggestuurd. De telefoon deed het weer. En hield er toen weer mee op. Ik denk dat hij het nu doet, maar er heeft niemand gebeld. De wegen zijn gebarricadeerd, maar ik neem aan dat de televisie het wel zou melden als er iemand in het parlement was omgekomen, dus ik denk dat Babi in orde is.

Maar ik kan nog steeds niet praten. Ik geloof niet dat mijn stem terug is. Ik weet niet of die ooit weer terugkomt. Nini zegt dat ik moet proberen te praten, zodat Babi zich niet rot schrikt als hij terugkomt. Ze heeft me valium gegeven. Ze zei dat het zou helpen. Het heeft niets gedaan. Toen heeft ze me er nog een gegeven. Ik kan nog steeds niet praten. Ik heb het niet geprobeerd, maar stel dat ik het probeer en mijn stem is voorgoed weg? Nini zegt dat de toestand niet zo heel erg is. Ze zegt dat ik sterk moet zijn, ik moet me vermannen. Ik weet niet wanneer zij denkt dat het echt erg is. Mijn stem is weg. Ik voel me slaperig.

15.30 uur

Kalasjnikovs klinken als vuurwerk op oudejaarsavond. Ze gaan maar door en door. Dag en nacht. Wie had dit kunnen voorspellen? De noodtoestand heeft een averechtse uitwerking. Er wordt gepraat over het hierheen halen van NAVO-troepen. Ik ben bang dat het de zaak nog erger zal maken, dat het massaal bloedvergieten zal veroorzaken. Net als de vredestroepen in Bosnië. Wacht maar af. Nini heeft gelijk, waarschijnlijk kan ik er maar beter aan wennen. Ik probeer het. Er trekt een rilling langs mijn ruggengraat als ik aan gisteren denk, rondrennende mensen, racende auto's, schieten op straat. Vandaag is het een beetje beter. Ik denk dat ik er beter mee om kan gaan. Het is net of iedereen tegelijk gek is geworden, ze vernielen alles.

Babi is heelhuids teruggekeerd uit Tirana. Hij zei dat de haven volkomen vernield is. Alle kantoren zijn platgebrand. Er staan nog maar heel weinig winkels overeind en de eigenaars verdedigen die met kalasjnikovs. Ik hoor alleen maar schieten. Het land is in handen van gangsters. Het is complete anarchie. Niemand praat nog over politieke oplossingen.

Het gaat niet om socialisten tegen democraten. Alle politieke machten staan volkomen machteloos. Niemand begrijpt er nog iets van. Het is net of het hele land zelfmoord pleegt. Net toen het ernaar uitzag dat het beter werd, ging alles bergafwaarts. Nu we allemaal de afgrond in vallen is er geen weg meer terug. Het is zoveel erger dan in 1990. Toen was er tenminste nog hoop op een democratie. Nu is er niets, alleen verdoemenis.

17.00 uur
Ik kan dit niet verdragen. Ik ga nog liever naar buiten om een kogel door mijn lijf te krijgen dan hier gewoon te blijven zitten. Er is niemand om mee te praten. Ik dacht altijd dat ik sterk zou zijn als er oorlog zou komen. Ik had nooit gedacht dat ik alleen maar zou huilen. Het komt door het wachten. Het wachten doet me de das om.

Nini zei dat ik mijn bed voor het raam moest weghalen. Er komen een heleboel kalasjnikovkogels op de vensterbank terecht. Ik weet niet waar ze vandaan komen, maar als ze niet al te ver hiervandaan worden afgeschoten en ze het grootste deel van hun snelheid hebben behouden, kunnen ze dodelijk zijn. Dat zei ze. Trek je bed weg.

18.00 uur
Die schoten. Het is net of ze in mijn hoofd exploderen. Ik kan mijn tranen gewoon niet tegenhouden. Steeds als ik probeer te praten, rollen in plaats daarvan de tranen uit mijn ogen.

15 maart
Nini heeft me hiervoor nog meer kalmeringsmiddelen gegeven. Ik ben net wakker. Ik voel me iets beter. Ik weet niet of de situatie echt zo erg is of dat mijn verbeelding die erger maakt.

Nu Besa ook weg is, heb ik niemand meer om mee te praten. Ik kan trouwens toch niet praten. Ik heb vandaag minder schoten gehoord. Naar het schijnt komt er een internationale politiemacht. Ik wil weer naar school.
Ik heb gedacht aan zelfmoord, maar vond dat zielig voor Nini. Het duurde maar een kwartier. Ik moet een nieuw boek zoeken om te lezen.

20.50 uur
De middag was prima. Mami belde, voor het eerst. Ze zijn in een vluchtelingenkamp in Bari. Babi is boos op haar. Hij zegt dat ze niet had mogen vertrekken zonder het te vragen. Nini praatte met haar en gaf de hoorn toen door aan Babi, en hij zei niets, maar gaf de hoorn zwijgend aan mij, maar ik kon niets zeggen. Ik heb het nog niet geprobeerd maar ik geloof niet dat ik kan praten. Ik geloof niet dat mijn stem terug is. Mami zei dat ze het schip zag en aan boord is gegaan. Ze probeerde Lani te redden. Nini zei dat je niet één kind meeneemt en het andere achterlaat. Babi bezweert dat hij nooit meer een woord tegen haar zegt.

16 maart
Ik ben vandaag buiten geweest. Ik ben de deur uitgegaan toen Nini sliep. Ik hield het niet meer vol. Ik dacht, als ze me doodschieten, dan is het maar is zo. Ik ben naar de top van de heuvel gelopen om het oude Koninklijke Paleis te zien. Er is niets van over. Het hekwerk is kapot. De tegels zijn gestolen. De bloemen zijn allemaal uitgerukt. De kroonluchters zijn weg. Het plafond ziet eruit alsof het elk moment op je hoofd kan vallen. Ik probeerde te schreeuwen toen ik er was. Mijn stem kwam naar buiten. Ik wist wel dat hij er was, ik wilde hem gewoon niet gebruiken. Het was allemaal zo leeg. Volko-

men leeg. Er was geen meubelstuk achtergebleven.

Ik ben begonnen met het lezen van *Oorlog en vrede*. Er komen een heleboel personages in voor. Het is net of je ze echt leert kennen. Waarschijnlijk is het beter om tijd te besteden aan bedachte personages dan echte mensen te missen die je nooit meer zult zien. Ik ben opgehouden met aan school denken. Ik ben opgehouden met denken aan K.

17 maart
Flamur heeft zichzelf doodgeschoten. Hij speelde met een Tokarev TT33 en dacht dat die niet geladen was. Zijn moeder was erbij. Hij haalde de trekker over en er zat nog een kogel in. Eentje maar. Mensen in de straat zeiden dat ze een knal hadden gehoord, maar ik heb niets gehoord. Er wordt zoveel geknald. Ik hoorde alleen Shpresa gillen, een schril geloei, als van een dier. Ze kwam de straat op, rukte aan haar haren, ze was totaal van de kaart. Ze herhaalde steeds dat er iemand naar binnen moest om hem te bedekken. Dat was het enige wat ze zei. Ga naar binnen en bedek hem.

18 maart
Het was zo leuk om met Babi op stap te gaan. We gingen vandaag samen naar de winkels. Hij praat wel veel. Hij komt ook te veel mensen tegen, het duurt eindeloos. Er waren vandaag mensen op straat. Het zag er een beetje beter uit. Ik denk dat alles in orde zal komen. Ik moet gewoon moed houden. Nini is zo moedig. Ik weet niet hoe ze het klaarspeelt. Er zit een koekoek bij ons in huis opgesloten. We zoeken hem steeds, maar we kunnen hem niet vinden. Je hoort hem wel, en hij klinkt echt heel hard. Nini zegt dat ze ongeluk brengen.

19 maart
Ik heb Mami vandaag door de telefoon gesproken. Ze zei dat ze binnenkort uit het kamp vertrekken. Ze heeft werk gevonden in Rome, ze gaat voor een oudere vrouw zorgen die verlamd is. Mami zegt dat ze politiek asiel gaat aanvragen. Ze geven haar eten, onderdak en 500.000 lire, en ze mag Lani bij zich houden. Ze zegt dat ze over een poosje misschien een baan als wiskundelerares vindt. Daarna zal ze haar verblijfsvergunning aanvragen en om gezinshereniging verzoeken. Ze heeft echt geen idee. Ze kijkt geen televisie. Ik heb een programma gezien over Albanezen in Italië. Ze vindt waarschijnlijk nog eerder een man dan dat ze een verblijfsvergunning krijgt. Babi wil nog steeds niet met haar praten.

20 maart
Gisteravond kon ik niet schrijven. Om vijf uur hadden we een stroomstoring en pas vanmorgen was er weer licht. Toen viel het weer uit, maar ik heb net een kaars gevonden. Gisteravond was er niemand op straat. De haven zit vol met mensen die proberen weg te komen. Er stond zo'n krankzinnig harde wind, het was alsof het huis zou worden opgetild en weggeblazen. Ik weet niet waar ze denken heen te varen met die wind. Ik heb *Oorlog en vrede* uitgelezen. Toergenjev schijnt te hebben geschreven dat het een aantal onverdraaglijke dingen heeft en een aantal prachtige, en dat de prachtige overheersen. Ik vond er niets onverdraaglijks aan. Naar het einde toe kon ik het niet meer wegleggen. Babi zegt dat hij Mami voor de rechter zal dagen als ze ooit terugkomt. Hij zegt dat hij het haar nooit zal vergeven. Er wordt nog steeds gevochten. Mijn hoofd ontploft zowat. Het is alsof er iets in mijn hoofd zit, maar ik ben er nog niet achter wat het is. Het is zo rumoerig

in mijn hoofd. Het is buiten zo rumoerig. Er zijn geen mensen op straat, maar toch is het echt lawaaierig. Het schieten houdt nooit op.

25 maart
Ik denk niet dat de school dit jaar nog opengaat. Ik heb geen idee hoe het zal gaan met mijn eindexamen. Beginnen aan de universiteit zit er ook niet in. Ik heb nog niet eens besloten wat ik wil studeren. Straks krijgen we buitenlandse militairen: Italianen, Grieken, Spanjaarden, Polen. Internationale vredestroepen. Ik neem aan dat dit goed is voor de economie, goed voor de prostitutie.

29 maart
Een boot die van Vlora naar Italië voer is vannacht gezonken voor de kust van Otranto. Er waren ongeveer honderd opvarenden aan boord en de boot werd geraakt door een Italiaans militair schip dat in de kustwateren patrouilleerde. De Italianen maakten een manoeuvre om de boot tegen te houden en toen kapseisde hij. Er drijven ongeveer tachtig lijken verspreid in de zee, ze zijn nog steeds aan het zoeken, meest vrouwen en kinderen, sommigen niet ouder dan drie maanden. De dag ervoor had onze premier een akkoord gesloten met Prodi,* waarmee hij instemde met het gebruik van geweld om de Italiaanse controle over Italiaanse territoriale wateren te handhaven, waaronder het aanvaren van vaartuigen op zee om ze te dwingen om te keren. Ik neem geen valium meer, ik neem nu valeriaan, dat zou milder moeten zijn.

* Romano Prodi, de toenmalige centrumlinkse minister-president van Italië.

6 april
De minister van Onderwijs heeft een belachelijk idee gelanceerd dat 'Scholing via televisie' heet. Ze gaan de scholen niet heropenen. Dat is niet veilig. Ze gaan lesgeven op de televisie, zodat 'niemand lessen zal missen'. Ik weet niet wat er met de eindexamens zal gebeuren. Misschien nemen ze die ook af op de televisie.

22

Filosofen hebben de wereld alleen geduid, het gaat erom haar te veranderen

De scholen bleven dicht tot eind juni 1997, toen gingen ze een paar dagen open zodat leerlingen die in hun laatste jaar zaten, zoals ik, eindexamen konden doen. Een paar weken eerder was de internationale troepenmacht gearriveerd om het land te stabiliseren – niet zozeer om het geweld te stoppen als wel om de staat te helpen het monopolie erop terug te krijgen. Het wemelde overal van de buitenlandse soldaten, gekleed in identieke groene uniformen en donkergrijze helmen, slechts onderscheiden door de kleur van de vlaggen die op hun mouwen waren genaaid. Operatie 'Alba' ('Dageraad') werd geleid door Italië, dit was de tweede keer sinds de Tweede Wereldoorlog dat een 'beschavingsmissie' Italiaanse soldaten op Albanese bodem bracht.

Er zouden algauw nieuwe verkiezingen komen. Er zou ook een referendum komen om te beslissen of het land een republiek moest blijven of dat de monarchie moest worden hersteld. Nazaten van de koning, dezelfde koning Zog wiens regeringsmacht kortstondig aan mijn overgrootvader was overgedragen toen het land een fascistisch protectoraat werd, keerden terug en trachtten de leiding te nemen over het ineenstortende land. Met het goud dat ze bij hun vlucht in 1939 uit Albanië hadden meegenomen van de nationale bank, kochten ze reclametijd in op televisie voor een campagne om vóór de monarchie te stemmen. Elke avond werden er in splitscreen beelden vertoond, van aan de ene kant Albanië dat in lichterlaaie stond, en daarnaast foto's van bekende punten in Oslo, Kopenhagen en Stockholm. In blauwe letters onder de foto's was te lezen: 'Noorwegen: constitutionele monarchie', 'Denemarken: constitutionele monarchie', 'Zweden: constitutionele monarchie'.

Deze reclame slaagde erin mijn oma's humeur op slag te verpesten, nog meer dan het geratel van kalasjnikovs aan de andere kant van het raam. 'Zog!' snoof ze dan. 'Vertel mij wat over Zog. Ik ben op zijn bruiloft geweest. Zog! Wat is dit voor idioterie? Niet te geloven!'

Mijn vaders reacties waren minder emotioneel maar even onthutst. 'Zweden,' zei hij telkens als de reclame werd vertoond, zonder verdere uitleg. 'Olof Palme. Leoesjka, heb je ooit van Olof Palme gehoord? Hij was een goed mens. Je zou eens over hem moeten lezen. Hij was een sociaaldemocraat. Een echte. Je zou hem hebben gemogen. Olof Palme was een goed mens.' Jaren later kwam ik meer te weten over Olof Palme, zijn felle kritiek op zowel de Verenigde Staten als de Sovjet-Unie, zijn steun voor dekolonisatie en de moord op hem. Pas toen drong het tot me door dat mijn vader zijn hele leven politici enkel na hun dood had bewonderd.

De avond voor mijn laatste examen, natuurkunde, zat ik over een atlas gebogen en probeerde de hoofdsteden van de wereld uit mijn hoofd te leren. Ik kon me er niet toe zetten nogmaals de natuurkundeboeken in te duiken. Ik was uitgeput. Ik had maandenlang zonder onderbreking avond aan avond gestudeerd, zoals ik ook zou hebben gedaan als de school open was geweest. 's Avonds was het geluid van kalasjnikovs nog slechts sporadisch te horen. Je kon honden horen blaffen, je kon zelfs nu en dan een krekel in de tuin horen tsjirpen. De stroomstoringen werden wat voorspelbaarder: óf er zou 's nachts wel stroom zijn óf niet. Tegen middernacht wist je het. In het donker keerde het leven bijna terug naar normaal, behalve dan dat mijn oma woelde in haar slaap en vervolgens wakker schoot om me te waarschuwen dat ik mezelf ziek maakte als ik te veel studeerde. Dat was raar, ze had nog nooit tegen me gezegd dat ik moest ophouden met lezen.

Op school kregen we te horen dat onze prestaties op het examen geen enkel verschil zouden uitmaken. De eindcijfers zouden hoogstwaarschijnlijk worden toegekend op basis van de voorspelde cijfers. Ik vond het moeilijk om het los te laten. Ik wilde voorbereid zijn op alle eventualiteiten. Er was geen garantie dat de examens zouden plaatsvinden of dat het advies dat we kregen gelijk zou blijven. Misschien zou ik het jaar wel moeten overdoen. Of misschien zou ik de school wel verlaten zonder ooit de hoofdsteden van de wereld te kennen.

Op de dag van het laatste examen maakte mijn docent, Kujtim, de envelop open met daarin de vragenlijst die door het ministerie van Onderwijs was gestuurd. Er viel een plechtige stilte in de gymzaal van de school, waar de tafels een meter uit elkaar waren geplaatst om te voorkomen dat we afkeken. Hij las wat wij de 'examentheses' noemden, hardop voor met de ernst die je in deze situatie zou verwachten. Uit zijn toon maakte ik op dat ik gelijk had gehad om de voorbereidingen serieus te nemen, ondanks de bijzondere omstandigheden. Hij las voor: 'Een ruimtependel die in de richting van de aarde vliegt met snelheid V, zendt lichtsignalen uit in de richting waarin hij vliegt. Wat...'

Voordat Kujtim de vraag kon afmaken, kwam de schooldirecteur de zaal in lopen. Kujtim zette zijn bril af en wachtte. Ze fluisterden iets in elkaars oor, toen knikte de directeur en vertrok. Kujtim staarde uit het raam, schraapte zijn keel, slikte en zonder zijn bril weer op te zetten, ging hij verder met voorlezen: 'Een ruimtependel die in de richting van de aarde vliegt met snelheid V, zendt lichtsignalen uit in de richting waarin hij vliegt. Wat is de snelheid van de fotonen ten opzichte van de aarde?'

Toen hij klaar was met de vragen, draaide hij zich om naar het schoolbord en vulde de beide zijden ervan met grafieken en vergelijkingen. Daarna keerde hij zich naar ons toe met het A4'tje als een schild vlak voor zijn gezicht geheven. 'Hier zijn de antwoorden,' zei hij, omgeven door een wolk van krijtstof. 'Niemand gaat zakken. Als je voorspelde cijfer een 6 is, hoef je maar twee antwoorden over te schrijven. Als het een 8 is, moet je er drie overschrijven. Als het een 10 is, moet je ze alle vier overschrijven. Probeer ze niet zelf te beantwoorden. De directeur heeft een anoniem telefoontje ontvangen. Er zou een bom in de school zijn geplaatst, die over twee uur afgaat. Twee uur, is er gezegd. De politie is al geweest en heeft ernaar gezocht, maar ze kunnen niets vinden. Het zou best een grap van een van jullie vrienden kunnen zijn. Je hoeft niet in paniek te raken. Maar je moet wel opschieten.'

Dat was mijn laatste examen. De school is niet opgeblazen, het was vals alarm. Toen ik thuis verslag uitbracht, bulderde mijn vader van het lachen, hij sloeg met vlakke hand herhaaldelijk op de tafel en veegde de tranen af die over zijn wangen rolden. 'Een bom!' riep hij uit. 'Een bom! Ik heb nog zo tegen je gezegd dat je moest slapen, Leoesjka! Ik zei toch dat het een formaliteit zou zijn! Een bom! Geniaal! Een bom! En ze hebben jullie gewoon door laten gaan! Meesterlijk! Geniaal!'

's Middags zat ik erover in dat de turquoise zijden jurk die ik had gekocht voor het eindexamenfeest te lang was, en het lukte me niet om op zo'n korte termijn een naaister te vinden die me kon helpen bij het inkorten. 'Hij is al een eind boven je knie,' zei mijn oma toen ik hem paste. 'Ik heb een sluier in mijn ogen,' liet ze er verontschuldigend op volgen, verwijzend naar haar staar. 'Ik kan niets doen.'

Het was het soort kleine aanpassingen aan kleding waar mijn moeder goed in was. Ik baalde ervan dat ze er niet was. Op school had ik altijd uitsluitend broeken gedragen en ik wilde voor deze gelegenheid iets speciaals aan. Zoals gewoonlijk sloeg mijn vader hulpeloos zijn ogen ten hemel en even trok er een ietwat schuldige uitdrukking over zijn gezicht. Hij was in elk geval zo aardig om niet te zeggen dat de jurk al kort genoeg was.

De volgende dag hielden we ons eindexamenfeest in een romantisch hotel aan het strand, dat Hotel California heette. Het was in handen van de grootste plaatselijke bende, dezelfde bende die mijn moeder naar Italië had gesmokkeld en die de meeste geroofde wapens in beheer hadden. Hotel California was omgeven door gangsters die regelmatig kogels de lucht in schoten om rivaliserende bendes te waarschuwen dat het hotel goed verdedigd werd en om bij te dragen aan de feestelijke stemming in de grote zaal, in navolging van de oude Balkan-traditie om in de lucht te schieten tijdens bruiloften. Het feest deed ook denken aan een bruiloft: de jongens waren gekleed in een pak met een das en alle meisjes, behalve ik, kwamen in een lange avondjurk. De obers brachten de hele dag mezze rond en het reidansen ging door tot ongeveer vier uur 's middags, toen de mannen binnenkwamen om te melden dat de avondklok bijna inging. Als laatste nummer speelden ze 'Hotel California', en wij zongen: 'Welcome to the Hotel California! Such a lovely place, such a lovely face!' met de wapens op ons gericht, terwijl we onze spullen bijeenraapten om de zaal te verlaten. 'Ik haat dit,' zei een meisje uit mijn klas toen we buiten de deur stonden. 'Ik haat die hitte! Kijk toch eens wat het met mijn make-up heeft gedaan, het loopt helemaal uit over mijn gezicht, alsof ik een lijk ben dat onder de modder zit.'

Als ik terugdenk aan het eind van de schoolperiode, herinner ik me nog dat ik opgelucht was dat we er zo gemakkelijk vanaf waren gekomen met de examens, maar ook dat ik het jammer vond dat het nachtenlange blokken voor niets was geweest. Mijn inspanningen om in die ene dimensie van mijn leven de orde te bewaren, ondanks alles wat er om me heen gebeurde, komen me nu voor als een pathologie op zich.

Er was zoveel wat ik was gaan accepteren in die maanden. Ik accepteerde dat mijn vader regelmatig vastzat in het parlement, zonder te weten wanneer en óf hij naar huis zou kunnen komen. Ik accepteerde mijn moeders enthousiaste berichten over de voortgang van haar Italiaanse werkvergunning. En de komische geruststelling dat ze het helemaal niet erg vond om een poosje de wc's van vreemden schoon te maken; ze zei dat het haar gedachten afleidde van de politiek. Ik accepteerde dat ik mijn stem kwijtraakte. Ik accepteerde dat ik mijn gedachten vanaf dat moment op papier kenbaar zou moeten maken. Ik accepteerde dat Flamur, met wie ik als kind had gespeeld en die ooit een kat voor mijn ogen had gedood, zichzelf had doodgeschoten voor de ogen van zijn moeder toen hij met die Tokarev TT33 speelde. Ik accepteerde het tinkelende geluid van de kogels uit de kalasjnikovs die op mijn vensterbank terechtkwamen. Ik leerde om erbij te slapen. Ik accepteerde bommen tijdens het examen en wapens op het eindexamenfeest.

Ik leerde leven met de onzekerheden van mijn bestaan. Ik accepteerde de zinloosheid van alledaagse handelingen zoals eten of lezen of slapen, terwijl je niet weet of je de volgende dag weer hetzelfde kunt doen. Ik accepteerde de anonimiteit van alle tragedies die zich voor mijn ogen ontrolden en ook dat het opeens zinloos was geworden om te willen weten hoe een buurman of familielid was gestorven – met opzet of per ongeluk, alleen of omringd door familie, gewelddadig of vredig, lachwekkend of waardig.

Ik accepteerde de verschillende verklaringen voor wat het een en ander had veroorzaakt, dat de internationale gemeenschap nog zó had gewaarschuwd voor dat-en-dat besluit, dat de Balkan een lange en explosieve geschiedenis kende – dat men rekening moest houden met de etnische en religieuze verdeeldheid die er in deze uithoek van de wereld bestond en ook met de erfenis van het communisme. Ik accepteerde het verhaal dat ik in de buitenlandse media hoorde: dat de Albanese burgeroorlog niet verklaard kon worden door de ineenstorting van een gebrekkig financieel systeem, maar door de oude animositeit tussen de verschillende etnische groeperingen, de Ghegs in het noorden en de Tosks in het zuiden. Ik accepteerde het, ook al was het absurd, ook al wist ik niet eens waartoe ikzelf behoorde, tot allebei of geen van beide. Ik accepteerde het, ook al was mijn moeder een Gheg en mijn vader een Tosk en hadden in hun hele huwelijksleven alleen hun politieke en klassenverschillen er ooit toe gedaan, nooit het accent waarmee ze spraken. Ik accepteerde het, zoals we allemaal deden, zoals we ook de liberale *road map* accepteerden die we als een religieuze roeping hadden gevolgd, zoals we ook accepteerden dat het plan alleen verstoord kon worden door factoren van buiten – zoals de achterlijke normen van onze eigen gemeenschap – en nooit ten onder kon gaan aan zijn eigen tegenstrijdigheden.

Ik accepteerde dat de geschiedenis zich herhaalt. Ik weet nog dat ik dacht: hebben mijn ouders dit ook meegemaakt? Wilden ze dat ik dit zou meemaken? Ziet het verliezen van hoop er zo uit, dat je onverschillig komt te staan tegenover classificaties, nuances, onderscheid maken, het beoordelen van verschillende interpretaties op hun merites, de waarheid?

Het was alsof ik terug was in 1990. Er heerste dezelfde chaos, hetzelfde gevoel van onzekerheid, dezelfde ineenstorting van de staat, dezelfde economische ramp. Maar met één verschil. In 1990 hadden we ook niets, maar wat we wel hadden was hoop. In 1997 verloren we ook die. De toekomst zag er somber uit. En toch moest ik veinzen dat er nog wel een toekomst gloorde en ik moest beslissingen nemen waarbij ik mezelf in die toekomst voorstelde. Ik moest beslissen wat ik als volwassene wilde worden en een studierichting kiezen aan de universiteit. Ik vond die keus verschrikkelijk moeilijk. Ik vond het lastig om de diverse mogelijkheden in te schatten, mezelf voor te stellen in het ene dan wel het andere leven en de bijbehorende toekomsten tegen elkaar af te wegen. Het lukte me niet om na te denken over de afzonderlijke studiegebieden – rechten, medicijnen, economie, natuurkunde, techniek – niet over wat ze precies inhielden, noch hoe je er een deskundige in werd. Ik dacht steeds na over hun gezamenlijke waarde, of er iets was wat ze gemeen hadden, en welk doel ze allemaal dienden. Ik peinsde over hun rol bij het begrijpen van dat wat geschiedenis heet, waarvan we aannemen dat het meer is dan een chaotische reeks van personen en gebeurtenissen, en waaraan we betekenis hechten, een bepaalde richting ontlenen en de mogelijkheid om van het verleden te leren en die kennis te gebruiken voor het vormgeven van de toekomst. Ik wist niet wat ik moest kiezen. Ik had alleen maar twijfels.

Maar de twijfels hielpen me een keus te maken. Op een avond, toen ik met mijn vader en oma olijven zat te eten, kondigde ik de uitkomst van mijn overwegingen aan. Mijn vader schrok.

'Filosofie,' herhaalde hij. 'Filosofie, net als de Muilezel?'

'De Muilezel?' vroeg ik, verbaasd dat hij mijn lerares erbij haalde.

'Filosofie. Marxisme,' zei hij met klem. 'Dat heeft de Muilezel gestudeerd. Dat is hetzelfde. Zelfs Marx wist dat het de moeite niet waard was. Weet je wat hij zei? Hij zei dat filosofen de wereld alleen maar hebben geduid. Het gaat erom die te veranderen. Dat zei hij in de elfde van zijn *Stellingen over Feuerbach*. Wil je net zo worden als de Muilezel? Marx heeft niet veel waarheden verkondigd, maar dit zou er best een kunnen zijn.'

Mijn vader citeerde de elfde stelling over Feuerbach alsof hij een vers uit de Koran of de Bijbel opzei. Gij zult niet begeren. Gij zult geen filosofie studeren.

'Die zin heb ik nog nooit gehoord,' zei ik. 'En trouwens, je kunt de wereld best veranderen als je filosofie studeert,' vervolgde ik, nog steeds op een olijf kauwend.

'Dat is juist het punt van Marx,' antwoordde mijn vader. 'De filosofie is dood. Filosofen komen met theorieën aanzetten, de ene na de andere, maar ze spreken elkaar allemaal tegen. Je kunt op geen enkele manier bepalen welke er deugt en welke niet. Je kunt beter een exacte wetenschap kiezen, iets wat geverifieerd of weerlegd kan worden, zoals scheikunde of natuurkunde. Of kies anders een vak waarmee je de kennis verwerft om de kwaliteit van een mensenleven te verbeteren. Zoals dokter, advocaat, wat dan ook.'

'Natuurlijk is er wel een manier,' voerde ik aan, nog steeds met mijn gedachten bij mijn vaders citaat.

Hij wist niet waar ik op doelde.

'Je zei dat het er niet om draait de wereld te duiden, maar haar te veranderen. Misschien bedoelde Marx dat de filosofische theorie die de wereld verandert in de juiste richting, de juiste theorie is,' mompelde ik, terwijl ik mijn tong om de olijf in mijn mond draaide om de pit eruit te krijgen.

'Je praat nu al als een marxist,' zei hij. 'Die denken altijd te weten wat de juiste richting is.'

Deze tweede verwijzing naar Marx was verontrustender dan de eerste. Als mijn ouders zeiden dat 'die en die een marxist was' of dat 'die en die nog steeds een marxist is', bedoelden ze daarmee iets wat varieerde van 'die en die is dom', 'die is niet te vertrouwen' tot 'die en die is een crimineel'. Een aanbeveling was het nooit om marxist genoemd te worden.

'Filosofie is geen vak!' riep hij uit. 'Het hoogste wat je ermee kunt bereiken is docent worden op een middelbare school, waar je de geschiedenis van de Partij mag uitleggen aan ongeïnteresseerde zestienjarigen.'

'Welke Partij?' zei ik, met een paar nieuwe olijven in mijn mond. 'Er is geen Partij. We krijgen geen geschiedenis van de Partij.'

'Wat het ook moge zijn dat de Muilezel tegenwoordig onderwijst,' corrigeerde hij zichzelf.

'Ík heb Marx er niet bij gehaald.' Ik begon steeds harder te praten. 'Dat heb jij gedaan. Dat is het enige wat je weet van filosofie. Je bent bezeten van het marxisme. Misschien is het marxisme wel dood.' Bij die woorden haperde mijn stem. 'Filosofie houdt in elk geval veel en veel meer in. Ik weet niets over het marxisme. Ik zie wel dat het jullie levens heeft verwoest. Maar...'

'Het zou jouw leven ook hebben verwoest als je een paar jaar eerder was geboren,' onderbrak mijn vader me.

'Dat is al genoeg verwoest. Dat zal het marxisme niet erger maken.'

Mijn oma stond op om de borden af te ruimen, toen wendde ze zich tot mijn vader, alsof haar iets te binnen schoot. 'Jij hebt niet gestudeerd wat je had gewild,' zei ze rustig. 'Waarom wil je je dochter hetzelfde opleggen? Wat heeft het voor zin om je kind iets aan te doen wat jouzelf al je hele leven dwarszit?'

Haar toon contrasteerde opvallend met haar woorden. Ze sprak zonder enig enthousiasme, alsof ze behulpzaam was bij het diagnosticeren van een ziekte in plaats van opties voor de toekomst te bespreken. Ik besloot mijn mond te houden.

'Ik snap het niet,' zei mijn vader zenuwachtig. 'Ze hebben op school nooit de filosofie bestudeerd. Zelfs Marx niet. Hoe moet ik van mensen geld te leen vragen voor haar studie? Om wat te studeren? FI-LO-SO-FIE. Ze zullen denken dat we knettergek zijn geworden. Wat weet zij nou van filosofie?' Hij klonk boos.

Die avond sloten we een pact. Zij beloofden me filosofie te laten studeren en ik beloofde me verre te houden van Marx. Mijn vader liet me gaan. Ik verliet Albanië en stak de Adriatische Zee over. Ik zwaaide mijn vader en mijn oma aan de wal vaarwel en voer naar Italië op een schip dat over duizenden verdronken lichamen voer, lichamen die ooit een ziel hadden bezeten die hoopvoller gestemd was dan de mijne, maar die een minder fortuinlijk lot troffen dan ik. Ik ben nooit meer teruggegaan.

Nawoord

Elk jaar begin ik mijn colleges marxisme aan de London School of Economics met te vertellen dat veel mensen het socialisme zien als een theorie van materiële verhoudingen, klassenstrijd of economische rechtvaardigheid, maar dat het in werkelijkheid is geïnspireerd op iets fundamentelers. Het socialisme, houd ik mijn studenten voor, is vooral een theorie over menselijke vrijheid, over hoe je aankijkt tegen de vooruitgang in de geschiedenis, over hoe we ons aanpassen aan de omstandigheden, maar die ook proberen te ontstijgen. Vrijheid wordt niet opgeofferd als anderen ons vertellen wat we moeten zeggen, waar we naartoe moeten, hoe we ons moeten gedragen. Een samenleving die claimt dat ze mensen in staat stelt hun capaciteiten te benutten, maar die er niet in slaagt de structuren te veranderen die verhinderen dat iedereen tot ontplooiing komt, is ook repressief. Toch raken we ondanks alle beperkingen nooit onze innerlijke vrijheid kwijt: de vrijheid om te doen wat juist is.

Mijn vader en mijn grootmoeder hebben niet meer kunnen zien wat er van mijn studie terecht is gekomen. Nadat mijn vader de brui had gegeven aan zijn carrière als volksvertegenwoordiger, kwam hij bij de ene na de andere particuliere werkgever terecht, en steeds schreef hij zijn ontslag toe aan zijn povere kennis van het Engels en in toenemende mate aan zijn rudimentaire computervaardigheden. Om het zoeken naar een baan voor hem te vergemakkelijken, verhuisde de familie naar een flat in de hoofdstad, in de buurt van de oude botanische tuinen, nu een van de meest vervuilde gebieden van het land. Zijn astma verergerde. Op een zomeravond, kort na zijn zestigste verjaardag, kreeg hij een heftige astma-aanval. Hij haastte zich naar het raam en gooide het open om lucht te krijgen, maar werd omhuld door een wolk van koolstofmonoxide en stof. Toen de ambulance kwam was hij al dood.

Mijn moeder was in Italië toen het gebeurde. Mijn ouders hadden het bijgelegd, maar zij werkte daar regelmatig periodes als verzorgster of schoonmaakster om een deel van onze nieuwe schulden te helpen afbetalen, terwijl haar broers en zussen in Albanië hun oude geconfisqueerde eigendommen probeerden terug te krijgen. Die inspanningen, die Nini altijd had afgedaan als 'tijdverspilling', wierpen enkele maanden na de dood van mijn oma, die volgde op die van mijn vader, toch vruchten af. Een groot stuk land, gelegen aan de kust, werd aan een Arabische projectontwikkelaar verkocht, waardoor onze financiële situatie van de ene op de andere dag kenterde.

Ik hoefde niet meer mijn laatste kleingeld te tellen tot de volgende termijn van de studiebeurs arriveerde. Ik kon uit eten gaan en tot laat in cafés zitten drinken en discussiëren over politiek met mijn nieuwe vrienden van de universiteit. Veel van die vrienden waren zelfverklaarde socialisten – dat wil zeggen westerse socialisten. Ze praatten over Rosa Luxemburg, Leon Trotski, Salvador Allende en Ernesto 'Che' Guevara alsof het seculiere heiligen betrof. Het viel mij op dat ze net als mijn vader waren: dat de enige revolutionairen die op hun bewondering konden rekenen, waren vermoord. Deze iconen waren afgebeeld op posters, T-shirts en koffiemokken, precies zoals de foto's van Enver Hoxha in mijn jeugd stonden uitgestald in de woonkamers van de mensen. Toen ik hen hierop attendeerde, wilden ze meer weten over mijn land. Ze vonden echter dat mijn verhalen uit de jaren tachtig op geen enkele wijze van belang waren voor hun politieke overtuigingen. Soms werd het feit dat ik het etiket 'socialisme' gebruikte om zowel mijn ervaringen als hun engagement te beschrijven, beschouwd als een gevaarlijke provocatie. Op 1 mei gingen we altijd naar een groot openluchtconcert in Rome en dan kwamen er automatisch herinneringen bij me boven aan de parades uit mijn kindertijd op de Dag van de Arbeid. 'Wat jullie hadden, was geen écht socialisme,' zeiden ze dan, met nauw verholen ergernis.

Mijn verhalen over het socialisme in Albanië en verwijzingen naar alle andere socialistische landen waarmee ons socialisme zich had gemeten, werden op zijn best getolereerd als de gênante opmerkingen van een buitenlander die nog moest leren integreren. De Sovjet-Unie, China, de Duitse Democratische Republiek, Joegoslavië, Vietnam, Cuba; die landen hadden ook niets socialistisch. Zij werden gezien als de verdiende verliezers van een historische strijd waaraan de echte, authentieke dragers van die titel nog moesten deelnemen. Het socialisme van mijn vrienden was helder, stralend, en lag in de toekomst. Het mijne was smerig, bloederig en dateerde uit het verleden.

En toch kwam de inspiratie voor de toekomst die zij nastreefden, en die socialistische landen ooit hadden belichaamd, uit dezelfde boeken, dezelfde kritiek op de samenleving, dezelfde historische figuren. Maar tot mijn verbazing deden ze dit af als een ongelukkig toeval. Alles wat er aan mijn kant van de wereld misging, kon worden verklaard door de wreedheid van onze leiders of de ongekende achterlijkheid van onze instituties. Ze geloofden dat ze er maar weinig lering uit konden trekken. Het risico om in dezelfde fouten te vervallen bestond niet, er was geen enkele reden om na te denken over wat er was bereikt of waarom het stuk was gemaakt. Hun socialisme werd gekenmerkt door het triomferen van vrijheid en gerechtigheid; het mijne door het gebrek eraan. Hun socialisme zou worden ingevoerd door de juiste mensen, met de juiste motieven, onder de juiste omstandigheden, met een juiste combinatie van theorie en praktijk. Met dat van mij kon je maar één ding doen: het vergeten.

Maar ik had er moeite mee om het te vergeten. Niet dat ik ernaar terugverlangde. Het was niet zo dat ik mijn jeugd romantiseerde. Het was ook niet zo dat de ideeën waarmee ik was opgegroeid zo diep in me waren verankerd dat ik me er onmogelijk van los kon maken. Maar als er een les te leren viel van de geschiedenis van mijn familie, en van mijn land, dan is het wel dat mensen nooit geschiedenis schrijven onder omstandigheden die ze kiezen. Het is heel makkelijk om te zeggen: 'Wat jij had was niet het echte werk', en dat etiket te plakken op het socialisme, het liberalisme, op elke complexe hybride van ideeën en werkelijkheid. Op die manier hoeven we de last van de verantwoordelijkheid niet te dragen. We zijn niet langer medeverantwoordelijk voor morele tragedies die uit naam van grote ideeën zijn voortgekomen en we hoeven nergens op te reflecteren, ons niet te verontschuldigen en niets te leren.

'We lezen *Das Kapital* met een groepje studenten,' zei een vriend op een dag. 'Als je meedoet, leer je hoe het echte socialisme werkt.' En dus deed ik mee. Toen ik de eerste bladzijden van de inleiding las, had ik het gevoel dat ik Frans las: een vreemde taal die ik als kind had geleerd maar nauwelijks had gebruikt. Ik herinnerde me veel van de sleutelwoorden – kapitalisten, arbeiders, landeigenaren, waarde, winst – en die weergalmden in mijn hoofd met de stem en de versimpelde formuleringen van juf Nora, aangepast aan schoolkinderen. Met individuen, schreef Marx in de inleiding, 'wordt alleen rekening gehouden voor zover ze de verpersoonlijking zijn van economische categorieën, de belichaming van bepaalde klassenrelaties en klassenbelangen'. Maar voor mij school er achter elke belichaming van een economische categorie een mens van vlees en bloed. Achter de kapitalist en de landeigenaar zaten mijn overgrootouders; achter arbeiders zaten de Roma die in de haven werkten; achter de boeren de mensen bij wie mijn oma op de akkers moest werken toen mijn opa de gevangenis in ging, en over wie ze laatdunkend sprak. Het was onmogelijk om het te lezen en het daarbij te laten.

Mijn moeder begrijpt niet goed waarom ik onderzoek doe en colleges geef over Marx, en schrijf over de dictatuur van het proletariaat. Soms leest ze mijn artikelen en vindt ze die bevreemdend. Ze heeft geleerd zich teweer te stellen tegen lastige vragen van familieleden. Vind ik deze ideeën echt overtuigend? Of uitvoerbaar? Hoe kan dat? Meestal houdt ze haar kritiek voor zich. Slechts één keer attendeerde ze me op de opmerking van een neef, dat mijn opa niet vijftien jaar in de gevangenis had gezeten met de bedoeling dat ik uit Albanië zou vertrekken om het socialisme te verdedigen. We lachten allebei als een boer met kiespijn, zwegen even en stapten toen over op een ander onderwerp. Ik hield er een gevoel aan over alsof ik medeplichtig was aan moord, alsof louter de associatie met de ideeën van een systeem dat zoveel levens in mijn familie kapot heeft gemaakt, volstond om in mij de persoon te zien die verantwoordelijk was voor het overhalen van de trekker. Diep vanbinnen wist ik dat zij er zo over dacht. Ik wilde het altijd uitleggen, maar wist niet waar te beginnen. Ik meende dat er een heel boek voor nodig zou zijn om deze vraag te beantwoorden.

Dit is dat boek. Aanvankelijk zou het een filosofisch boek worden over de overlappende ideeën over vrijheid in de liberale en de socialistische traditie. Maar toen ik begon met schrijven, veranderden ideeën in mensen, net als toen ik *Das Kapital* begon te lezen; de mensen die me hebben gemaakt tot wie ik ben. Ze hielden van elkaar en ruzieden met elkaar, ze hadden verschillende opvattingen over zichzelf en over de verplichtingen die ze hadden aan anderen. Ze waren, zoals Marx schrijft, het product van maatschappelijke relaties waarvoor ze niet verantwoordelijk waren, maar ze probeerden er desondanks bovenuit te stijgen. Ze dachten dat ze daarin waren geslaagd. Maar toen hun ambities werkelijkheid werden, veranderden hun dromen in mijn ontgoocheling. We woonden op dezelfde plek, maar in verschillende werelden. Deze werelden overlapten elkaar slechts vluchtig en toen ze elkaar wel overlapten, keken we er ieder met andere ogen naar. Mijn familie stelde het socialisme gelijk aan verloochening: het verloochenen van wie ze wilden zijn, van het recht om fouten te maken en ervan te leren, om de wereld op je eigen manier te verkennen. Voor mij was het liberalisme gelijk aan verbroken beloftes, de afbraak van de solidariteit, het recht om privileges te erven, onrecht door de vingers te zien.

In sommige opzichten heb ik een volledige cirkel beschreven. Wanneer je een systeem één keer ziet veranderen, is het niet zo moeilijk om te geloven dat het nogmaals kan veranderen. De strijd tegen het cynisme en de politieke apathie wordt iets wat sommigen een morele plicht noemen; voor mij is het meer het gevoel dat ik dit verschuldigd ben aan alle mensen uit het verleden die alles hebben opgeofferd omdat zíj niet apathisch waren, omdat zíj niet cynisch waren, omdat zíj niet geloofden dat dingen op hun plaats vallen als je ze gewoon hun gang laat gaan. Als ik niets doe, zullen hun inspanningen voor niets zijn geweest en was hun leven zinloos.

Mijn wereld is even ver verwijderd van de vrijheid als de wereld waaraan mijn ouders trachtten te ontkomen. Ze schieten op dat punt allebei tekort. Maar hun falen nam voor elke wereld verschillende vormen aan, en als we dat niet begrijpen, zullen we altijd verdeeld blijven. Ik heb mijn verhaal opgeschreven om uit te leggen, te verzoenen en de strijd voort te zetten.

Dankbetuiging

Dit boek is grotendeels geschreven vanuit een kast in Berlijn tijdens de COVID-19-pandemie. Het bleek de perfecte locatie om me te verstoppen voor de kinderen die geacht werden thuisonderwijs te krijgen (van mij) en om te mijmeren over de woorden van mijn grootmoeder: 'Als het moeilijk te zien is wat de toekomst zal brengen, moet je nadenken over wat je kunt leren van het verleden.' Dank aan mijn moeder, Doli, en mijn broer, Lani, voor hun bereidheid om dat verleden met mij opnieuw te bekijken en dat ik hun verhalen in mijn woorden mocht opschrijven en ze altijd de waarheid spraken.

Dank aan mijn redacteur, Casiana Ionita, voor het feit dat ze de eerste was die vroeg of ik er ooit aan had gedacht om mijn academische publicaties naar een breed publiek te brengen, en aan mijn agent, Sarah Chalfant, voor het vertrouwen dat ik kreeg om een project onderhanden te nemen dat uiteindelijk heel anders uitpakte dan was voorzien. Zonder hun scherpzinnigheid, vragen, opmerkingen, geduld en opgewektheid in de diverse stadia van het werk, zou het boek er nu niet zijn.

Dank aan Alane Mason van Norton en Edward Kirke van Penguin voor hun uitstekende redactionele suggesties voor het manuscript als geheel, en aan de ongelooflijk getalenteerde en gepassioneerde teams die het boek tot een tastbare realiteit hebben gemaakt: Sarah Chalfant, Emma Smith en Rebecca Nagel van de Wylie Agency; Casiana Ionita, Edward Kirke, Sarah Day, Richard Duguid, Thi Dinh, Ania Gordon, Olga Kominiek, Ingrid Matts en Corina Romonti van Pinguin Press, en Alane Mason, Mo Crist, Bonnie Thompson, Beth Steidle, Jessica Murphy en Sarahmay Wilkinson van Norton.

Dank aan Chris Armstrong, Rainer Forst, Bob Goodin, Stefan Gosepath, Chandran Kukathas, Tamara Jugov, Catherine Lu, Valentina Nicolini, Claus Offe, David Owen, Mario Reale, Paola Rodano en David Runciman voor hun uitstekende commentaar op eerdere versies van het boek, en voor hun voortdurende steun en vriendschap.

Dank aan mijn vrienden uit Albanië en, meer in het algemeen, van de 'andere' kant van het IJzeren Gordijn, die hun jeugd met mij deelden en mij hielpen gebeurtenissen en indrukken te reconstrueren en die mij zowel lof als kritiek gaven. Ik ben in het bijzonder dank verschuldigd aan Uran Ferizi en Shqiponja Telhaj (mijn officieuze redacteuren!) en aan Odeta Barbullushi, Migena Bregu, Eris Duro, Borana Lushaj, Xhoana Papakostandini en de Geheime Pionier voor het uitstekende commentaar op het manuscript en voor de vergelijkende invalshoeken op geografisch en politiek gebied, die van onschatbaar belang waren.

Dank ook aan Joni Baboci, Tsveti Georgieva, Anila Kadija, Bledar Kurti, Viliem Kurtulaj, Gjyze Magrini, Adlej Pici, Roland Qafoku, Fatos Rosa, Flora Sula en Neritan Sejamini voor hun hulp bij verschillende aspecten van het project en voor het prompt verzenden van materiaal uit Tirana, zelfs tijdens de lockdowns.

Dank aan mijn buitengewoon hulpvaardige collega's en mijn briljante studenten aan de London School of Economics voor de vele inspirerende gesprekken over vrijheid, aan alle leden van het Normative Orders-colloquium in Frankfurt voor een opbouwende bespreking van mijn ideeën voor het boek in een pril stadium, en aan de Leverhulme Trust en de Humboldt Foundation voor de financiering van het onderzoeksverlof waardoor ik deze pagina's heb kunnen schrijven.

Dank aan mijn familie: Jonathan (nog een officieuze redacteur!), Arbien, Rubin, Hana, Doli, Lani en Noana, voor het delen van alle kwellingen en vreugden van dit boek, en voor al het andere.

Mijn vader, Zafo, en mijn grootmoeder, Nini, zijn steeds bij me geweest. Zafo zou nu een grap hebben gemaakt, waarschijnlijk over het feit dat ik beweer marxist te zijn terwijl ik zo vaak dankjewel heb gezegd. Nini heeft me geleerd hoe te leven en hoe te denken over het leven. Ik mis haar elke dag. Het boek is opgedragen aan haar nagedachtenis.